네이티브처럼 말하게 해주는

대박
영어회화표현
405 Vol.1

라이언 강 & 니키 지음

바이링구얼

대박
영어회화표현
405 Vol.1

| 초판 1쇄 발행 | 2014년 07월 10일 |
| 초판 4쇄 발행 | 2018년 09월 20일 |

지은이   라이언 강, 니키
펴낸이   홍성은
펴낸곳   바이링구얼
교정·교열 서소연
디자인   이초희

출판등록 2011년 1월 12일
주 소   서울 마포구 월드컵로31길 58-5, 102
전 화   (02) 6015-8835   팩스 (02) 6455-8835
메 일   nick0413@gmail.com
ISBN   978-89-965778-8-1 14740
        978-89-965778-7-4 (세트)

• 잘못된 책은 서점에서 바꾸어 드립니다.

PREFACE

네이티브처럼 영어를 잘하고 싶다는 생각 해본 적 없나요? 초등학교나 중학교 때부터 영어를 배웠지만 외국영화를 봐도 자막 없이는 무슨 말인지 이해할 수 없고, 외국인을 만나면 입이 열리지 않는 게 현실이죠. 그럼 영어를 잘하려면 어떻게 해야 할까요? 영어가 모국어가 아닌 사람이 영어를 익히는 가장 좋은 방법은 영어를 쓰는 나라에 가서 모든 상황을 몸으로 직접 체험하며 영어를 써보는 거예요. 외국에서 서빙 아르바이트를 하며 식당에서 필요한 영어를 익히고, 네이티브와 사귀면서 연애에 필요한 영어를 익히고. 책이나 학원에서의 역할극이 아니라 이렇게 직접 체험으로 익힌 영어는 평생 몸이 기억하거든요. 하지만 이건 한마디로 불가능합니다. 외국에 나가는 것도 쉬운 일이 아니지만, 외국에 간다고 하더라도 영어가 쓰이는 모든 상황을 직접 경험한다는 것은 말이 안 되죠. 그럼 그 대안은 없을까요? 누구나 영화에서 인상 깊게 본 장면들은 아마 오랫동안 기억할 거예요. 바로 영화를 통한 간접 경험으로 영어를 익히는 방법입니다. 단순히 글로 배우는 것보다 시청각과 함께 그 상황의 분위기를 느끼며 영어를 익히면 오랫동안 기억되고, 그 표현이 쓰이는 상황까지 정확하게 파악되거든요. 단어나 표현이 하나의 뜻만 가지고 있는 경우는 없기 때문에 가능한 그 말이 쓰이는 여러 상황을 공부하는 것이 좋습니다.

그럼 영화로 영어를 공부하는 것에는 문제가 없을까요? 2시간짜리 영화 몇 편으로 수만 가지의 상황을 모두 경험하기란 사실 어렵습니다. 그렇다고 동시통역을 할 것도 아닌데 온종일 영화만 보고 있을 수도 없잖아요. 그래서 생각하게 되었습니다. 지금까지 만들어진 영화는 수천 편이 넘을 텐데, 네이티브가 정말 많이 쓰는 표현을 이 수천 편의 영화 중 가장 좋은 장면만 골라서 공부하면 좋겠다고요. 수천 편은 무리지만 20-30대 한국인이 가장 좋아하는 최근 영화 약 400편 중 네이티브가 가장 많이 쓰는 405개의 표현이 쓰이는 장면을 골랐습니다. 그냥 아무 표현과 장면을 고른 것이 아니라, 실제로 가장 많이 쓰이는 구어체 표현 405개를 먼저 정하고, 이 표현들을 이해할 수 있는 가장 좋은 장면을 고르기 위해 노력했습니다. 표현의 여러 쓰임을 이해하기 위해 표현마다 2개의 장면을 골랐고, 이외에도 활용 가능한 표현들은 다양한 예문을 들어 소개하고 설명합니다. 학습의 편의를 위해 책을 두 권으로 나누어 1권에는 205개의 표현, 2권에는 200개의 표현을 담았습니다.

본문에 사용된 줄임말 sb=somebody st=something

HOW TO USE THIS BOOK

내가 영어로 할 수 있는 말은?

각 챕터 시작에는 자신이 영어로 할 수 있는 말은 뭐가 있는지 먼저 확인합니다. 영어를 우리말로 해석하는 것은 어렵지 않지만, 하고 싶은 말을 영어로 만드는 것은 생각보다 어렵답니다. 자신이 할 수 없는 말을 체크하고, 본문을 통해 바른 표현을 익혀보세요.

1 단계

연습문제

각 챕터의 마지막에는 본문에 나왔던 모든 표현을 제대로 학습했는지 확인하는 연습문제가 준비되어 있습니다. 기본 표현뿐만 아니라 다양한 활용까지 연습할 수 있어요.

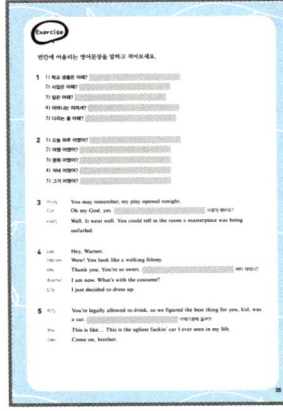

3 단계

2단계

본문 구성

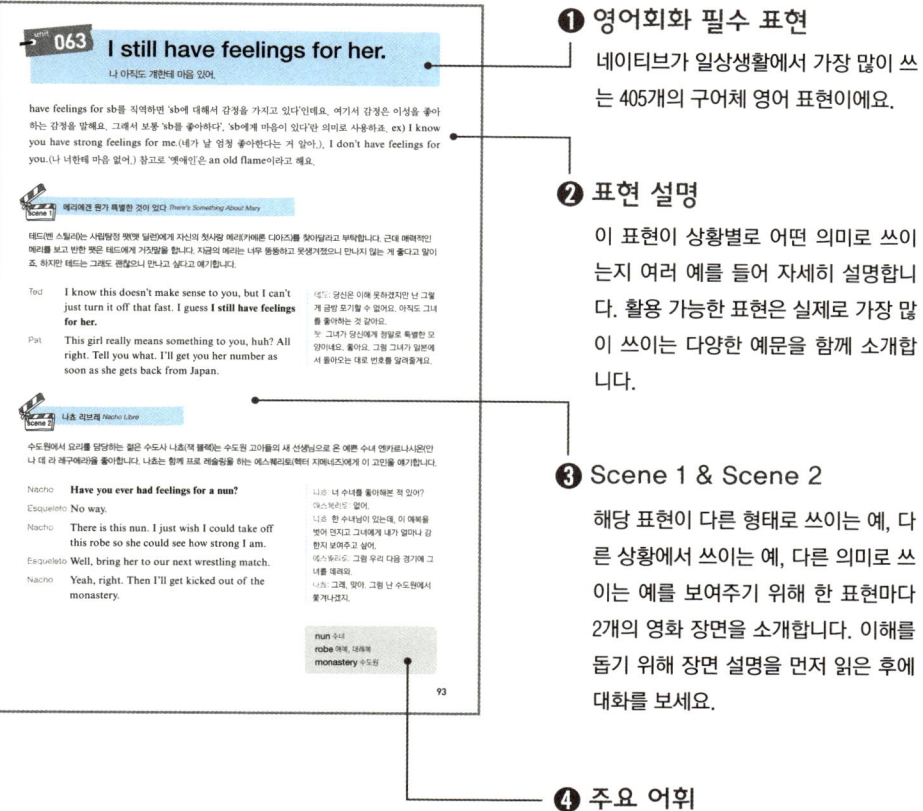

❶ **영어회화 필수 표현**
네이티브가 일상생활에서 가장 많이 쓰는 405개의 구어체 영어 표현이에요.

❷ **표현 설명**
이 표현이 상황별로 어떤 의미로 쓰이는지 여러 예를 들어 자세히 설명합니다. 활용 가능한 표현은 실제로 가장 많이 쓰이는 다양한 예문을 함께 소개합니다.

❸ **Scene 1 & Scene 2**
해당 표현이 다른 형태로 쓰이는 예, 다른 상황에서 쓰이는 예, 다른 의미로 쓰이는 예를 보여주기 위해 한 표현마다 2개의 영화 장면을 소개합니다. 이해를 돕기 위해 장면 설명을 먼저 읽은 후에 대화를 보세요.

❹ **주요 어휘**
본문에 나온 어렵거나 중요한 단어와 표현에 관해 설명합니다.

CONTENTS

Chapter 1 어떻게 지내?

Unit 1	잘 지내니? 잘 되어가? How's it going?	14
Unit 2	어떻게 지내? 안녕하세요? How you doing?	15
Unit 3	어떻게 지내? 견딜만 해? 괜찮니? How you holding up?	16
Unit 4	어떻게 지내? 잘 지내니? 잘 있었니? How are you?	17
Unit 5	그동안 어떻게 지냈어? How have you been?	18
Unit 6	그동안 뭐하고 지냈어? What have you been up to?	19
Unit 7	뭐해? 뭐하니? 뭐하려는 거야? What are you up to?	20
Unit 8	웬일이야? 별일 없지? What's up?	21
Unit 9	무슨 일이야? 뭐하고 있어? What's going on?	22
Unit 10	맨날 똑같지. 옛날이랑 똑같지. Same old, same old.	23
Unit 11	오랜만이다. It's been a long time.	24
Unit 12	너 예전 그대로다. 너 하나도 안 변했네. You haven't changed a bit.	25
:: 연습문제		26

Chapter 2 만남, 헤어짐

Unit 13	우리 전에 본 적 있나요? Have we met before?	29
Unit 14	저 아세요? 제가 아는 분인가요? Do I know you?	30
Unit 15	여긴 어쩐 일이야? What brings you here?	31
Unit 16	여기 누가 왔는지 봐. 이게 누구야. Look who's here.	32
Unit 17	왔구나. 네가 해냈어. You made it.	33
Unit 18	늦어서 미안해. Sorry I'm late.	34
Unit 19	너 어디 갔다 왔니? Where have you been?	35
Unit 20	잠깐 실례할게요.(잠시 자리를 비울 때) Excuse me for a second.	36
Unit 21	안녕. 잘 가. 또 봐. 다음에 보자. See you.	37
Unit 22	좋은 하루 보내요. 잘 가. 잘 자. Have a good one.	38
Unit 23	몸 잘 챙겨. 몸 조심해. Take care of yourself.	39
Unit 24	그녀에게 안부 전해줘. Give her my best.	40
:: 연습문제		41

Chapter 3 어때?

Unit 25	학교 생활은 어때? How's school?	44
Unit 26	오늘 하루 어땠어? How was your day?	45
Unit 27	그거 어떻게 됐어? How did it go?	46
Unit 28	파티 재밌니?(파티나 축제 등 놀러 간 곳에서) Are you having fun?	47

Unit 29	어때? 어떻게 생각해? 어떻게 할래? How do you like it?	48
Unit 30	걔 어떤 애야? What is she like?	49
Unit 31	이거면 돼. This will do.	51
Unit 32	그것참 너답다. 참 너다운 행동이다. That is so like you.	52
Unit 33	너한테 잘 어울려. It looks good on you.	54
:: 연습문제		55

Chapter 4 HERE, THERE, THIS, THAT

Unit 34	여기 있어. Here you go.	58
Unit 35	그래 바로 그거야. 그래 그렇게 하는 거야. There you go.	59
Unit 36	거기 있었구나. There you are.	60
Unit 37	그게 다예요. 바로 그거야. That's it.	61
Unit 38	바로 이거야. 바로 여기야. 바로 지금이야. This is it.	62
Unit 39	우리 다 왔어? Are we there yet?	63
Unit 40	여기야. 다 왔다. Here we are.	64
Unit 41	또 시작이네. Here we go again.	65
:: 연습문제		66

Chapter 5 감사, 축하

Unit 42	참 친절하시네요. 다정하기도 하지. That's very sweet of you.	69
Unit 43	그런 말 마세요. 별 말씀을. Don't mention it.	70
Unit 44	천만에요. 만나서 반가워요. 기꺼이 할게. My pleasure.	71
Unit 45	칭찬 들으니 기분 좋네요. 영광입니다. 과찬이세요. I'm flattered.	72
Unit 46	칭찬으로 들을게. I'll take that as a compliment.	73
Unit 47	뭘 이런 것까지. 안 그래도 되는데. You shouldn't have.	74
Unit 48	너한테 한 번 빚졌네. 내가 한 번 빚졌네. I owe you one.	75
Unit 49	우리 비긴 거다. 그걸로 퉁치는 거다. 피차일반이네. We're even.	76
Unit 50	잘됐다.(상대방의 좋은 일에 대해) Good for you.	77
Unit 51	이거 축하해야겠는 걸. This calls for a celebration.	78
:: 연습문제		79

Chapter 6 연애, 사랑

Unit 52	너 사귀는 사람 있니? Are you seeing anyone?	82
Unit 53	너 걔랑 얼마나 사겼어? How long have you been seeing him?	83
Unit 54	나랑 데이트할래? Will you go out with me?	84
Unit 55	그가 나에게 데이트 신청했어. He asked me out.	85
Unit 56	제가 저녁 살게요. Let me take you out for dinner.	86
Unit 57	나 그와 헤어졌어. I broke up with him.	87
Unit 58	그녀가 날 찼어. She dumped me.	88

Unit 59	그녀가 날 바람맞혔어. She stood me up.	89
Unit 60	나 고등학교 때 걔 엄청 좋아했었어. I had a huge crush on him in high school.	90
Unit 61	너 걔한테 관심 있니? Are you into him?	91
Unit 62	나 키 큰 남자를 특히 좋아해. I have a thing for tall guys.	92
Unit 63	나 아직도 걔한테 마음 있어. I still have feelings for her.	93
Unit 64	걔 연하남한테 빠졌어. She fell for a younger man.	94
:: 연습문제		95

Chapter 7 사랑, 섹스

Unit 65	나한테 작업 거는 거예요? Are you hitting on me?	99
Unit 66	나 걔랑 키스했어.(진한 스킨십) I made out with her.	100
Unit 67	너 걔랑 했냐? Did you bang her?	102
Unit 68	넌 섹스가 필요해. You need to get laid.	103
Unit 69	나 직장 상사랑 잤어. I've shagged my boss.	104
Unit 70	그가 바람피웠어. He cheated on me.	105
Unit 71	걔가 양다리 걸치고 있었어. He was two-timing me.	106
Unit 72	너 걔 임신시켰니? Did you knock her up?	107
Unit 73	네가 넘볼 여자가 아니야. 네가 못 오를 나무야. She's out of your league.	108
Unit 74	언니가 날 그와 엮어줬어. My sister set me up with him.	109
Unit 75	너 프러포즈 했니? Did you pop the question?	110
Unit 76	첫눈에 사랑에 빠졌어. It was love at first sight.	111
Unit 77	우린 서로 어울리는 짝이야. We belong together.	112
Unit 78	우린 천생연분이야. We are made for each other.	113
:: 연습문제		115

Chapter 8 우정, 관계

Unit 79	우린 죽이 잘 맞아. We hit it off.	119
Unit 80	나 룸메이트와 사이가 좋지 않아. I don't get along with my roommate.	121
Unit 81	난 이곳과 맞지 않아. I don't fit in here.	122
Unit 82	걔 내 친구야. He's a friend of mine.	123
Unit 83	나 걔랑 화해했어. I made up with her.	125
Unit 84	내 실수를 만회하게 해줘. Let me make it up to you.	126
Unit 85	같이 놀래? Do you wanna hang out?	127
Unit 86	우리 언제 만나서 점심 같이 먹자. Let's get together for lunch sometime.	128
Unit 87	내가 지켜줄게. 나만 믿어. 내가 있잖아. I got your back.	130
Unit 88	날 믿어도 좋아. You can count on me.	131
Unit 89	난 네 편이야. I'm on your side.	132
Unit 90	걔가 내 뒤통수를 쳤어. She stabbed me in the back.	133
:: 연습문제		134

Chapter 9 기분, 감정

Unit 91	너 나한테 화났니? Are you mad at me?	138
Unit 92	나 정말 열받았어. I'm really pissed.	139
Unit 93	너 때문에 간 떨어지는 줄 알았네. You scared the shit out of me.	141
Unit 94	놀라지 마, 알겠지? Don't freak out, okay?	142
Unit 95	나 상처받는 게 두려워. I'm afraid of getting burnt.	144
Unit 96	너 때문에 순간 걱정했잖아. You had me worried for a second.	145
Unit 97	왜 시무룩한 얼굴을 하고 있어? Why the long face?	147
Unit 98	그는 항상 날 무시해. He's always looking down on me.	148
:: 연습문제		150

Chapter 10 거슬려, 못 참아

Unit 99	그거 자꾸 신경 거슬려. It's getting on my nerves.	153
Unit 100	내가 신경을 건든 것 같아. I think I hit a nerve.	154
Unit 101	너 참 뻔뻔하구나. You have a lot of nerve.	155
Unit 102	너 왜 그걸 참고 사니? Why do you put up with it?	157
Unit 103	더 이상 못 참겠다. I can't take it anymore.	159
Unit 104	걔를 참을 수 없어. I can't stand her.	160
Unit 105	지금껏 너한테 참을 만큼 참았어. I've had it up to here with you.	161
Unit 106	기다리는 거 질렸어. I'm sick of waiting.	162
Unit 107	나 건들지 마. 나한테 들이대지 마. Don't mess with me.	163
:: 연습문제		165

Chapter 11 알아, 몰라

Unit 108	내가 알기론 그렇지 않아. Not that I know of.	168
Unit 109	모르는 게 나아. 몰라도 돼. You don't wanna know.	169
Unit 110	그거야 알 수 없지. 그건 모르는 일이지. You never know.	170
Unit 111	넌 상상도 못할 거야. You have no idea.	171
Unit 112	내가 그걸 어떻게 알아? 낸들 알겠니? How am I supposed to know?	172
Unit 113	네가 까먹을 줄 알았어. I knew you'd forget.	173
Unit 114	네가 어떻게 알아? How can you tell?	174
Unit 115	혹시 YMCA가 어디 있는지 아세요? Do you happen to know where YMCA is?	175
Unit 116	내가 알아서 해. 나 이거 빠삭해. I know what I'm doing.	176
:: 연습문제		177

Chapter 12 궁금해, 기억해

Unit 117	그냥 궁금해서 그러는데 Just out of curiosity	180
Unit 118	나랑 데이트하지 않을래? I was wondering if you'd like to go out with me.	181

Unit 119 그러니 네가 친구가 없지. No wonder you don't have any friends.	182
Unit 120 내 기억이 맞다면 If my memory serves me right	183
Unit 121 네가 뭘 모르나 본데, 한 가지 알려두자면 For your information	184
Unit 122 명심할게. 기억하고 있을게. I'll keep that in mind.	185
Unit 123 깜박했어. It slipped my mind.	186
Unit 124 그건 생각도 안 해봤어. It never crossed my mind.	188
:: 연습문제	189

Chapter 13 생각

Unit 125 무슨 생각해? What's on your mind?	192
Unit 126 네 생각은 어때? What do you say?	193
Unit 127 왜 그렇게 생각하는 거야? What makes you think that?	194
Unit 128 잘 생각해봐. Think it over.	195
Unit 129 누가 생각이나 했겠어? 누가 알았겠어? Who would have thought?	197
Unit 130 꿈도 꾸지 마. Don't even think about it.	198
Unit 131 그건 꿈도 안 꿔. I wouldn't dream of it.	199
Unit 132 생각해보니, 그러고 보니 Come to think of it	200
Unit 133 말이 나와서 말인데, 그러고 보니 Speaking of which	201
Unit 134 그러고 보니 생각났다. That reminds me.	203
Unit 135 널 보면 10년 전 내 모습이 떠올라. You remind me of myself 10 years ago.	204
Unit 136 자꾸 생각나게 하지 마. Don't remind me.	205
Unit 137 긍정적으로 생각해. Look on the bright side.	206
:: 연습문제	207

Chapter 14 말말말

Unit 138 뭐라고? 다시 한 번 말해줄래? Come again?	211
Unit 139 우리 어디까지 얘기했어? 우리 무슨 얘기했었지? Where were we?	212
Unit 140 사돈 남 말 하네. 누가 할 소리. Look who's talking.	213
Unit 141 너나 그렇지. Speak for yourself.	214
Unit 142 호랑이도 제 말하면 온다더니. Speak of the devil.	215
Unit 143 이제야 말이 통하네. 진작 그렇게 나와야지. Now you're talking.	216
Unit 144 너야 쉽게 말하지. That's easy for you to say.	217
Unit 145 내가 방금 크게 말했니? Did I just say that out loud?	218
Unit 146 말해봐. 뱉어. Spit it out.	219
Unit 147 자세히 얘기해봐. Fill me in.	220
Unit 148 너한테 툭 터놓고 말할게. I'm gonna level with you.	221
Unit 149 너한테 솔직히 말하면 To be honest with you	223
Unit 150 그 얘기는 꺼내지 마. Don't bring it up.	225
Unit 151 말이 잘못 나왔어. That came out wrong.	227
:: 연습문제	228

Chapter 15 요점, 이해

Unit 152 그게 무슨 뜻으로 하는 말이야? What's that supposed to mean? 232
Unit 153 문제는 그게 아니잖아. 중요한 건 그게 아니잖아. That's not the point. 233
Unit 154 딴데로 말 돌리지 마. Don't change the subject. 235
Unit 155 긴 얘긴데 간단히 말하면 Long story short 236
Unit 156 중요한 건, 문제는, 실은 The thing is 237
Unit 157 그건 말이 안 돼. It doesn't make sense. 238
Unit 158 이게 무슨 의미가 있어? 이게 무슨 소용이 있어? What's the point of this? 240
Unit 159 바로 본론으로 들어갈게. I'll cut to the chase. 241
Unit 160 본격적으로 시작하자. 본론으로 들어가자. Let's get down to business. 242
Unit 161 쓸데없는 얘기는 집어치워. Cut the crap. 244
Unit 162 그러니까 네 말을 정리하면 Let me get this straight. 245
:: 연습문제 246

Chapter 16 들어봐, 보면 알아

Unit 163 내 말 끝까지 들어봐. Hear me out. 250
Unit 164 잘 들어봐 Listen up. 252
Unit 165 잘 듣고 있으니까 말해봐. I'm all ears. 253
Unit 166 그런 말 많이 들어요. I get that a lot. 254
Unit 167 처음 들어봐. Never heard of it. 255
Unit 168 그래, 그렇게 보이네. 그래, 그런 것 같네. Yeah, I can see that. 256
Unit 169 네 눈을 보면 알아. 눈에 쓰여 있어. I can see it in your eyes. 257
Unit 170 네 얼굴에 다 써있어. It's written all over your face. 258
Unit 171 보면 알아. 가보면 알아. 열어보면 알아. You'll see. 259
Unit 172 두고 봐. You wait and see. 260
:: 연습문제 261

Chapter 17 걱정하지 마, 신경 쓰지 마, 오해하지 마

Unit 173 걱정하지 마. Don't sweat it. 264
Unit 174 별일 아니야. 별거 아니야. It's no big deal. 265
Unit 175 별일 아닌데 괜찮아요. 서로 이상 없고 괜찮죠? No harm, no foul. 266
Unit 176 흔히 있는 일이야. It happens all the time. 267
Unit 177 신경 쓰지 마. 아무것도 아냐. 관두자. 아니야. Never mind. 268
Unit 178 굳이 그럴 필요 없어. Don't bother. 269
Unit 179 악의는 없어. 나쁜 뜻은 없어. 기분 나쁘게 듣지 마. No offense. 270
Unit 180 언짢게 생각하지 마. Don't take it personally. 271
Unit 181 오해하지는 마. Don't get me wrong. 272
Unit 182 그 말 취소해. Take it back. 273
Unit 183 진심이 아니었어. 고의가 아니었어. I didn't mean it. 274

| Unit 184 | 그런 뜻으로 한 말이 아니야. I didn't mean it that way. | 275 |
| :: 연습문제 | | 277 |

Chapter 18 괴롭히지 마

Unit 185	도대체 몇 번이나 말해야 돼? How many times do I have to tell you?	281
Unit 186	바가지 좀 그만 긁어. 잔소리 좀 그만해. Stop nagging.	282
Unit 187	나한테 소리지르지 마. Don't yell at me.	283
Unit 188	나한테 이래라저래라 하지 마. Don't tell me what to do.	284
Unit 189	나한테 말대답하지 마. Don't talk back to me.	285
Unit 190	동생 좀 괴롭히지 마. Don't pick on your little brother.	286
Unit 191	다시는 그러지 마! Don't ever do that again!	287
Unit 192	귀찮게 좀 하지 마. Stop bothering me.	288
Unit 193	귀찮게 해서 죄송합니다. I'm sorry to bother you.	289
:: 연습문제		290

Chapter 19 가다, 오다

Unit 194	금방 돌아올게. I'll be right back.	293
Unit 195	같이 가자. 이리 와봐. 따라와. Come with me.	294
Unit 196	그냥 인사하려고 잠깐 들렀어. I just came by to say hi.	296
Unit 197	여기서 나가자. 여기서 뜨자. Let's get out of here.	298
Unit 198	집까지 바래다 줄게.(걸어서) Let me walk you home.	299
Unit 199	7시에 데리러 와. Pick me up at 7.	301
Unit 200	차 좀 태워줄래요? Can I have a ride?	303
Unit 201	차 태워줄까? Do you need a ride?	304
Unit 202	그녀가 나타나지 않았어. She didn't show up.	305
Unit 203	그렇게 몰래 다가오지 마. Don't sneak up on me like that.	307
Unit 204	좀 더 있어. 가지 말고 여기 있어. Stick around.	308
Unit 205	우리 바람 좀 쐬자. Let's get some air.	309
:: 연습문제		310

Chapter 1

어떻게 지내?

Quiz 내가 영어로 할 수 있는 말은?

1 잘 지내니? 잘 되어가? _____ (go)
2 어떻게 지내? 안녕하세요? _____ (do)
3 어떻게 지내? 견딜만 해? 괜찮니? _____ (hold)
4 어떻게 지내? 잘 지내니? 잘 있었니? _____ (be)
5 그동안 어떻게 지냈어? _____ (have)
6 그동안 뭐하고 지냈어? _____ (up to)
7 뭐해? 뭐하니? 뭐하려는 거야? _____ (up to)
8 웬일이야? 별일 없지? _____ (up)
9 무슨 일이야? 뭐하고 있어? _____ (go)
10 맨날 똑같지. 옛날이랑 똑같지. _____ (old)
11 오랜만이다. _____ (long)
12 너 예전 그대로다. 너 하나도 안 변했네. _____ (change)

Answers

1 How's it going? 2 How you doing? 3 How you holding up? 4 How are you? 5 How have you been? 6 What have you been up to? 7 What are you up to? 8 What's up? 9 What's going on? 10 Same old, same old. 11 It's been a long time.[=Long time no see.] 12 You haven't changed a bit.[=You haven't changed at all.]

How's it going?

잘 지내니? 잘 되어가?

How's it going?은 "어떻게 지내?", "잘 지내?"란 뜻의 인사 표현이에요. 그리고 어떤 일이 잘 진행되고 있는지 물어볼 때 "어떻게 되어가?", "잘 되어가?"란 의미로도 사용하죠. How's it going?에 대해 가장 많이 쓰는 대답은 Good.이에요. 이외에도 Great.나 Pretty good. 등 여러 대답이 가능합니다. How's it going with ~?라고 하면 '~랑은 잘 되어가?', '~일은 어떻게 되어가?'란 의미로도 쓸 수 있어요. 그리고 How's your day going?이라고 하면 "오늘 네 하루는 어때?"란 뜻의 인사 표현이 됩니다.

 로맨틱 홀리데이 *The Holiday*

아이리스(케이트 윈슬렛)와 아만다(카메론 디아즈)는 크리스마스 동안 서로의 집을 바꾸어 LA와 런던에서 휴가를 보냅니다. 이때 마일스(잭 블랙)가 노트북을 가져가기 위해 아만다의 집을 방문해 아이리스를 만납니다.

Iris	Hi.
Miles	Hello. Bad timing?
Iris	No, no. Come in.
Miles	**How's it going?**
Iris	Good. Everything's good.

아이리스: 안녕하세요.
마일스: 안녕하세요. 바쁠 때 왔나요?
아이리스: 아니에요. 들어오세요.
마일스: 잘 지내요?
아이리스: 좋아요. 다 좋아요.

 브레이크업 *The Break-Up*

함께 사는 커플인 게리(빈스 본)와 브룩(제니퍼 애니스톤)은 양쪽 가족을 초대해 다 같이 저녁식사를 하기로 합니다. 게리가 퇴근해서 집에 오자 브룩이 먼저 일을 마치고 와서 여러 음식을 준비하고 있습니다.

Gary	Hey, honey!
Brooke	Hi.
Gary	**How's it going?**
Brooke	It's good.
Gary	Oh, wow. You got a lot happening.
Brooke	I know. Very exciting.

게리: 나 왔어, 자기!
브룩: 어서 와.
게리: 잘 되어가?
브룩: 잘 되고 있어.
게리: 우와. 엄청 벌려놨네.
브룩: 맞아. 아주 신나.

How you doing?
어떻게 지내? 안녕하세요?

How you doing? 또는 How are you doing?은 네이티브가 가장 많이 쓰는 인사 표현 중 하나예요. 상대방이 잘 지내는지 안부를 물을 때도 쓰고, 질문이 아니라 그냥 "안녕하세요?"란 인사로 쓰기도 하죠. 오랜만에 만났을 때, 처음 만났을 때, 매일 보는 사이 등 언제라도 쓸 수 있어요. How you doing?에 대해 가장 많이 쓰는 대답은 Good.과 I'm good.이에요. 이외에도 Great.나 I'm great. 또는 Fantastic. 그리고 Couldn't be better. 등 여러 대답이 가능합니다. How's sb doing? 형태로 해서 다음처럼 제3자의 안부를 물을 수도 있어요. ex) How's she doing?(걔는 어떻게 지내?), How's Nick doing?(닉은 어떻게 지내?)

 40살까지 못해본 남자 *The 40 Year Old Virgin*

전자제품 매장에서 일하는 앤디(스티브 카렐)는 손님으로 온 트리쉬(캐서린 키너)로부터 전화번호를 받습니다. 앤디는 용기를 내서 매장 바로 맞은편에 있는 트리쉬의 가게로 가서 데이트 신청을 합니다.

Andy	Hi.
Trish	Andy! Hi!
Andy	Right, yeah. You remember my name.
Trish	I did. **How you doing?**
Andy	I'm great. I like your store.
Trish	That's good, yeah. If you have time, look around.

앤디: 안녕하세요.
트리쉬: 앤디! 안녕하세요!
앤디: 맞아요. 제 이름을 기억하는군요.
트리쉬: 그럼요. 어떻게 지내요?
앤디: 잘 지내요. 가게가 마음에 드네요.
트리쉬: 다행이네요. 시간 있으면 한번 둘러보세요.

 레이 *Ray*

가수 레이(제이미 폭스)가 동네의 작은 바에서 피아노 연주와 함께 노래를 마치자 공연을 지켜보던 음반회사 관계자가 다가와 그에게 말을 겁니다. 참고로 이 영화는 유명한 흑인가수 레이 찰스의 실화를 바탕으로 만든 작품이에요.

Jack	I'm Jack Lauderdale, *Swing Time Records*.
Ray	Oh, hey, hey, hey, Jack! **How you doing?**
Jack	Good.
Ray	Oh, good.
Jack	How about us making a record together?
Ray	Oh, yeah. Hell, yeah! Let's do that.

잭: 저는 '스윙 타임 레코드'의 잭 로더데일이라고 합니다.
레이: 오, 오, 잭! 안녕하세요?
잭: 네, 좋아요.
레이: 오, 다행이네요.
잭: 우리 함께 음반작업을 하는 거 어때요?
레이: 오, 물론 좋죠! 그럽시다.

How you holding up?

어떻게 지내? 견딜만 해? 괜찮니?

직역하면 "어떻게 견디고 있어?"란 뜻으로 How you holding up? 또는 How are you holding up?이라고 합니다. 이별이나 해고 등 최근에 힘든 일을 겪은 사람에게 요즘 어떻게 지내는지 물어볼 때 쓰는 표현이에요. 다른 인사 표현과 비슷하게 "어떻게 지내?"로 해석되는 경우가 많지만, 특히 힘든 일을 겪은 사람에게 쓴다는 것 잊지 마세요. 상황에 따라 꼭 크게 힘든 일이 아니더라도, 귀찮거나 피곤한 일을 겪은 사람에게도 쓸 수 있어요.

19곰 테드 Ted

어린 시절, 친구가 없던 존(마크 월버그)은 곰인형 테드가 말을 할 수 있어서 평생 친구가 되었으면 좋겠다고 소원을 빌자, 다음날 정말로 그 소원이 이루어집니다. 존은 성인이 되어서도 테드와 단짝친구로 지내지만 테드가 철없이 계속 문제만 일으키자 결국 따로 살기로 하죠. 존이 회사에서 슬픔에 빠져 의기소침해 있자 동료 타냐(로라 밴더부트)가 다가와 위로를 해줍니다.

Tanya	Hey, **how you holding up?**
John	Oh, I'm all right. I'm just getting used to things. That's all.
Tanya	It's gonna be all right. I actually went through something like this with my last boyfriend.
John	Really?
Tanya	Yeah.

타냐: 견딜만 해?
존: 어, 괜찮아. 익숙해지고 있을 뿐야.
타냐: 괜찮아질 거야. 나도 전 남자친구와 비슷한 일을 겪었어.
존: 정말?
타냐: 응.

토탈 리콜 Total Recall 2012

로버트 생산공장에서 일하는 더그(콜린 파렐)는 업무가 2교대로 바뀌며 근무시간이 늘어납니다. 당연히 공장직원들은 몸이 더 힘들고 피곤해지겠죠. 퇴근 후, 바를 찾은 더그는 그곳에서 회사동료 해리(보킴 우드바인)를 만납니다.

Harry	Hey, buddy.
Doug	Hey.
Harry	**How you holding up?**
Doug	I've been better.
Harry	Lori working tonight?
Doug	Yeah.

해리: 왔구나, 친구.
더그: 응.
해리: 괜찮아?
더그: 나아지고 있어.
해리: 로리(더그의 부인)는 저녁에 일해?
더그: 응.

How are you?
어떻게 지내? 잘 지내니? 잘 있었니?

How are you?는 상대방이 잘 지내는지 묻는 인사로, 네이티브가 일상생활에서 가장 많이 쓰는 표현입니다. 오랜만에 만나 안부를 물을 때만 쓴다고 생각하는 사람들이 많은데, 실제론 처음 만나든, 오랜만에 만나든 상관없이 언제든지 사용합니다. 오랜만에 만났을 때는 "어떻게 지내?", "잘 있었니?"란 의미가 되고, 처음 만난 사이에는 "잘 지내요?", "안녕하세요?" 등의 의미가 됩니다. 그리고 How are you?에 대한 대답으로 가장 많이 쓰는 것은 우리가 학교에서 배운 Fine, thank you. And you?가 아니라 Good.과 I'm good.이랍니다. 이외에도 Great.나 Pretty good. 또는 Couldn't be better. 등 여러 대답이 가능합니다.

 머니볼 *Moneyball*

프로야구팀의 단장인 빌리(브래드 피트)가 공항에 딸 케이시(케리스 도시)를 마중 나와서 만나는 장면입니다.

Casey	Hey, Dad.	케이시: 안녕, 아빠.
Billy	Hi, honey. **How are you?**	빌리: 우리 딸. 잘 있었니?
Casey	I'm good.	케이시: 잘 지내요.
Billy	Was it bumpy?	빌리: 비행기 흔들렸니?
Casey	Oh, it was okay.	케이시: 아, 괜찮았어요.

 크레이지, 스투피드, 러브 *Crazy, Stupid, Love.*

중년의 칼(스티브 카렐)은 아내 에밀리(줄리안 무어)와 함께 외식하던 중 갑작스럽게 이혼을 요구받습니다. 에밀리가 회사 동료와 바람이 난 거죠. 충격에 빠진 칼은 바에서 혼자 술을 마시다가 바람둥이 제이콥(라이언 고슬링)을 만나게 되고, 제이콥이 칼에게 옷 입는 법과 여자 꼬시는 기술을 알려줍니다. 바에서 제이콥이 여자에게 접근하는 방법을 보여주는 장면입니다.

Jacob	Hi.	제이콥: 안녕하세요.
Amy	Hi.	에이미: 안녕하세요.
Jacob	**How are you?**	제이콥: 오늘 어때요?
Amy	Good. **How are you?**	에이미: 좋아요. 당신은요?
Jacob	I'm great. I'm Jacob. What's your name?	제이콥: 아주 좋아요. 난 제이콥이에요. 이름이 뭐예요?
Amy	Amy Johnson.	에이미: 에이미 존슨이에요.

bumpy 울퉁불퉁한, 평탄치 않은

unit 005 How have you been?

그동안 어떻게 지냈어?

오랜만에 만난 사람에게 그동안 어떻게 지냈는지 물어볼 때는 How have you been?이라고 해요. 대답은 잘 지냈다든가 무엇을 하며 지냈다고 말하면 되겠죠. 구어체에서는 발음하기 편하게 그냥 How you been? 또는 How've you been?이라고 많이 합니다.

브레이크업 *The Break-Up*

함께 살다가 헤어진 커플 게리(빈스 본)와 브룩(제니퍼 애니스톤)이 오랜만에 길에서 우연히 만나는 장면입니다.

Gary	**How you been?**
Brook	I've been really good. **How've you been?**
Gary	I've been good.
Brook	Yeah.
Gary	You look great.
Brook	Thank you.

게리: 어떻게 지냈어?
브룩: 아주 잘 지냈어. 넌 어떻게 지냈어?
게리: 나도 잘 지냈어.
브룩: 그렇구나.
게리: 좋아 보이네.
브룩: 고마워.

캐쉬백 *Cashback*

미술을 공부하는 벤(숀 비거스텝)은 여자친구에게 차이고 불면증에 시달리다가 슈퍼마켓 야간 아르바이트를 시작합니다. 우연찮게 갤러리의 담당자가 벤의 그림을 보게 되고 마침내 그는 꿈꾸던 자신의 전시회를 열게 되죠. 같은 슈퍼마켓에서 일했던 샤론(에밀리아 폭스)은 전시회에 와서 벤의 작품이 모두 자신을 그린 그림이라는 사실에 놀랍니다.

Sharon	Congratulations. This is so great.
Ben	Thanks. **How have you been?**
Sharon	Good.
Ben	I haven't seen you at work.
Sharon	No, I've got a job at a travel agent's.
Ben	So you're one step closer to your dream.

샤론: 축하해. 이거 너무 멋지다.
벤: 고마워. 어떻게 지냈어?
샤론: 잘 지냈어.
벤: 직장에서 한동안 못 봤는데.
샤론: 응, 나 여행사에 취직했거든.
벤: 네 꿈에 한발짝 다가섰네.

What have you been up to?

그동안 뭐하고 지냈어?

up to는 구어체에서 '무엇을 하다', '뭔가 나쁜 짓을 하다'란 뜻으로 쓰이는데요. 그래서 What have you been up to?라고 하면 "그동안 뭐하고 지냈어?"란 뜻이 됩니다. 같은 의미로 What have you been doing?이라고 할 수 있어요. up to가 뭔가 나쁜 짓을 하다란 뜻으로 쓰일 때는 다음처럼 사용합니다. ex) I know what you're up to.(네가 무슨 꿍꿍이인 줄 알아.), I don't know what he's up to.(그의 속셈을 모르겠어.)

나우 유 씨 미 Now You See Me

4명의 마술사는 시간과 주소가 적힌 미스테리한 카드를 한 장씩 받고 그곳으로 모여듭니다. 건물 앞에서 마술사 다니엘(제시 아이젠버그)과 예전에 그의 조수였던 마술사 헨리(아일라 피셔)가 만나는 장면입니다. 다니엘은 헨리가 어떻게 지냈는지 계속 지켜봤으면서도 모르는 척하며 물어보죠.

Daniel	So, um, actually, **what have you been up to?**
Henley	I think you know exactly what I've been up to, Danny. I saw all your anonymous posting on my website.
Daniel	You have a website. That's good. Good for you. Get the word out.

다니엘: 그래, 그동안 뭐하고 지냈어?
헨리: 대니(다니엘의 애칭), 내가 뭐 하고 지냈는지는 네가 잘 알고 있을 것 같은데. 내 홈페이지에 네가 익명으로 글 남긴 것 다 봤거든.
다니엘: 너 홈페이지 있다고? 잘됐다. 축하해. 사람들에게 알려.

웨딩 크래셔 Wedding Crashers

존(오웬 윌슨)과 제레미(빈스 본)는 항상 모르는 사람의 결혼식에 친척인 척 참석해서, 파티를 즐기고 여자를 꼬시는 웨딩 크래셔입니다. 존은 한 결혼식에서 클레어(레이첼 맥아담스)를 만나 정말로 좋아하게 되지만, 웨딩 크래셔란 사실이 들통나서 제레미와 함께 쫓겨나죠. 존이 실의에 빠져 집에서 폐인처럼 지내자 제레미가 그를 찾아옵니다.

Jeremy	**What have you been up to?**
John	Eh, you know, this and that. Crashing weddings.
Jeremy	Alone?
John	No, not alone.
Jeremy	Oh, who've you been crashing with then?
John	Chazz.

제레미: 뭐하고 지냈어?
존: 뭐, 있잖아, 이것저것. 결혼식 망치러 다니고.
제레미: 혼자서?
존: 아니.
제레미: 그럼 누구랑 같이 결혼식 다닌 건데?
존: 채즈.

> **anonymous** 익명의, 익명으로 된
> **get the word out** 사람들에게 소식을 알리다

What are you up to?

뭐해? 뭐하니? 뭐하려는 거야?

up to가 '무엇을 하다', '뭔가 나쁜 짓을 하다'란 뜻이라고 했잖아요. 그래서 What are you up to?라고 하면 "뭐해?", "뭐하니?"란 뜻이 된답니다. up to 뒤에 때를 나타내는 여러 단어가 올 수 있는데요, What are you up to tonight?이라고 하면 "너 오늘밤에 뭐해?"란 뜻이 되고, What are you up to today? 라고 하면 "너 오늘 뭐해?"가 됩니다.

미스 리틀 선샤인 *Little Miss Sunshine*

꼬마 올리브(아비게일 브레스린)의 미인대회 출전을 위해 온가족이 함께 승합차를 타고 1박2일 동안 여행길에 오릅니다. 올리브의 외삼촌인 프랭크(스티브 카렐)가 주유소 편의점에서 물건을 사다가 얼마 전에 자신을 찬 동성 애인 조쉬를 우연히 만납니다.

Josh	You know, I heard… that you got fired.
Frank	Yeah. No, I quit, 'cause enough is enough, you know?
Josh	Right. Good. Good. So **what are you up to now?**
Frank	Um, I'm weighing my options… and, um, just, you know, taking some time off, and so…

조쉬: 저기, 해고됐다는 얘기 들었어.
프랭크: 그랬구나, 아니야, 내가 관뒀어. 알다시피, 할 만큼 했으니깐.
조쉬: 그래. 맞아. 잘했어. 그럼 지금은 뭐해?
프랭크: 음, 뭘 할지 고려 중이야… 있잖아, 좀 쉬면서 말이야.

로맨틱 홀리데이 *The Holiday*

크리스마스 휴가를 LA에서 보내는 아이리스(케이트 윈슬렛)는 그곳에서 알게 된 마일스(잭 블랙)로부터 전화를 받습니다.

Iris	Oh, Miles. Hi.
Miles	**What are you up to this Christmas Eve?**
Iris	Not much. But in a little bit… I'm gonna go down to the video shop and get the next movie on Arthur's list.
Miles	Do you want some company?
Iris	Love some.

아이리스: 오, 마일스. 안녕하세요.
마일스: 크리스마스 이브에 뭐해요?
아이리스: 별거 없어요. 그런데 좀 있다가… 비디오 가게에 가서 아더가 준 목록의 다음 영화나 빌려볼까 해요.
마일스: 같이 가줄까요?
아이리스: 좋죠.

> **'cause** 구어체에서 많이 쓰는 because의 준말
> **Enough is enough.** 그만하면 됐다. 그만 좀 해.(무엇을 너무 많이 해서 더 이상 참을 수 없거나 충분하다고 생각될 때 쓰는 말)

What's up?

웬일이야? 별일 없지?

What's up?은 "웬일이야?", "별일 없지?"란 의미로 쓰는 인사표현이에요. 이에 대한 대답으로 별일 없다고 할 때는 Not much.나 Nothing. 또는 Nothing much.라고 하고, 어떤 용무나 무슨 일이 있을 때는 그것에 관해 얘기하면 됩니다. 그런데 사실 What's up?은 그냥 상투적인 표현으로 쓸 때가 많아서 특별한 대답 없이 똑같이 What's up?이라고 되묻거나 그냥 다른 얘기를 하는 경우가 많아요. 그리고 "무슨 일이니?"라며 정말 궁금해서 물어볼 때도 사용합니다. 젊은이들은 Whassup? 또는 Waddup?이라고 발음하기도 합니다.

주노 Juno

고등학생인 주노(엘렌 페이지)는 친구 블리커(마이클 세라)와의 첫경험으로 임신하게 되고, 고민 끝에 아이를 낳아서 입양시키기로 결심합니다. 배가 부른 주노가 어느 날 블리커의 집에 놀러갔는데 블리커는 책을 보고 있습니다.

Juno	Hey, man. Don't concentrate so hard. I think I can smell your hair all burning.
Bleeker	Hey, **what's up?**
Juno	Not much, I just… wanted to come say hey. I mean, I miss like… just hanging out with you on school nights, you know.

주노: 안녕, 친구. 너무 열심히 하지 마. 네 머리가 타는 냄새가 나는 것 같아.
블리커: 안녕, 웬일이야?
주노: 별일 없어, 그냥… 인사하려고 들렸어. 그리워서… 평일 저녁에 너와 함께 어울리던 게 말이야.

스텝업 Step Up

길거리 춤꾼에 반항아인 타일러(채닝 테이텀)가 친구 맥(데메인 래드클리프)과 그의 동생 스키니(드숀 웨싱턴)를 길거리 농구장에서 만나는 장면입니다. 덤으로 이 영화의 주인공으로 만난 채닝 테이텀과 제나 드완은 실제로 연인이 되어 나중에 결혼까지 했답니다.

Skinny	Hey, yo, Ty. Man, **what's up?**
Tyler	**What's up?**
Skinny	Where you been, man?
Tyler	You know, around.

스키니: 어이, 타이. 별일 없어?
타일러: 별일 없지?
스키니: 어디 있었어?
타일러: 뭐, 여기저기.

school night 수업이 있는 날의 전날 저녁

What's going on?
무슨 일이야? 뭐하고 있어?

Something is going on.은 "무슨 일이 벌어지고 있다."란 뜻인데요. 그래서 What's going on?이라고 하면 "무슨 일이야?"란 의미가 됩니다. Tell me what's going on.이라고 하면 "무슨 일인지 얘기해봐." 란 말이고요. 그런데 What's going on?은 무슨 일이 벌어지고 있는지 물을 때뿐만 아니라 그냥 일상적인 인사로 쓸 때도 많아요. 그럴 때는 "뭐하고 있어?", "어떻게 지내?" 등의 의미가 됩니다.

 위 아 더 밀러스 *We're the Millers*

케이시(엠마 로버츠)가 평생 한 번도 키스를 안 해본 케니에게 키스하는 법을 가르쳐주고 있는데, 갑자기 데이빗(제이슨 서디키스)과 로즈(제니퍼 애니스톤)가 들어옵니다.

David Whoa. **What's going on here?**
Kenny Uh, it's… We're not doing what it looks like we were doing.
David Really? It looks like Casey's teaching you how to kiss out of pity.
Kenny Uh, well, then it is what it looks like, yeah.

데이빗: 워워, 여기 무슨 일이야?
케니: 어, 이게… 보이는 것처럼 그런 거 아니에요.
데이빗: 정말? 케이시가 딱한 너한테 키스하는 법을 가르쳐주는 것 같은데.
케니: 어, 그럼 보이는대로 맞아요.

 19곰 테드 *Ted*

테드가 집에서 파티를 열어 많은 사람들이 놀러 오고, 절친 존(마크 월버그)도 테드의 초대에 못 이겨 함께 광란의 파티를 즐깁니다. 존이 잠시 소파에 앉아 있는데 직장 동료 가이가 와서 인사하며 친구를 소개합니다.

Guy   Hey.
John Hey, Guy.
Guy   **What's going on?** This is Jared. He's the guy who beat me up. And we're in love.
John Huh?
Guy   Turns out I'm gay, or whatever. I had no idea.

가이: 안녕.
존: 안녕, 가이.
가이: 뭐하고 있어? 여긴 제라드. 날 때렸던 남자야. 그리고 우리 사랑하는 사이야.
존: 뭐라고?
가이: 나 게이였나 봐. 나도 몰랐어.

unit 010 Same old, same old.

맨날 똑같지. 옛날이랑 똑같지.

How are you?나 How have you been? 등 상대방이 나에게 안부를 물어볼 때, 내가 특별한 일 없이 전과 마찬가지이면 Same old, same old.라고 하는데요. "옛날이랑 똑같죠.", "맨날 똑같지."란 말이에요.

scene 1 스타스키와 허치 Starsky & Hutch

형사 허치(오웬 윌슨)가 집 앞에서 동네 꼬마 윌리스를 만나는 장면입니다.

Willis	Hey, Hutch!
Hutch	Oh, there he is. What's going on, Willis?
Willis	**Same old, same old.** So how's life at the clink treating you?
Hutch	It's not that great. I got some new tight-ass partner that they stuck me with and then… I don't know. I mean, hopefully… it's probably not gonna last that long.

윌리스: 이봐요, 허치!
허치: 오, 왔구나. 어떻게 지내니, 윌리스?
윌리스: 맨날 똑같죠. 감방에서의 생활은 어때요?
허치: 별로 좋지 않아. 위에서 나한테 빡빡한 파트너를 붙여줬어… 모르겠다. 그렇게 오래 가지 않길 바랄 뿐이야.

scene 2 이클립스 Eclipse

뱀파이어 빅토리아(브라이스 댈러스 하워드)는 자신의 연인을 죽게 한 벨라(크리스틴 스튜어트)와 에드워드(로버트 패티슨)에게 복수하기 위해 뱀파이어 군단을 만듭니다. 에드워드 가족과 늑대인간 제이콥(테일러 로트너) 부족은 힘을 합쳐 이들과 싸울 준비를 하죠.

Edward	Alice says there's a storm coming.
Jacob	Yeah, I can feel it. We should get going.
Edward	I'll see you in a couple of hours.
Jacob	Something up?
Bella	A bunch of vampires trying to kill me.
Jacob	**Same old, same old.**

에드워드: 앨리스가 곧 폭풍이 몰아칠 거래.
제이콥: 맞아, 나도 느껴져. 그만 가야 해.
에드워드: 두어시간 후에 보자.
제이콥: 무슨 일 있어?
벨라: 뱀파이어 무리들이 나를 죽이려고 하고 있어.
제이콥: 전이랑 똑같네.

---

clink 감방(감옥의 속어)
tight-ass 융통성없는 사람
hopefully 바라건대
a bunch of ~ 많은 ~

unit 011 It's been a long time.

오랜만이다.

한국사람들은 오랜만에 친구를 만났을 때 Long time no see.만 많이 쓰는 것 같아요. 물론 이 표현도 쓰지만 네이티브는 It's been a long time.도 많이 쓴답니다. It's를 빼고 그냥 Been a long time.이라고 하기도 하죠. 그리고 It's been a long time since ~라고 하면 '~한 지 오래 되었다'란 의미가 됩니다.

 오즈 *Oz the Great and Powerful*

서커스 마술사 오스카(제임스 프랭코)를 좋아하는 애니(미쉘 윌리엄스)는 자신의 결혼 사실을 알리러 극단에 찾아옵니다. 애니는 오스카가 자신의 결혼을 말려주길 바라는 것 같네요.

Oscar	Come on, have a seat. I'll get you some tea. **It's been a long time.** I haven't seen you since…
Annie	The last time you rolled into town. It's not often enough, Oscar, seeing you once every few months.
Oscar	Well, it is a traveling circus.

오스카: 여기 앉아. 차 한잔 줄게. 오랜만이야. 마지막으로 당신을 본 게…
애니: 지난 번 당신이 마을에 왔을 때 죠. 오스카 당신을 몇 달에 한 번 보는 건 너무 해요.
오스카: 뭐, 유람극단이니까.

 패밀리 맨 *The Family Man*

잭(니콜라스 케이지)은 13년 전, 연인 케이트(테이어 레오니)와의 약속을 뒤로 한 채 성공만을 위해 달려왔습니다. 그런데 크리스마스 아침에 눈을 뜨자 잭은 케이트와 결혼해서 아이까지 있는 가난한 집의 가장이 되어 있네요. 우여곡절 끝에 다시 현실로 돌아온 잭은 돈보다 사랑과 가족이 더 소중하다는 사실을 깨닫고 케이트를 만나러 가죠. 이렇게 짧게 설명하니 이상한데, 정말 재미와 감동을 동시에 주는 영화예요.

Kate	Jack.
Jack	Kate.
Kate	God, **it's been a long time.** You look…
Jack	You look great.
Kate	Thanks. Come on in, come on in.

케이트: 잭.
잭: 케이트.
케이트: 세상에, 정말 오랜만이다. 너…
잭: 좋아 보인다.
케이트: 고마워. 들어와, 들어와.

You haven't changed a bit.

너 예전 그대로다. 너 하나도 안 변했네.

오랜만에 친구나 지인을 만났는데 예전 모습 그대로이거나 여전히 젊어 보일 때 You haven't changed a bit.이라고 해주세요. 동서양을 막론하고 젊어 보인다는 말은 누구나 좋아하니까요.^^ 같은 의미로 You haven't changed at all.이라고 해도 됩니다. 간혹 상대방이 예전의 나쁜 버릇을 여전히 버리지 못하고 있을 때 이를 비꼬아서 말할 때 쓰기도 하죠. 참고로, 우리는 상대방이 어려 보일 때 "나이보다 어려 보여요."란 말을 많이 하잖아요. 이걸 영어로 하면 You look young for your age.인데요. 네이티브는 우리만큼 이 말을 많이 쓰지는 않는 것 같아요.

 서약 *The Vow*

교통사고로 최근 몇 년 동안의 일을 기억 못하는 페이지(레이첼 맥아담스)가 오랜만에 옛 친구들을 만나는 장면입니다. 이때 예전에 사귔던 제레미도 찾아와 인사합니다. 페이지는 제레미와 사귀고 있을 때까지만 기억하기 때문에 자신이 찼던 제레미가 다시 사랑스럽게 보입니다.

Paige	Hi.
Jeremy	Hi.
Paige	Sorry, this is…
Leo	Jeremy.
Jeremy	It's been a long time.
Paige	Has it? It doesn't seem like it. **You haven't changed a bit.**

페이지: 안녕.
제레미: 안녕.
페이지: 미안, 이 사람은…
리오: 제레미구나.
제레미: 오랜만이다.
페이지: 그래? 그렇게 안 느껴져. 넌 예전 그대로다.

 맘마미아! *Mamma Mia!*

엄마와 함께 그리스의 작은 섬에 사는 소피(아만다 사이프리드)는 결혼식을 앞두고 행복한 나날을 보내고 있습니다. 결혼식에 참석하기 위해 엄마의 오랜 친구인 로지(줄리 월터스)와 타냐(크리스틴 바란스키)가 섬에 오고, 오랜만에 소피를 만나 반가워하는 장면입니다.

Rosie	Come here to me. Oh, Sophie Sheridan, you get more gorgeous every time I see you. You do.
Tanya	I bet you don't remember me.
Rosie	Not with all that plastic surgery.
Sophie	Of course I do, Auntie Tanya. **You haven't changed at all.**

로지: 이리 오렴. 오, 소피 셰리든, 넌 볼 때마다 예뻐지는구나 정말이야.
타냐: 나는 기억 못하겠구나.
로지: 성형수술을 그만큼 했으니.
소피: 기억 못하긴요, 타냐 아줌마. 하나도 안 변하셨어요.

빈칸에 어울리는 영어문장을 말하고 적어보세요.

1
Gary　　Hey, honey!
Brooke　Hi.
Gary　　_____ 잘 되어가?
Brooke　It's good.
Gary　　Oh, wow. You got a lot happening.
Brooke　I know. Very exciting.

2
Andy　Hi.
Trish　Andy! Hi!
Andy　Right, yeah. You remember my name.
Trish　I did. _____ 어떻게 지내요?
Andy　I'm great. I like your store.
Trish　That's good, yeah. If you have time, look around.

3
Tanya　Hey, _____ 견딜만 해?
John　Oh, I'm all right. I'm just getting used to things. That's all.
Tanya　It's gonna be all right. I actually went through something like this with my last boyfriend.

4
Casey　Hey, Dad.
Billy　Hi, honey! _____ 잘 있었니?
Casey　I'm good.
Billy　Was it bumpy?
Casey　Oh, it was okay.

5
Gary　_____ 어떻게 지냈어?
Brook　I've been really good. _____ 넌 어떻게 지냈어?
Gary　I've been good.
Brook　Yeah.
Gary　You look great.

6 Jeremy　　　　　　　　　　　　　　　　　　　　　뭐하고 지냈어?
　　John　Eh, you know, this and that. Crashing weddings.
　　Jeremy　Alone?
　　John　No, not alone.

7 Iris　Oh, Miles. Hi.
　　Miles　　　　　　　　　　　　　　　　　　　　　이번 크리스마스 이브에 뭐해요?
　　Iris　Not much. But in a little bit… I'm gonna go down to the video shop and get the next movie on Arthur's list.
　　Miles　Do you want some company?
　　Iris　Love some.

8 Juno　Hey, man. Don't concentrate so hard. I think I can smell your hair all burning.
　　Bleeker　Hey,　　　　　　　　　　　　　　웬일이야?
　　Juno　Not much, I just… wanted to come say hey.

9 David　Whoa.　　　　　　　　　　　　　　　　여기 무슨 일이야?
　　Kenny　Uh, it's… We're not doing what it looks like we were doing.
　　David　Really? It looks like Casey's teaching you how to kiss out of pity.
　　Kenny　Uh, well, then it is what it looks like, yeah.

10 Willis　Hey, Hutch!
　　Hutch　Oh, there he is. What's going on, Willis?
　　Willis　　　　　　　　　　　　　So how's life at the clink treating you? 맨날 똑같죠.
　　Hutch　It's not that great.

11 Jeremy　　　　　　　　　　　　　　　　오랜만이다.
　　Paige　Has it? It doesn't seem like it.　　　　　　　　　　
　　　　　　　　　　　　　　　　넌 예전 그대로다.

Answers

1 How's it going?　**2** How you doing?　**3** how you holding up?　**4** How are you?　**5 1, 2)** How (have) you been?　**6** What have you been up to?　**7** What are you up to this Christmas Eve?　**8** what's up?　**9** What's going on here?　**10** Same old, same old.　**11 1)** It's been a long time.　**2)** You haven't changed a bit.

Chapter 2

만남, 헤어짐

Quiz 내가 영어로 할 수 있는 말은?

1 우리 전에 본 적 있나요? _____ (meet)

2 저 아세요? 제가 아는 분인가요? _____ (know)

3 여긴 어쩐 일이야? _____ (bring)

4 여기 누가 왔는지 봐. 이게 누구야. _____ (look)

5 왔구나. 네가 해냈어. _____ (make)

6 늦어서 미안해. _____ (late)

7 너 어디 갔다 왔니? _____ (be)

8 잠깐 실례할게요.(잠시 자리를 비울 때) _____ (excuse)

9 안녕. 잘 가. 또 봐. 다음에 보자. _____ (see)

10 좋은 하루 보내요. 잘 가. 잘 자. _____ (good)

11 몸 잘 챙겨. 몸 조심해. _____ (care)

12 그녀에게 안부 전해줘. _____ (best)

Answers

1 Have we met before?   2 Do I know you?   3 What brings you here?   4 Look who's here.   5 You made it.   6 Sorry I'm late.   7 Where have you been?   8 Excuse me for a second.   9 See you.   10 Have a good one.   11 Take care of yourself.   12 Give her my best.

unit 013 Have we met before?

우리 전에 본 적 있나요?

처음 만난 사람이 어딘가 모르게 낯이 익을 때 대개 "우리 전에 본 적 있나요?"라고 물어보잖아요. 바로 그때 쓰는 표현이 Have we met before?예요. 근데 이 표현은 이성에게 작업할 때도 많이 쓰인답니다. 그러다 보니 정말로 낯이 익어서 말했을 때도 종종 작업멘트로 오해 받는 경우가 있어요. 덤으로 You look familiar.(낯이 익어요.)도 함께 알아두세요.

 당신이 그녀라면 *In Her Shoes*

빈둥거리며 놀던 매기(카메론 디아즈)는 외할머니의 제안으로 노인복지시설에서 일하게 됩니다. 매기가 한 병실에서 다 먹은 식판을 치우려고 하는데 누워있던 노인이 말을 걸어옵니다. 영문학 교수를 하다 퇴직한 이 노인은 앞을 못 보죠.

Professor   Is that Corinne?
Maggie   No.
Professor   Who is it?
Maggie   Maggie.
Professor   **Have we met before?**
Maggie   There's a pick-up line with a little dust on it.
Professor   Fine. What's your sign? I've been out of the game for a while.

교수: 거기 코린이니?
매기: 아니요.
교수: 누구세요?
매기: 매기예요.
교수: 우리 전에 본 적 있던가?
매기: 작업멘트가 좀 구식인 것 같네요.
교수: 좋아. 그럼 '별자리가 어떻게 되죠?' 내가 한동안 작업을 안 해봐서 말이야.

 슬라이딩 도어즈 *Sliding Doors*

광고회사에 다니는 헬렌(기네스 펠트로)은 회사에 있던 스미노프 보드카 4병을 집에 가져갔다는 이유로 황당하게도 회사에서 잘립니다. 우울한 기분으로 지하철을 타고 집에 가는데 옆에 앉은 제임스(존 한나)라는 남자가 귀찮게 자꾸 말을 걸어오네요.

James   **Have we met before?** No, no, honestly, honestly, I'm, you… you seem familiar.
Helen   I don't think so.
James   Yes… yes, you were in the lift just now. You dropped your earring, I picked it up.
Helen   Oh yes, you did. Thank you.

제임스: 우리 전에 본 적 있나요? 아니, 정말로 그쪽이... 낯이 익어서요.
헬렌: 아닌 것 같은데요.
제임스: 맞아요... 그래, 방금 엘리베이터에 있었잖아요. 당신이 귀걸이를 떨어뜨려서 내가 주워줬죠.
헬렌: 아, 맞아요, 그랬네요. 고마워요.

pick-up line 작업멘트
What's your sign? 별자리가 뭐예요?(=What sign are you?)

Do I know you?
저 아세요? 제가 아는 분인가요?

우리는 모르는 사람이 자신을 보고 아는 척 인사하거나 말을 걸어오면 "저 아세요?"라고 물어보잖아요. 영어로는 Do I know you?(제가 아는 분인가요?)라고 한답니다. 그리고 어디선가 본듯한 사람이 있을 때 먼저 다가가서 Don't I know you?(제가 아는 분 아닌가요?)라고 물어보기도 합니다.

 언노운 *Unknown*

마틴 박사(리암 니슨)는 아내 엘리자베스(재뉴어리 존스)와 함께 베를린으로 출장을 갑니다. 근데 그곳에서 혼자 택시를 타다가 교통사고를 당한 마틴은 나흘 만에 깨어나죠. 마틴이 엘리자베스를 찾아가서 안도의 한숨을 쉬지만, 무슨 일인지 그녀는 그를 처음 보는 사람 대하듯이 행동하네요.

Martin	Liz. Oh, Jesus.
Elizabeth	Oh, excuse me. **Do I know you?**
Martin	Liz, what's wrong? I'm sorry. I was in an accident. I was in a coma. They didn't know who I was. I said I'm sorry.
Elizabeth	You must have me confused with someone else.
Martin	Liz. It's me, Martin. Your husband!

마틴: 리즈(엘리자베스의 애칭). 오, 맙소사.
엘리자베스: 오, 잠깐만요. 저 아세요?
마틴: 리즈, 왜 그래? 미안해. 나 사고를 당해서 혼수상태였어. 병원에서 내가 누군지 몰랐어. 미안하다고 하잖아.
엘리자베스: 저를 다른 사람이랑 착각하신 것 같네요.
마틴: 리즈. 나야, 마틴. 당신 남편!

 2012 *2012*

지구의 이상 징후를 포착하고 위기를 감지한 지질학자 애드리언(치웨텔 에지오포)은 바로 기금모음행사장에 있던 대통령 수석 보좌관 칼 앤휴저(올리버 플랫)를 찾아갑니다.

Adrian	Mr. Anheuser! Mr. Anheuser! I need to talk to you.
Anheuser	**Do I know you?**
Adrian	Sorry, sir. My name is Dr. Adrian Helmsley. I'm a deputy geologist at the Office of Science and Technology Policy.
Anheuser	You know that this is a fund-raiser, not a frat party, right?
Adrian	It's extremely important, sir!

애드리안: 앤휴저 씨! 앤휴저 씨! 드릴 말씀이 있습니다.
앤휴저: 저 아세요?
애드리안: 죄송합니다. 저는 애드리안 헴슬리 박사입니다. 과학기술정책실의 지질학자입니다.
앤휴저: 여긴 동창회가 아니라 기금모음행사인 거 알죠?
애드리안: 아주 중요한 일입니다!

What brings you here?

여긴 어쩐 일이야?

어떤 장소에서 생각지 못한 사람을 우연히 만나거나, 예상치 못한 사람이 나를 찾아왔을 때는 What brings you here?라고 하는데요. "여긴 어쩐 일이야?"란 뜻이에요. 장소를 언급하며 '~에 어쩐 일이야?'라고 하려면 What brings you to 장소?로 말하면 됩니다. 만약 한국식으로 생각해서 직접적으로 Why are you here?나 Why did you come here?라고 하면 "네가 여기 왜 왔니?"라며 따지는 문장이 될 수 있으니 주의하세요.

 쉬즈 더 맨 *She's the Man*

학교 축구코치와 남학생들이 여자는 축구를 못한다고 하자, 바이올라(아만다 바인즈)는 여자도 잘할 수 있다는 것을 증명하기로 결심합니다. 바이올라는 축구팀에서 뛰기 위해 오빠 세바스찬으로 변장해서 남자 기숙사로 들어가 생활하죠. 근데 거기서 만난 룸메이트 듀크(채닝 테이텀)를 좋아하게 됩니다. 영화의 후반부에 축구경기를 하던 바이올라는 듀크에게 자신이 여자임을 밝히고 속인 것을 사과합니다. 그날 저녁, 듀크가 바이올라를 만나러 옵니다.

Viola	Hi.
Duke	Hi.
Viola	So, **what brings you here?**
Duke	Well, a few days ago, I kissed this girl at a kissing booth. And now I just can't seem to stop thinking about it.
Viola	Neither can she.
Duke	Plus, I miss my roommate. I really liked him.

바이올라: 안녕.
듀크: 안녕.
바이올라: 그런데 여긴 어쩐 일이야?
듀크: 며칠 전, 키싱 부스에서 여자애와 키스를 했는데, 그 생각을 떨쳐버릴 수가 없어.
바이올라: 그녀도 그렇대.
듀크: 게다가 내 룸메이트가 그리워. 그 녀석이 정말 좋았거든.

 킬 빌 *Kill Bill*

결혼식을 앞둔 브라이드(우마 서먼)의 신랑과 하객들은 어떤 조직에 의해 무참히 살해당하고, 5년 후 혼수상태에서 깨어난 브라이드는 그들에게 복수하기로 결심합니다. 브라이드는 핫토리 한조(소니 치바)의 검을 구하기 위해 일본의 한 식당을 찾습니다. 핫토리 한조는 자신의 신분을 숨기고 식당을 운영하고 있죠.

Hattori Hanzo	First time in Japan?
The Bride	Uh-huh.
Hattori Hanzo	**What brings you to Okinawa?**
The Bride	I came to see a man.
Hattori Hanzo	Oh, yeah. You have a friend living in Okinawa?
The Bride	Not quite.

핫토리 한조: 일본은 처음인가?
브라이드: 네.
핫토리 한조: 오키나와엔 어쩐 일이지?
브라이드: 누굴 만나러 왔어요.
핫토리 한조: 그렇군. 친구가 오키나와에 사나?
브라이드: 그런 건 아니에요.

unit 016 Look who's here.

여기 누가 왔는지 봐. 이게 누구야.

반가운 사람이나 뜻밖의 사람 또는 그 자리의 주인공이 왔을 때는 Look who's here.라고 말하며 그 사람을 다른 사람들에게 보여주는데요. "여기 누가 왔는지 봐."라며 그(그녀)가 왔음을 알리는 표현이에요. 다른 사람이 아니라 도착한 상대방에게 Look who's here.라고 말하면, "아니 이게 누구야!"라며 반가움이나 놀라움을 나타내는 표현이 됩니다.

월플라워 *The Perks of Being a Wallflower*

학교의 홈컴잉 파티가 끝나고 찰리(로건 레먼)와 샘(엠마 왓슨), 패트릭(이즈라 밀러)은 다시 친구 밥의 파티에 함께 놀러 갑니다. 그곳에 브래드라는 애가 놀러 오자 샘이 아이들에게 그가 왔음을 알리는 장면입니다.

Sam	Hey, **look who's here.**
Charlie	Is that Brad Hays?
Alice	Yeah. He comes here sometimes.
Charlie	But he's a popular kid.
Mary	Then what are we?

샘: 여기 누가 왔는지 봐.
찰리: 쟤 브래드 헤이스 아니야?
앨리스: 맞아. 여기 가끔 와.
찰리: 근데, 쟤는 인기 많은 애잖아.
메리: 그럼 우린 뭔데?

저스트 프렌드 *Just Friends*

잘나가는 음반사 매니저인 크리스(라이언 레이놀즈)는 어릴 때 짝사랑했던 친구 제이미(에이미 스마트)를 다시 만나지만 어색한 시간만 보낸 후, 친구 클라크를 찾아갑니다.

Clark	Hey, **look who's here!** What's up, Hollywood? How'd the big date go?
Chris	It was terrible. I went in for a kiss, but she wants a hug, okay? Then I get caught in a sort of kiss-hug limbo type thing. I don't know what that is, then I ended up shaking her entire body.

클라크: 야, 이게 누구야! 웬일이야, 할리우드 스타? 일생일대의 데이트는 어떻게 됐어?
크리스: 끔찍했어. 난 키스하려고 했는데, 제이미는 포옹을 하려는 거야. 그러다가 키스와 포옹의 어중간한 림보 자세처럼 되어버렸어. 그게 뭔지 모르겠지만, 그러다 걔 몸만 흔들다 끝나버렸어.

You made it.
왔구나. 네가 해냈어.

make it은 '성공하다', '이루어내다'라는 뜻인데요. 기다리던 사람이 왔을 때 You made it.이라고 하면 "왔구나."라는 뜻이 됩니다. 특히 오기 힘든 상황에 왔거나, 올지 안 올지 몰랐는데 왔을 때 많이 쓰죠. 그리고 상대방이 어떤 일을 성공적으로 이루어냈을 때 You made it.이라고 하면, "네가 해냈어."라는 뜻이 됩니다. 이것도 역시 쉽지 않은 일을 해냈을 때 많이 씁니다.

scene 1 19곰 테드 *Ted*

집에서 파티를 연 테드가 존(마크 월버그)에게 전화해서 빨리 오라고 합니다. 어릴 적 우상이었던 SF영화 〈플래시 고든〉의 주인공이었던 샘 존스가 파티에 왔다고 말이죠. 여자친구 로리(밀라 쿠니스)와 함께 그녀의 상사 집에 있던 존은 몰래 빠져 나와 테드의 집에 옵니다.

Ted	Johnny, thank Christ! **You made it.**
John	Dude, I got 10 minutes. Where's Flash Gordon?
Ted	Okay, get ready. Hey, Sam, this is the guy I was telling you about.

테드: 조니, 고마워! 마침내 왔구나.
존: 친구, 나 10분밖에 없어. 플래시 고든은 어딨어?
테드: 좋아, 준비해. 이봐, 샘, 여기 내가 얘기하던 친구가 왔어.

scene 2 베스트 키드 *The Karate Kid*

미국에 살던 드레(제이든 스미스)는 엄마와 함께 베이징으로 이민을 옵니다. 드레가 집 앞 공원에서 동네 아이 해리를 만나 함께 농구하는 장면입니다. 이 영화는 윌 스미스의 아들인 제이든 스미스와 성룡이 함께 나와서 화제가 되긴 했지만, 1984년에 나왔던 원작만큼 큰 인기는 못 끈 것 같아요.

Harry	Hey man, **you made it.** Welcome.
Dre	Thanks.
Harry	You play, right?
Dre	Yeah.

해리: 야, 왔구나. 잘 왔어.
드레: 고마워.
해리: 너도 같이 할거지?
드레: 응.

Sorry I'm late.
늦어서 미안해.

약속한 시간보다 늦게 왔을 때 기다린 사람에게 "늦어서 미안해."라고 하잖아요. 영작이라고 괜히 복잡하게 생각할 필요없어요. 간단하게 Sorry I'm late.라고 하면 됩니다. 원래는 I'm sorry I'm late.인데 둘 다 많이 사용합니다.

프렌즈 위드 베네핏 *Friends with Benefits*

딜런(저스틴 팀버레이크)은 자신의 헤드헌터로 알게 된 제이미(밀라 쿠니스)와 나이도 비슷하고 말이 잘 통해서 조금씩 친해집니다. 파티에 초대받은 딜런이 제이미 집에 와서 인사하는 장면입니다.

Jamie	Hey.
Dylan	Hey.
Jamie	You made it.
Dylan	**Sorry I'm late.**
Jamie	No, no. Please, come in, come in.

제이미: 안녕하세요.
딜런: 안녕하세요.
제이미: 왔네요.
딜런: 늦어서 미안해요.
제이미: 아니, 아니에요. 어서 오세요.

그는 당신에게 반하지 않았다 *He's Just Not That Into You*

항상 애프터 신청을 못 받는 지지(지니퍼 굿윈)는 다시 소개팅을 하기로 합니다. 바에서 입구만 쳐다보며 남자가 오기를 눈이 빠지게 기다리는데 잠시 후 소개팅 주선자인 알렉스가 들어옵니다. 알렉스는 자신이 날짜를 착각하는 바람에 소개팅 남이 못 나온다고 하는군요.

Alex	**Sorry I'm late.**
Gigi	No, it's okay. I like a little time before a blind date. Prepare myself mentally, remind myself not to tell the story about my molars…
Alex	Gigi, he's not coming. But you can tell me the story about the molars. I'd love to hear it.

알렉스: 늦어서 미안해요.
지지: 아뇨, 괜찮아요. 소개팅 전에 시간을 조금 갖는 게 좋아요. 정신적으로 준비하고, 내 어금니 얘기는 하지 않도록 스스로를 상기시키고…
알렉스: 지지, 그는 못 와요. 하지만 나한테 어금니 얘기해도 돼요. 기꺼이 들어줄게요.

molar 어금니

Where have you been?
너 어디 갔다 왔니?

찾던 사람이 안 보이다 갑자기 나타나거나, 말도 없이 외출했다 돌아왔을 때 "너 어디 갔다 왔니?"라고 물어보잖아요. 바로 그때 Where have you been?이라고 하면 됩니다. 구어체에서는 더 짧게 줄여서 Where you been?이라고도 많이 해요. 비슷한 표현으로는 Where were you?(너 어디 있었니?)가 있습니다.

서약 The Vow

사고로 최근의 기억이 상실된 페이지(레이첼 맥아담스)는 외출했다가 길을 잃습니다. 예전 기억밖에 없는 페이지는 엄마에게 연락해서 함께 시간을 보내고 집으로 돌아옵니다. 그러는 동안, 남편 리오(채닝 테이텀)는 페이지가 보이지 않아서 계속 찾고 있었죠.

Leo	Hey.
Paige	Hey.
Leo	**Where you been?** I was starting to get a little worried. Thought something might've happened to you.
Paige	Sorry. I was lost. Physically, Mentally, I guess, as well.
Leo	Well, you should've called me.
Paige	Yeah, I forgot the phone and I don't know your number by heart, so I called my mom.

리오: 자기야.
페이지: 안녕.
리오: 어디 갔다 왔어? 슬슬 걱정되기 시작했잖아. 사고라도 났나 해서.
페이지: 미안해. 길을 잃었어. 몸도 마음도.
리오: 나한테 전화하지 그랬어.
페이지: 전화기를 두고 나갔는데 당신 번호를 외우지 못해서 엄마한테 전화했어.

나쵸 리브레 Nacho Libre

나쵸(잭 블랙)는 레슬러를 꿈꾸는 수도사로, 수도원에서 요리를 담당하고 있습니다. 어느 날, 수녀 엔카르나시온(안나 데 라 레구에라)이 나쵸를 찾아와 내일 아침 먹을 음식이 떨어졌다고 말하는 장면입니다. 이 영화는 실제로 복면을 쓰고 레슬링을 해서 번 돈으로 고아들을 보살핀 멕시코 신부의 실화를 바탕으로 만들어졌답니다.

Encarnacion	Ignacio, I've been looking for you. **Where have you been?**
Nacho	I've been here. I've been sleeping.
Encarnacion	In a frilly shirt and slacks?
Nacho	They are my PJs.

엔카르나시온: 이그나시오, 당신 찾고 있었어요. 어디 다녀오셨어요?
나쵸: 저 여기 있었어요. 자고 있었죠.
엔카르나시온: 프릴 셔츠와 바지를 입고요?
나쵸: 제 파자마예요.

> **know ~ by heart** ~을 외우고 있다
> **slacks** 정장용이 아닌 캐주얼 바지
> **PJs** 파자마(pajamas의 준말)

Excuse me for a second.
잠깐 실례할게요.(잠시 자리를 비울 때)

상대방과 대화를 나누던 중 딴 일이 생겨 잠깐 자리를 비우거나, 갑자기 전화가 걸려와서 전화를 받을 때는 "잠깐 실례할게요."란 뜻으로 Excuse me for a second.라고 해요. Could you excuse me for a second?라고 해도 되고요. a second 대신 one second나 a moment를 넣어서 말해도 됩니다. 그리고 두 명이 함께 자리를 비우거나 또는 둘만 얘기할 수 있게 다른 사람에게 자리를 좀 비워달라고 할 때는 Excuse us for a second.라고 해요. 참고로 Excuse me.는 모르는 사람에게 말을 걸 때 "실례합니다."란 뜻으로도 쓰고, 가게에서 종업원을 부를 때 "저기요."라는 뜻으로도 많이 쓴답니다.

업타운 걸스 *Uptown Girls*

레이(다코타 패닝)의 유모인 몰리(브리트니 머피)가 친구들과 바에서 어울리다가 레이의 엄마 로마를 보고 인사합니다.

Molly	I was just wondering, 'cause it's my night off… who's watching Ray?
Roma	Oh, Ray? She's at some ballet thing or other.
Molly	Oh, God! It's her recital? I have to get over there.
Roma	I'm sure it's over by now. Don't worry. I've arranged to have a car pick her up, okay? **Excuse me for a moment.**

몰리: 제가 오늘 쉬는 날이라… 궁금해서 그러는데, 레이는 누가 보고 있어요?
로마: 아, 레이? 무슨 발레 뭔가 갔는데.
몰리: 오, 이런! 오늘이 걔 발표회예요? 거기 가야 하는데.
로마: 지금쯤 끝났을 걸요. 걱정 말아요. 차로 데려오도록 해놨어요. 잠깐 실례할게요.

21 *21*

MIT의 학생 벤(짐 스터게스)과 그의 친구들이 함께 술집에 놀러 갑니다. 벤이 갑자기 학교의 퀸카인 질(케이트 보스워스)에게 다가가 함께 술을 마시자, 친구들이 놀라움과 부러움의 눈으로 계속 쳐다봅니다. 질이 친구들이냐고 묻자, 벤은 친구들한테 가서 너무 그렇게 넋 놓고 쳐다보지 말라고 얘기하죠.

Jill	How you doing?
Ben	I'm okay.
Jill	Are those your friends over there?
Ben	No. No, I've never seen them before in my life. **Could you just excuse me for one second?**

질: 어떻게 지내?
벤: 잘 지내.
질: 저기 네 친구들이니?
벤: 아니. 아냐, 한 번도 본 적 없어. 나 잠깐만 갔다 올게.

unit 021 See you.

안녕. 잘 가. 또 봐. 다음에 보자.

헤어질 때 하는 인사 하면 Goodbye.가 가장 먼저 떠오르죠? goodbye는 인사말로도 쓰이지만 '작별인사'란 뜻의 명사로도 많이 쓰이죠. 그런데 자주 보는 사람들이 헤어질 때 가볍게 가장 많이 쓰는 인사표현은 Bye.와 See you.예요. "다음에 봐."라는 의미로 See you later.나 I'll see you later.라고 많이 하죠. 이것뿐만 아니라 See you around.나 See you tomorrow. 또는 See you there.처럼 여러 형태로 쓸 수 있어요. 그리고 See you.를 편하게 발음해서 See ya.라고 하기도 합니다.

캐쉬백 Cashback

벤(숀 비거스텝)이 슈퍼마켓 라커룸에서 일할 준비를 하고 있을 때, 근무시간에 늦은 샤론(에밀리아 폭스)이 허겁지겁 들어와 인사하고 먼저 나가는 장면입니다.

Sharon　Hi.
Ben　Oh, hi.
Sharon　I'm late again. Jenkins is gonna kill me. **See you later.**
Ben　Yeah, **see you.**

샤론: 안녕.
벤: 어, 안녕.
샤론: 나 또 늦었어. 젠킨스가 날 죽일 거야. 다음에 봐.
벤: 응, 안녕.

사랑도 통역이 되나요? Lost in Translation

왕년의 배우 밥(빌 머레이)은 위스키 광고를 찍으러 일본에 옵니다. 호텔 바에서 혼자 술을 마시던 밥은 남편의 출장을 따라 온 샬롯(스칼렛 요한슨)을 만나죠. 남편은 일하고 혼자 시간을 보내던 샬롯은 호텔 수영장에서 밥과 또 마주칩니다.

Charlotte　How long you staying for?
Bob　I'll be in the bar for the rest of the week.
Charlotte　Well, that's good. Um, I'm going out with some friends later, if you wanna come.
Bob　Sure.
Charlotte　Okay. **I'll see you later.**
Bob　Okay.
Charlotte　**See you.**

샬롯: 얼마나 머물러요?
밥: 이번 주 내내 바에 있을 거예요.
샬롯: 잘됐네요. 음, 저 나중에 친구들 만날 건데, 괜찮으면 오실래요?
밥: 그러죠.
샬롯: 좋아요. 나중에 봐요.
밥: 네.
샬롯: 잘 가요.

Have a good one.
좋은 하루 보내요. 잘 가. 잘 자.

Have a good one.은 헤어질 때 쓰는 만능 인사 표현이에요. 기본적으로는 좋은 시간 보내라는 뜻으로 하는 말인데요, 말하는 시간대나 시기 또는 상황에 따라 여러 의미가 됩니다. 시간대에 따라서는 "좋은 하루 보내요.", "즐거운 저녁 보내요."란 의미가 되기도 하고, 연휴 전이라면 "크리스마스 잘 보내.", "휴가 잘 보내."란 뜻이 되기도 하죠. 이외에도 "잘 가.", "잘 자.", "좋은 꿈 꿔." 등의 여러 의미가 됩니다.

 걸리버 여행기 *Gulliver's Travels*

걸리버(잭 블랙)가 짝사랑하는 여직원 달시(아만다 피트)와 단둘이 엘리베이터를 타게 됩니다. 걸리버는 고백을 하려고 했지만 달시의 질문에 짧은 대답밖에 못하고 말죠.

Darcy	How is your day going?
Gulliver	Really good. Just really, really, good.
Darcy	What are you doing this weekend?
Gulliver	So much stuff. It's just going to be… you know, a bunch of stuff.
Darcy	Cool.
Gulliver	Yeah, it's cool.
Darcy	**Have a good one.**
Gulliver	You, too.

달시: 오늘 하루 어때요?
걸리버: 아주 좋아요. 정말 정말 좋아요.
달시: 이번 주말에는 뭐 해요?
걸리버: 할 일이 많아요. 알다시피, 엄청… 바쁠 거예요.
달시: 좋네요.
걸리버: 네, 그렇죠.
달시: 좋은 하루 보내요.
걸리버: 당신도요.

 빅 대디 *Big Daddy*

소니(아담 샌들러)는 결혼을 앞둔 친구 케빈(존 스튜어트) 앞으로 그의 아이라는 편지와 함께 꼬마 줄리언(콜 스포로즈)이 배달되자, 소니가 대신해서 줄리언을 맡습니다. 소니가 줄리언과 함께 놀아주고 잠을 재우는 장면입니다.

Sonny	Anyways, I had fun today. Did you have fun? Yeah, you're all right. **Have a good one.**
Julian	Sonny, could I have a night-light?
Sonny	Night-light? I think I can help you out. Hang on.

소니: 어쨌든, 난 오늘 재밌었어. 너도 재있었니? 그래, 좋아. 잘 자거라.
줄리언: 소니, 야간등 켜줄래요?
소니: 야간등? 내가 어떻게 해볼게. 잠깐만.

Take care of yourself.
몸 잘 챙겨. 몸 조심해.

take care of는 '돌보다', '보살피다', '지키다', '해결하다', '처리하다' 등 아주 다양한 의미를 가지고 있는데요. Take care of yourself.는 스스로를 돌보라는 말이니까 "몸 잘 챙겨.", "몸 조심 해."란 뜻이에요. 그리고 Take care of her.라고 하면 "그녀를 돌봐줘."란 뜻인데, 좀 더 강조해서 Take good care of her. 라고 하면 "그녀를 잘 돌봐줘."란 말이 되죠. 또 I'll take care of it.은 "내가 처리할게.", "내가 알아서 할게."란 뜻인데요, take care of 뒤에 계산서가 오면 '계산서를 처리하다'니까 '계산하다'란 뜻이 되고, 뒤에 사람이 와서 '사람을 처리하다'라고 하면 '죽이다'란 뜻이 되기도 하죠. ex) She's gonna take care of you.(그녀가 널 돌봐줄 거야.), I can take care of myself.(내 앞가림은 내가 해.), I'll take care of the check.(계산은 내가 할게.)

브레이킹 던 Part 1 *Breaking Dawn – Part 1*

결혼식이 끝나고 신혼여행을 떠나는 벨라(크리스틴 스튜어트)에게 엄마 르니(사라 클라크)가 인사하는 장면입니다.

Renee	So, he really won't tell you where he's taking you?
Bella	No, it's a surprise.
Renee	Well, wear a hat, sunscreen. **Take care of yourself.**
Bella	I will.

르니: 그래, 신랑이 어디로 데려가는지 말하지 않든?
벨라: 아뇨, 깜짝 이벤트래요.
르니: 그럼 모자 쓰고, 선크림도 발라. 몸 잘 챙겨.
벨라: 그럴게요.

나쵸 리브레 *Nacho Libre*

수녀 엔카르나시온(안나 데 라 레구에라)이 요리를 담당하고 있는 수도사 나쵸(잭 블랙)를 찾아와 다음 날 먹을 음식이 떨어졌다고 말하는 장면입니다.

Encarnacion	Can I come in?
Nacho	No, people might get the wrong idea about you. Like maybe you are a floozy.
Encarnacion	Ignacio, I was in the kitchen and there's no food for tomorrow's breakfast.
Nacho	Don't worry. **I'll take care of it.**
Encarnacion	But when?
Nacho	Good night.

엔카르나시온: 들어가도 돼요?
나쵸: 안 돼요, 사람들이 당신을 오해할 수도 있어요. 문란한 여자라고 말이죠.
엔카르나시온: 이그나시오, 주방에 갔는데 내일 아침에 먹을 음식이 없어요.
나쵸: 걱정 마세요. 제가 알아서 할게요.
엔카르나시온: 근데 언제요?
나쵸: 잘자요.

floozy 문란한 여자, 난잡한 여자

Give her my best.
그녀에게 안부 전해줘.

친구나 지인과 만났다가 헤어질 때, 그 사람의 가족이나 보지 못한 다른 사람들에게도 안부를 전해달라고 하잖아요. 안부를 전해달라는 표현 중 쉽고 가장 많이 쓰는 것은 Say hello to sb와 Say hi to sb예요. 그 다음으로는 give sb my best와 give my best to sb가 있어요. 뜻은 모두 'sb에게 안부 전해줘'란 말이죠. 예를 들어 "걔들한테 안부 전해줘."라고 하려면 Give them my best.라고 하고, "어머니한테 안부 전해줘."라고 하려면 Give my best to your mother.이라고 하면 됩니다.

셜록 홈즈 *Sherlock Holmes*

홈즈(로버트 다우니 주니어)와 왓슨 박사(주드 로)가 사건 현장을 다녀오며 얘기하는 장면입니다. 홈즈가 왓슨에게 결혼은 어리석은 짓이라고 하지만 상점에서 약혼반지를 산 왓슨 박사는 여자친구 메리를 만나러 간다고 하는군요.

Watson	I have to go see Mary.
Holmes	**Give her my best.** And her family, as well.

왓슨: 나 메리 만나러 가야 해.
홈즈: 그녀에게 안부 전해줘. 그녀의 가족들에게도.

악마는 프라다를 입는다 *The Devil Wears Prada*

미란다(메릴 스트립) 때문에 퇴근 후 자선행사에 온 앤디(앤 해서웨이)는 남자친구의 생일파티에 늦어 허겁지겁 돌아갑니다. 근데 이때 도착한 유명 작가 크리스찬 톰슨(사이먼 베이커)이 앤디와 마주치죠. 그리고 앤디에게 *New York* 매거진 편집자를 소개해주겠다며 한 잔만 더 하고 가라고 합니다.

Christian	Why don't you come in? Just for one drink.
Andy	Um, okay, yeah. I guess I could for one… No, I can't. I'm sorry, but I have to go.
Christian	All right. **Give my best to the boyfriend.**

크리스찬: 들어와서 한 잔만 더 하고 가는 게 어때요?
앤디: 음, 좋아요. 한잔 정도는… 아니, 안 되겠어요. 미안하지만, 가봐야 해요.
크리스찬: 알았어요. 남자친구에게 안부 전해주세요.

as well ~도, 또한, 역시

빈칸에 어울리는 영어문장을 말하고 적어보세요.

1 James   _____ No, no, honestly, honestly, I'm, you… you seem familiar. 우리 전에 본 적 있나요?
　　Helen   I don't think so.
　　James   Yes… yes, you were in the lift just now. You dropped your earring, I picked it up.
　　Helen   Oh yes, you did. Thank you.

2 Martin   Liz. Oh, Jesus.
　　Elizabeth   Oh, excuse me. _____ 저 아세요?
　　Martin   Liz, what's wrong? I'm sorry. I was in an accident. I was in a coma. They didn't know who I was. I said I'm sorry.
　　Elizabeth   You must have me confused with someone else.

3 Viola   Hi.
　　Duke   Hi.
　　Viola   So, _____ 여긴 어쩐 일이야?
　　Duke   Well, a few days ago, I kissed this girl at a kissing booth. And now I just can't seem to stop thinking about it.

4 Sam   Hey, _____ 여기 누가 왔는지 봐.
　　Charlie   Is that Brad Hays?
　　Alice   Yeah. He comes here sometimes.

5 Jamie   Hey.
　　Dylan   Hey.
　　Jamie   _____ 왔네요.
　　Dylan   _____ 늦어서 미안해요.
　　Jamie   No, no. Please, come in, come in.

6 Encarnacion Ignacio, I've been looking for you. _____
                                                      어디 다녀오셨어요?
  Nacho   I've been here. I've been sleeping.
  Encarnacion In a frilly shirt and slacks?
  Nacho   They are my PJs.

7 Molly I was just wondering, 'cause it's my night off… who's watching Ray?
  Roma   Oh, Ray? She's at some ballet thing or other.
  Molly Oh, God! It's her recital? I have to get over there.
  Roma   I'm sure it's over by now. Don't worry. I've arranged to have a car pick her up, okay? _____ 잠깐 실례할게요.

8 Sharon I'm late again. Jenkins is gonna kill me. _____
                                                    다음에 봐.
  Ben   Yeah, _____ 안녕.

9 Darcy   What are you doing this weekend?
  Gulliver So much stuff. It's just going to be… you know, a bunch of stuff.
  Darcy   Cool.
  Gulliver Yeah, it's cool.
  Darcy   _____ 좋은 하루 보네요.
  Gulliver You, too.

10 Renee So, he really won't tell you where he's taking you?
  Bella No, it's a surprise.
  Renee Well, wear a hat, sunscreen. _____ 몸 잘 챙겨.
  Bella I will.

11 Watson I have to go see Mary.
  Holmes _____ And her family, as well.
           그녀에게 안부 전해줘.

Answers

1 Have we met before? **2** Do I know you? **3** what brings you here? **4** look who's here. **5** 1) You made it. 2) Sorry I'm late. **6** Where have you been? **7** Excuse me for a moment.[=Excuse me for a second.] **8** 1) see you later. 2) see you. **9** Have a good one. **10** Take care of yourself. **11** Give her my best.

Chapter 3

어때?

Quiz 내가 영어로 할 수 있는 말은?

1 학교 생활은 어때? _____ (how)

2 오늘 하루 어땠어? _____ (how)

3 그거 어떻게 됐어? _____ (go)

4 파티 재밌니?(파티나 축제 등 놀러 간 곳에서) _____ (fun)

5 어때? 어떻게 생각해? 어떻게 할래? _____ (like)

6 걔 어떤 애야? _____ (like)

7 이거면 돼. _____ (do)

8 그것참 너답다. 참 너다운 행동이다. _____ (like)

9 너한테 잘 어울려. _____ (good)

Answers

1 How's school? 2 How was your day? 3 How did it go? 4 Are you having fun? 5 How do you like it? 6 What is she[he] like? 7 This will do. 8 That is so like you. 9 It looks good on you.

How's school?
학교 생활은 어때?

How is sb/st?은 'sb/st은 어때?'란 뜻으로, 학교 생활은 어떤지, 직장 생활은 어떤지, 가족들은 잘 있는지, 다친 다리는 괜찮은지 등 상대방의 안부를 물어볼 때 쓰는 표현이에요. ex) How's business?(사업은 어때?), How's work?(일은 어때?), How's your mother?(어머니는 어떠셔?), How's Jennifer?(제니퍼는 잘 있어?), How's your leg?(다리는 좀 어때?)

 시간 여행자의 아내 *The Time Traveler's Wife*

헨리(에릭 바나)는 시간 여행자로, 자신의 의지와 상관없이 느닷없이 알몸으로 낯선 곳에 떨어집니다. 헨리가 시간 여행 중 자신의 딸 알바(해일리 맥캔)를 만나서 얘기하는 장면입니다.

Henry	How old are you?
Alba	Ten. How about you?
Henry	Thirty-eight. So tell me about you. I mean, **how's school?** What are you learning?
Alba	Well, not much at school. But I read all the time.

헨리: 너 몇 살이니?
알바: 열 살이에요. 아빠는요?
헨리: 서른여덟. 너에 대해 얘기해보렴. 학교 생활은 어때? 뭘 배우고 있니?
알바: 뭐, 학교에선 별거 없어요. 하지만 책은 많이 읽어요.

 세인트 클라우드 *Charlie St. Cloud*

찰리(잭 에프론)는 교통사고로 동생 샘(찰리 타핸)을 잃고 그날부터 동생의 영혼을 보게 됩니다. 찰리가 군대에서 죽은 친구 설리반(데이브 프랑코)의 영혼을 공동묘지에서 만나는 장면입니다. 여기서 설리반 역할을 한 데이브 프랑코는 배우 제임스 프랑코의 친동생이랍니다.

Charlie	Lieutenant Sullivan. Sir!
Sullivan	At ease. You haven't changed, St. Cloud. **How's your mom?**
Charlie	She moved to Portland.

찰리: 설리반 중위님. 충성!
설리반: 쉬어. 넌 그대로구나, 세인트 클라우드. 어머니는 잘 계셔?
찰리: 포틀랜드로 이사하셨어.

How was your day?
오늘 하루 어땠어?

How was your day?는 네이티브가 일과를 마친 상대방에게 자주 쓰는 인사말이에요. 그리고 How was sb/st?은 'sb/st은 어땠어?'란 뜻으로, 다녀 온 여행이 어땠는지, 보고 온 영화가 어땠는지, 소개팅이 어땠는지, 식사가 어땠는지 등 상대방이 경험한 무언가가 좋았는지, 어땠는지를 물어볼 때 많이 쓰는 표현입니다. ex) How was your trip?(여행 어땠어?), How was your date?(데이트 어땠어?), How was it?(어땠어?)

 서약 The Vow

남편 리오(채닝 테이텀)가 퇴근해서 집에 오자 아내 페이지(레이첼 맥아담스)가 교통사고로 잃은 기억을 되찾기 위해 과거 사진들을 정리하고 있습니다.

Paige	Hey.
Leo	Hey.
Paige	**How was your day?**
Leo	Uh, it was fine. I'm just happy to be home with you.
Paige	Sorry about the mess here.
Leo	No problem.

페이지: 왔어.
리오: 그래.
페이지: 오늘 하루 어땠어?
리오: 어, 괜찮았어. 난 그저 당신과 함께 집에 있게 된 게 좋아.
페이지: 어질러놓아서 미안해.
리오: 괜찮아.

 그 여자 작사 그 남자 작곡 Music and Lyrics

언니 부부가 외출한 동안 조카들을 돌보던 소피(드류 베리모어)는 언니 론다(크리스틴 존스턴)와 형부 게리(애덤 그루퍼)가 돌아오자 데이트가 어땠는지 물어봅니다.

Sophie	**How was the movie?**
Gary	I enjoyed it.
Rhonda	He fell asleep.
Gary	I enjoy sleeping.
Sophie	**How was dinner?**
Gary	Really nice place.

소피: 영화 어땠어요?
게리: 재밌었어.
론다: 네 형부 잤어.
게리: 난 잠을 즐기지.
소피: 저녁은 어땠어요?
게리: 정말 멋진 곳이었어.

How did it go?
그거 어떻게 됐어?

상대방에게 어떤 일의 결과나 진행 상황을 물어볼 때는 How did it go?라고 해요. 특히 기대하고 있는 일이 어떻게 됐는지 궁금해서 물어볼 때 많이 사용하죠. 그리고 How did it go with ~?라고 하면 '~랑은 어떻게 됐어?', '~일은 어떻게 됐어?'란 뜻입니다.

어바웃 타임 *About Time*

팀(돔놀 글리슨)이 퇴근해서 집에 오자 집주인인 극작가 해리(톰 홀랜더)가 자신의 연극 이야기를 해줍니다.

Harry	You may remember, my play opened tonight.
Tim	Oh my God, yes. **How did it go?**
Harry	Well. It went well. You could tell in the room a masterpiece was being unfurled.
Tim	Really?
Harry	Really. Until, and this is the crucial plot point, I think, until the lead actor had the most massive dry in the history of theatre.

해리: 기억하는지 모르겠지만, 오늘 저녁 내 연극이 개막했어.
팀: 아, 저런, 그렇죠. 어떻게 됐어요?
해리: 잘. 잘됐어. 걸작의 서막이 열리는 분위기였지.
팀: 정말요?
해리: 정말로. 결정적인 대목에서, 주인공이 연극 역사상 가장 긴 침묵을 지키기 전까지는.

쿵푸 팬더 2 *Kung Fu Panda 2*

포(쿵푸 팬더)가 무적의 5인방과 함께 악당 셴(공작)을 무찌르고 집으로 돌아오자 식당을 운영하는 포의 아버지 핑(거위)이 반갑게 맞이하는 장면입니다.

Ping	So, **how did it go?** Did you save China?
Po	Yep.
Ping	Well, I knew you would. That's why I had new signs made. "My son saved China. You, too, can save. Buy one dumpling, get one free."
Po	Hey, that's a pretty good deal.
Ping	Would you like to try one?
Po	Maybe later.

핑: 어떻게 됐니? 네가 중국을 구했어?
포: 네.
핑: 그래, 그럴 줄 알았다. 그래서 내가 새 문구를 만들었지. '내 아들이 중국을 구했어요. 당신도 절약할 수 있어요. 만두 하나 사면, 하나 공짜.'
포: 그거 괜찮은 제안인데요.
핑: 하나 먹어볼래?
포: 나중에요.

> **unfurl** 펼쳐지다, 오르다, 전개하다
> **plot** 줄거리
> **save** 구하다, 절약하다

Are you having fun?
파티 재밌니?(파티나 축제 등 놀러 간 곳에서)

네이티브는 파티나 축제 등의 노는 장소에 가면 그곳에서 재밌게 즐기고 있는지 자주 물어보는데요. 이때 쓰는 말이 Are you having fun?이랍니다. 줄여서 Having fun?이나 Having fun yet?이라고 많이 하죠. Are we having fun?이라고 해도 되고요. "재밌게 놀아."라고 할 때는 Have fun.이라고 하고, 덤으로 So far, so good.은 "지금까지 아주 좋아."란 뜻이에요.

금발이 너무해 Legally Blonde

엘(리즈 위더스푼)은 자신을 찬 남자친구 워너(매튜 데이비스)를 되찾기 위해 그가 다니는 하버드 법대에 입학합니다. 그런데 그곳에서 워너를 좋아하는 동기생 비비안(셀마 블레어)이 엘에게 일반 파티를 변장파티라고 거짓말해서 엘만 바니걸 의상을 입고 파티장에 나타납니다.

Elle	Hey, Warner.
Warner	Wow! You look like a walking felony.
Elle	Thank you. You're so sweet. **Are you having fun?**
Warner	I am now. What's with the costume?
Elle	I just decided to dress up.

엘: 안녕, 워너.
워너: 와우! 너 정말 섹시하다.
엘: 고마워. 자긴 참 다정해. 파티 재밌니?
워너: 그럼. 웬 의상이야?
엘: 그냥 좀 꾸며 입었어.

올드 스쿨 Old School

출장에서 일찍 돌아온 밋치(루크 윌슨)는 여자친구가 여러 명의 남녀와 뒹굴고 있는 모습을 보고 충격에 빠져 그녀와 헤어지고 대학 캠퍼스 근처로 이사합니다. 그의 친구 비니(빈스 본)는 이걸 기회 삼아 밋치의 집에서 광란의 파티를 기획하죠.

Mitch	This is incredible. How did you do this? With all the people here, and the speakers. I thought we were just having a small get-together.
Beanie	This is a small get-together. It's one of many small get-togethers. That's why you got the house, brother. **You're having fun, right?**
Mitch	I'm having a great time. A great time.
Beanie	Good.

밋치: 이거 정말 대단하다. 어떻게 한 거야? 이 많은 사람들이며, 스피커까지. 난 그저 작은 파티를 하는 줄 알았어.
비니: 이게 작은 파티야. 작은 파티 중의 하나지. 이러자고 얻은 집이잖아, 친구. 너 재밌지?
밋치: 정말 재밌어. 훌륭해.
비니: 좋았어.

walking felony 너무 섹시해서 걸어 다니는 것만으로도 범죄가 되는 사람

How do you like it?
어때? 어떻게 생각해? 어떻게 할래?

상대방에게 음식을 만들어주고 "맛이 어때?", 선물을 주고 "어때? 맘에 들어?", 또는 스포츠나 놀이 등 뭔가 새로운 것을 경험한 상대방에게 "어때? 재밌어?", 음악을 들려주고 "어때? 좋아?"라고 물어볼 때, 이렇게 상대방에게 뭔가가 맘에 드는지, 어떻게 생각하는지 물어볼 때는 How do you like it?이라고 해요. 그리고 How do you like ~? 형태로 해서 '~가 어때?', '~를 어떻게 생각해?', '~를 어떻게 할래?'라는 의미로 쓸 수 있어요. ex) How do you like campus?(캠퍼스 맘에 들어?), How do you like California?(캘리포니아 어때?), How do you like your eggs?(달걀 어떻게 해줄까?)

scene 1 굿 윌 헌팅 Good Will Hunting

영화의 마지막 부분으로, 생일을 맞은 윌(맷 데이먼)에게 친구 처키(벤 애플렉)와 빌리, 모건이 함께 힘을 모아 중고차를 선물하는 장면입니다.

Billy	You're legally allowed to drink, so we figured the best thing for you, kid, was a car. **How do you like it?**
Will	This is like… This is the ugliest fuckin' car I ever seen in my life.
Billy	Come on, brother.
Will	How did you guys do this?
Chuckie	You know, me and Bill scraped together the parts… and, uh, Morgan was out panhandling for change every day.

빌리: 너 법적으로 술 마실 나이도 됐고, 그래서 너한테 가장 필요한 건 차라고 생각했어. 어때?
윌: 이건… 평생 본 차 중에 제일 못생겼다.
빌리: 그러지 마, 임마.
윌: 너네 이거 어떻게 구한 거야?
처키: 나랑 빌이 부속을 긁어 모으고, 모건이 길에서 매일 잔돈을 구걸했지.

scene 2 장고 Django Unchained

현상금 사냥꾼인 킹 슐츠 박사(크리스토퍼 왈츠)가 장고(제이미 폭스)에게 함께 일하자고 제안하는 장면입니다.

Dr. Schultz	**How do you like the bounty hunting business?**
Django	Kill white folks, and they pay you for it? What's not to like?
Dr. Schultz	And I have to admit, we make a good team.

슐츠 박사: 현상금 사냥꾼 일을 어떻게 생각하나?
장고: 백인들 죽이고 돈 받는 거요? 안 좋을 게 뭐가 있죠?
슐츠 박사: 이러니 내가 인정하는데, 우리 팀웍이 좋은 것 같아.

---

scrape 긁어 모으다
panhandle 길에서 구걸하다
bounty 포상금, 현상금
What's not to like? 안 좋을 게 뭐야?

What is she like?

갸 어떤 애야?

친구에게 새로 사귄 남자친구가 어떤 사람이냐고 물어볼 때, 상대방의 고향이 어떤 곳이냐고 물어볼 때 등 sb가 어떤 사람인지, st이 어떤 것인지 물어볼 때는 What is sb/st like?를 사용해요. 'sb는 어떤 사람이야?', 'st은 어떤 느낌이야?'란 뜻이죠. ex) What is Korea like?(한국은 어떤 곳이야?), What is your hometown like?(네 고향은 어떤 곳이야?), What was your father like?(아버지는 어떤 분이셨어?), What's the weather like there?(거기 날씨는 어때?) 그리고 What is it like ~?의 형태로 해서 like 뒤에 더 긴 내용이 올 수도 있어요. ex) What's it like where you live?(네가 사는 곳은 어떤 곳이야?), What is it like to be married?(결혼해보니 어때?)

메리에겐 뭔가 특별한 것이 있다 *There's Something About Mary*

테드(벤 스틸러)는 탐정 팻(맷 딜런)에게 자신의 첫사랑 메리(카메론 디아즈)를 찾아달라고 의뢰합니다. 그런데 팻은 외과의사에 섹시하고 봉사활동까지 하는 완벽한 메리를 보자마자 반하게 되죠. 팻은 자신의 신분을 숨기고 메리에게 접근하고, 메리는 그런 줄도 모르고 팻과 데이트합니다. 이웃에 사는 매그다(린 샤예)가 메리에게 새로 만난 남자가 어떤 사람이냐고 물어봅니다.

Magda	Is he good-looking?
Mary	He's no Steve Young.
Magda	So, **what is he like?**
Mary	I don't know. Kind of a mook. A schlep.
Magda	Why the hell are you going out with him if he's a schlep?
Mary	It's not like that, Magda. You know, it's like that movie *Harold and Maude*.

매그다: 그 사람 잘생겼어?
메리: 스티브 영 같은 사람은 아니에요.
매그다: 그럼 어떤 사람이야?
메리: 모르겠어요. 좀 무식하고, 멍청해요.
매그다: 도대체 왜 그런 멍청이랑 데이트하는 거야?
메리: 그런 게 아니라, 말하자면 이건 영화 〈해롤드와 모드〉 같아요.

다크 섀도우 Dark Shadows

엘리자베스(미쉘 파이퍼)가 아들의 가정교사로 온 빅토리아(벨라 히스코트)를 딸 캐롤린(클로이 모레츠)에게 소개하는 장면입니다.

Elizabeth Carolyn, this is Ms. Winters.
Carolyn You're from New York?
Victoria I am.
Carolyn **What's Manhattan like?** I'm going to live there when I'm 16.
Elizabeth Carolyn has a fantasy that I'm going to allow this.
Carolyn And mother has a fantasy that I won't run away if she doesn't. So you're here to babysit the loony.
Elizabeth What have I told you about using that word?
Victoria I'm here to teach David.
Carolyn Good luck. None of the others have made it past a week, Ms. Winters.

엘리자베스: 캐롤린, 여긴 윈터스 양이다.
캐롤린: 뉴욕에서 왔어요?
빅토리아: 그래.
캐롤린: 맨하탄은 어때요? 16살이 되면 난 거기서 살 거예요.
엘리자베스: 캐롤린은 내가 허락할 거라고 착각하고 있어요.
캐롤린: 그리고 엄마는 자신이 허락하지 않으면 내가 못 갈 거라고 착각하고 있고요. 우리 별종을 돌보러 왔군요.
엘리자베스: 내가 그 말 쓰지 말랬지?
빅토리아: 데이빗을 가르치러 왔어.
캐롤린: 잘해봐요. 일주일을 넘긴 사람은 아무도 없으니까.

driving range 골프 연습장
mook 무식하고 재수없는 사람
schlep 멍청하고 미숙한 사람
loony 미치광이, 별종

unit 031 This will do.

이거면 돼.

필요한 물건을 찾다가 적당한 것을 발견해서 "이거면 되겠다."라고 하거나, 상대방이 돈이나 무엇이 필요하다고 해서 그것을 건네주며 "이거면 되겠니?"라고 할 때 쓰는 표현은 will do예요. 여기에서 will do는 '할 것이다'란 뜻이 아니고, '이거면 된다', '그 정도면 된다'란 뜻이에요. ex) This will do.(이거면 돼.), That will do.(그거면 돼.), Will this do?(이거면 되겠니?)

scene 1 레이 *Ray*

여러 사람들과 함께 순회공연을 다니던 가수 레이(제미미 폭스)는 동료 몇 명이 몰래 마약을 하는 것을 눈치채고 자신도 끼워달라고 합니다. 한 명이 레이를 말리지만 그는 말을 듣지 않고 돈을 내는군요.

Jimmy   Sit down, Ray. Right there. I'm gonna take you on a little ride. It'll cost you, though. You got some cash?

Ray   **Will this do?**

Jimmy   **That'll do.**

지미: 레이, 거기에 앉아. 내가 기분 좋게 해줄게. 비록 돈은 들지만, 현금 좀 있어?
레이: 이거면 되겠어?(이 돈이면 돼?)
지미: 그거면 돼.

scene 2 왓 어 걸 원츠 *What a Girl Wants*

뉴욕에서 엄마와 단둘이 살던 데프니(아만다 바인즈)는 한 번도 못 본 귀족 아버지 헨리(콜린 퍼스)를 만나려고 무작정 영국으로 옵니다. 마침내 꿈에 그리던 아버지를 만나게 되고, 으리으리한 저택에서 한동안 머무르게 되죠. 할머니 조슬린(에일린 앗킨스)이 데프니가 사용할 방을 안내하는 장면입니다.

Jocelyn   Here we are. **Will it do?**

Daphne   **Will it do?** Are you kidding? It's incredible. I mean… It's bigger than our entire apartment… and the Chinese restaurant downstairs, and the dry cleaners down the street. I mean… It makes the White House look like a *McDonald's*.

Jocelyn   I get the point, dear. Now, why don't I send Percy to fetch your things?

Daphne   Thank you so much, Lady Dashwood.

조슬린: 여기다. 이거면 되겠니?
데프니: 이거면 되냐고요? 농담해요? 굉장해요. 여긴… 우리 아파트 전체보다 더 커요… 게다가 아래층의 중국집보다도 크고, 길 아래 있는 세탁소보다도 커요. 백악관이 맥도날드처럼 느껴질 정도예요.
조슬린: 무슨 말인지 알겠구나, 얘야. 그럼 네 물건 가지러 퍼시를 보내마.
데프니: 정말 고마워요, 할머니.

dry cleaners 세탁소
fetch 가지고 오다

That is so like you.

그것참 너답다. 참 너다운 행동이다.

That is so like you.를 직역하면 '그것참 너 같다'이니까 "그것참 너답다.", "참 너다운 행동이다."란 뜻이 됩니다. 상대방이 바람직한 행동이나 나쁜 행동 등 그 사람에게 어울리는 행동을 했을 때 하는 말이에요. 상황에 따라 칭찬이 될 수도 있고, 빈정대는 말이 될 수도 있죠. 그리고 you 대신 That is so like him. 이나 That is so like her.라고 하면 "그것참 그 사람답다."란 뜻이 됩니다. so like를 다른 형태로도 쓸 수 있는데요, 예를 들어 You're so like your mother.이라고 하면 "넌 참 너의 엄마 같구나."란 뜻이 됩니다. 성격이나 행실이 닮았다는 말이죠.

 25살의 키스 *Never Been Kissed*

*Chigago Sun-Times*에 근무하는 조시(드류 베리무어)는 특집기사를 쓰기 위해 학생으로 위장해서 사우스 글렌 고등학교에 다니게 됩니다. 이때 조시의 동생 랍도 못다 이룬 야구선수의 꿈을 이루기 위해 학생증을 위조해서 같은 학교로 오죠. 야구부에 들어가서 스카우터의 눈에 띄는 게 랍의 계획입니다.

Rob	See, if I get on the South Glen baseball team, the right scout sees me, I'm in the minors. It's game time!
Josie	But you're 23 years old…
Rob	Yeah, with the reading comprehension of a 15-year-old. Plus, I'm popular. You wanna be popular. I recognize a cry for help when I see one.
Josie	Hear one.
Rob	Whatever.
Josie	**That is so like you.**

랍: 봐, 만약 내가 사우스 글렌 야구팀에 들어가서 스카우터 눈에만 띄면 마이너 리그로 가는 거야!
조시: 근데 넌 23살이잖아…
랍: 독해 능력은 15살이지. 게다가 난 인기 있잖아. 누나도 인기 얻고 싶지. 누나가 도움을 청하는 소리도 보이고.
조시: 들린다고 해야지.
랍: 어쨌든.
조시: 참 너다운 행동이다.

내 생애 최고의 데이트 Win a Date with Tad Hamilton!

시골 슈퍼마켓의 직원인 로잘리(케이트 보스워스)와 캐시(제니퍼 굿윈), 피트(토퍼 그레이스)는 쉬는 시간에 사무실에 모여 수다를 떱니다. 영화배우 태드 해밀턴(조쉬 더하멜)의 왕팬인 로잘리는 인터넷에 뜬 이벤트를 발견하고 흥분을 금치 못합니다. 이벤트에 당첨되면 태드 해밀턴과 데이트를 할 수 있거든요.

Rosalee Oh my God!
Cathy   What is it?
Rosalee Win a date with Tad Hamilton.
Cathy   What?
Rosalee It's to benefit 'Save the Children'.
Cathy   **That is so like him.**
Rosalee Saving children. I know. Should I enter?
Cathy   Why not?

로잘리: 맙소사!
캐시: 뭔데?
로잘리: 태드 해밀턴과 데이트 하기 이벤트가 있어.
캐시: 뭐?
로잘리: '세이브더칠드런'을 후원한대.
캐시: 정말 그 사람답다.
로잘리: 어린이 돕기잖아. 맞아. 나 신청할까?
캐시: 당연하지.

a cry for help 도움을 구하는 외침
benefit 유익하다, 이롭다

It looks good on you.
너한테 잘 어울려.

쇼핑할 때나 새 옷을 입었을 때 친구에게 How do I look?(나 어때?)이라고 물어보잖아요. 이때 옷이 잘 어울린다면 It looks good on you.(너한테 잘 어울려.)라고 하고, 그렇지 않다면 It doesn't look good on you.(너한테 안 어울려.)라고 해주세요. good 대신 It looks great on you.라고 해도 되고요. 옷뿐만이 아니라 안경이나 액세서리, 구두 등 몸에 걸치고 있는 모든 것에 관해 말할 때 쓸 수 있어요.

 아이 엠 샘 *I Am Sam*

샘(숀 펜)은 자신의 지적장애로 딸 루시(다코타 패닝)의 양육권을 잃게 되고, 샘은 루시를 되찾기 위해 소송을 시작합니다. 샘이 양부모와 함께 있는 루시를 만나는 장면입니다.

Sam	You're a Girl Scout now!
Lucy	Is that okay?
Sam	Yeah, that's really good.
Lucy	Look at my pins.
Sam	Yeah, **it looks very good on you.**
Lucy	Thank you.
Sam	'Cause you'll be a very good Girl Scout.

샘: 너 이제 걸스카우트구나!
루시: 괜찮나요?
샘: 응, 정말 잘됐다.
루시: 제 핀 보세요.
샘: 어, 너한테 아주 잘 어울려.
루시: 고마워요.
샘: 넌 멋진 걸스카우트가 될 거야.

 캐치 미 이프 유 캔 *Catch Me If You Can*

프랭크(레오나르도 디카프리오)는 항공기 조종사 행세를 하고 수표를 위조해서 한껏 재미를 봅니다. 그리고 이번엔 의사가 되기로 결심한 그는 필요한 정보를 얻기 위해 병원의 신참 간호사 브렌다(에이미 애덤스)에게 다가갑니다.

Frank	You have a pretty smile. No, I mean it. I really think **those braces look good on you.**
Brenda	Thank you.
Frank	You're welcome.

프랭크: 미소가 예쁘네요. 아니, 정말 진심이에요. 그 교정기도 잘 어울려요.
브렌다: 고마워요.
프랭크: 천만에요.

braces 치아 교정기

빈칸에 어울리는 영어문장을 말하고 적어보세요.

1 1) 학교 생활은 어때?
    2) 사업은 어때?
    3) 일은 어때?
    4) 어머니는 어떠셔?
    5) 다리는 좀 어때?

2 1) 오늘 하루 어땠어?
    2) 여행 어땠어?
    3) 영화 어땠어?
    4) 저녁 어땠어?
    5) 그거 어땠어?

3 Harry   You may remember, my play opened tonight.
    Tim   Oh my God, yes. _____ 어떻게 됐어요?
    Harry   Well. It went well. You could tell in the room a masterpiece was being unfurled.

4 Elle   Hey, Warner.
    Warner   Wow! You look like a walking felony.
    Elle   Thank you. You're so sweet. _____ 파티 재밌니?
    Warner   I am now. What's with the costume?
    Elle   I just decided to dress up.

5 Billy   You're legally allowed to drink, so we figured the best thing for you, kid, was a car. _____ 어때?(맘에 들어?)
    Will   This is like… This is the ugliest fuckin' car I ever seen in my life.
    Billy   Come on, brother.

6 1) 걔 어떤 애야?
   2) 한국은 어떤 곳이야?
   3) 네 고향은 어떤 곳이야?
   4) 아버지는 어떤 분이셨어?

7 Jimmy Sit down, Ray. Right there. I'm gonna take you on a little ride. It'll cost you, though. You got some cash?
   Ray 　　　　　　　　　　　　　　　　　 이거면 되겠어?
   Jimmy 　　　　　　　　　　　　　　　　　 그거면 돼.

8 Rob See, if I get on the South Glen baseball team, the right scout sees me, I'm in the minors. It's game time!
   Josie But you're 23 years old…
   Rob Yeah, with the reading comprehension of a 15-year-old. Plus, I'm popular. You wanna be popular. I recognize a cry for help when I see one.
   Josie Hear one.
   Rob Whatever.
   Josie 　　　　　　　　　　　　　　　　　 참 너다운 행동이다.

9 Sam You're a Girl Scout now!
   Lucy Is that okay?
   Sam Yeah, that's really good.
   Lucy Look at my pins.
   Sam Yeah, 　　　　　　　　　　　　　　　 너한테 아주 잘 어울려.
   Lucy Thank you.

Answers

1 1) How's school? 2) How's business? 3) How's work? 4) How's your mother? 5) How's your leg? **2** 1) How was your day? 2) How was your trip? 3) How was the movie? 4) How was dinner? 5) How was it? **3** How did it go? **4** (Are you) having fun? **5** How do you like it? **6** 1) What is she[he] like? 2) What is Korea like? 3) What is your hometown like? 4) What was your father like? **7** 1) Will this do? 2) That will do. **8** That is so like you. **9** it looks very good on you.

56

Chapter 4

HERE, THERE, THIS, THAT

Quiz 내가 영어로 할 수 있는 말은?

1 여기 있어. _____ (here)

2 그래 바로 그거야. 그래 그렇게 하는 거야. _____ (there)

3 거기 있었구나. _____ (there)

4 그게 다예요. 바로 그거야 _____ (that)

5 바로 이거야. 바로 여기야. 바로 지금이야. _____ (this)

6 우리 다 왔어? _____ (there)

7 여기야. 다 왔다. _____ (here)

8 또 시작이네. _____ (here)

Answers

1 Here you go.   2 There you go.   3 There you are.   4 That's it.   5 This is it.   6 Are we there yet?
7 Here we are.   8 Here we go again.

unit 034 Here you go.

여기 있어.

상대방에게 물건을 건네줄 때 "여기 있어."란 뜻으로 쓰는 표현이 많이 있는데요. 그 중에서도 가장 많이 쓰는 것은 Here you go.예요. 이외에도 Here you are. 또는 There you go. 등이 있어요. 더 간단하게는 그냥 Here.라고 하기도 합니다.

마법사의 제자 *The Sorcerer's Apprentice*

지하철역 안에서 베키(테레사 팔머)가 강도를 당하자 옆에 있던 친구 데이브(제이 바루첼)가 강도를 쫓아가서 그녀의 물건을 찾아옵니다.

Becky   Are you okay?
Dave   Yeah. **Here you go.** Your grandmother's bracelet.
Becky   How did you do that? That guy was huge.
Dave   I've been doing a lot of cardio… cardio boxing lately.

베키: 너 괜찮니?
데이브: 응. 여기 있어. 너희 할머니가 주셨다는 팔찌.
베키: 어떻게 한 거야? 그 남자 엄청 크던데.
데이브: 내가 최근에 태보를 좀 열심히 했거든.

프로포즈 *The Proposal*

늦잠의 잔 앤드류(라이언 레이놀즈)는 허겁지겁 일어나 단골 커피숍에 가서 그의 상사와 자기가 마실 커피 두 잔을 사서 회사로 갑니다.

Barista   Andrew, hey. **Here you go.** Your regular lattes.
Andrew   Literally saved my life. Thank you. Thank you.

바리스타: 저기요, 앤드류. 여기 있어요. 늘 마시는 카페라떼예요.
앤드류: 정말 내 생명의 은인이야. 고마워요.

bracelet 팔찌
cardio boxing 태보(태권도와 권투 동작을 혼합하여 만든 에어로빅댄스)
literally 말 그대로, 정말로

unit 035 There you go.

그래 바로 그거야. 그래 그렇게 하는 거야.

There you go.는 무엇을 가르쳐주거나 시키는 상황에서 듣는 사람이 제대로 이해하고 시키는 대로 잘 했을 때 칭찬하는 표현이에요. "그래 바로 그거야.", "그래 그렇게 하는 거야."란 뜻이죠. 그리고 앞에서 말했듯, 상대방에게 무엇을 건넬 때 "여기 있어."란 뜻으로도 씁니다.

나의 특별한 사랑 이야기 Definitely, Maybe

윌(라이언 레이놀즈)은 여자친구 에밀리(엘리자베스 뱅크스)의 부탁으로 그녀의 친구 썸머(레이첼 와이즈)에게 다이어리를 전달하러 갑니다. 윌은 썸머의 집에서 그녀의 지도교수인 햄튼(케빈 클라인)을 만나고 그의 권유로 억지로 술을 마시게 됩니다. 햄튼이 윌의 직업을 맞춰보겠다고 하더니 금방 포기하고 물어보죠.

Hampton	I give up. What do you do?
Wil	I'm working for Bill Clinton. He's running for President.
Hampton	No! I know who Bill Clinton is. Yeah, in fact, I know more about Bill Clinton than his own mother.
Will	Really?
Hampton	Yep.
Will	What do you do?
Hampton	What do I do? I drink! Drink! Be a man. **There you go!** Isn't that better? Swallow!

햄튼: 모르겠다. 자네 무슨 일 하나?
윌: 대통령 후보인 빌 클린턴 캠프에서 일합니다.
햄튼: 세상에! 나 빌 클린턴 알아. 실은 그의 엄마보다도 더 잘 알지.
윌: 정말요?
햄튼: 그럼.
윌: 무슨 일 하시는 데요?
햄튼: 내가 뭐 하냐고? 난 마시지! 마셔! 남자답게. 그렇지! 좋지 않아? 삼켜!

그 여자 작사 그 남자 작곡 Music and Lyrics

왕년의 인기가수인 알렉스(휴 그랜트)가 소피(드루 베리모어)의 언니 론다(크리스틴 존스턴) 집에 가서 함께 저녁식사를 하는 장면입니다. 론다는 알렉스가 많다고 하는데도 계속해서 음식을 더 주죠.

Rhonda	Oh, **there you go.** You're gonna love these.
Alex	Thank you. That's plenty. Honestly.
Rhonda	No, you trust me, you're gonna want even more than that. Say when.
Alex	When, when, when. Thank you. Thank you. That's plenty. Thank you.
Rhonda	One more. Trust me.

론다: 여기 드세요. 좋아하실 거예요.
알렉스: 고마워요. 너무 많아요. 정말로.
론다: 아니, 날 믿어요. 그것보다 더 먹고 싶어질 거예요. 그만이라고 하세요.
알렉스: 그만, 그만, 그만. 고마워요. 고마워요. 정말 많아요. 고마워요.
론다: 한 국자 더 드릴게요. 날 믿어봐요.

There you are.
거기 있었구나.

찾던 사람을 찾거나, 기다리던 사람이 마침 왔을 때 There you are.라고 하는데요, "거기 있었구나.", "이제 오는구나."란 뜻이에요. There she is.(저기 그녀가 있네.), There he is.(저기 그가 있네.)처럼 you 대신 다른 단어를 넣어 쓸 수도 있어요.

위대한 개츠비 *The Great Gatsby*

개츠비(레오나르도 디카프리오) 집에서의 파티가 끝난 후, 닉(토비 맥과이어)이 개츠비를 발견하고 말을 거는 장면입니다.

Nick	Well… **there you are.** Daisy just left. She asked me to tell you… she had a wonderful time.
Gatsby	She didn't like it.
Nick	Of course she did.
Gatsby	No, no. No, she didn't like it. She did not have a good time. I feel so far away from her now. It's so hard to make her understand.

닉: 아… 거기 있었군요. 데이지가 방금 떠났어요. 그녀가 부탁했어요… 즐거운 시간이었다고 전해달래요.
개츠비: 그녀는 좋아하지 않았어요.
닉: 당연히 좋아했어요.
개츠비: 아뇨, 아뇨. 절대 좋아하지 않았어요. 좋은 시간도 보내지 않았고. 그녀한테서 너무 멀어진 느낌이에요. 그녀를 이해시키기가 어려워요.

테이크 미 홈 투나잇 *Take Me Home Tonight*

파티에서 바람둥이 같은 남자가 옆에서 계속 치근덕거리자 토리(테레사 팔머)는 그 자리를 뜨기 위해 일부러 건너편에 있던 동창 매트(토퍼 그레이스)에게 말을 겁니다.

Tori	Oh, hey! **There you are!** Matt? Hello? Weren't you gonna show me that thing?
Matt	Right, the… waterfall.
Tori	Yes!
Matt	You see it on the other side of the patio. I'll show you now.
Tori	I love waterfalls.
Matt	Oh, great.

토리: 야! 거기 있었구나! 매트? 안녕? 나한테 그거 안 보여줄 거야?
매트: 맞다, 그… 폭포.
토리: 그래!
매트: 파티오 반대편에 있어. 내가 지금 보여줄게.
토리: 나 폭포 좋아해.
매트: 아, 잘됐다.

patio (보통 집 뒤쪽에 있는 테라스)

unit 037 That's it.

그게 다예요. 바로 그거야.

"치즈버거 하나 주세요." "그게 단가요?" "그게 다예요." 이럴 때 "그게 다예요."는 That's it.이라고 해요. "그게 단가요?"라고 질문할 때는 That's it? 또는 Is that it?이라고 하면 되고요, 비슷한 표현으로는 That's all.이 있어요. 그리고 원하던 것을 찾아서 "바로 그거야."라고 할 때도 That's it.이라고 하고, 화가 나서 "됐어! 나 그만둘래."라고 말하는 상황에서 "됐어!"는 That's it! 또는 That does it!이라고 해요.

scene 1 테이크 미 홈 투나잇 Take Me Home Tonight

차를 몰고 파티에서 돌아오던 매트와 배리는 차 안에서 코케인을 하려고 하다가 사고가 나고 경찰이 옵니다. 마침 경찰이 매트의 아버지인 빌이네요.

Bill	You did nothing?
Matt	I drove a stolen car. **That's it.**
Barry	I stole the car! And then the cocaine was in the car!
Bill	You didn't buy the coke?
Barry	No! No! No!

빌: 넌 아무것도 안 했어?
매트: 전 훔친 차를 운전했어요. 그게 다예요.
배리: 제가 차를 훔쳤어요! 그랬더니 차 안에 코카인이 있었어요!
빌: 네가 코카인 산 거 아니야?
배리: 아니에요! 절대 아니에요! 절대!

scene 2 어바웃 타임 About Time

팀(돔놀 글리슨)이 파티장에 있던 메리(레이첼 맥아담스)를 데리고 레스토랑에 가서 대화하는 장면입니다.

Tim	So, what do you do?
Mary	I'm a reader at a publisher.
Tim	No! You read for a living?
Mary	Yes, **that's it.** I read.
Tim	Oh, that's so great. It's like someone asking, "What do you do for a living?" "Well, I breathe. I'm a breather, I get paid for breathing." How did you get that job?
Mary	Okay, smart-ass, what do you do?
Tim	I am a lawyer. Sort of. Sort of.

팀: 무슨 일 하세요?
메리: 전 출판사에서 리더를 하고 있어요.
팀: 말도 안 돼! 글 읽는 걸로 돈을 번다고요?
메리: 네, 그거예요. 원고를 읽는 게 제일이죠.
팀: 와, 그거 정말 멋진데요. 그건 마치 "무슨 일 하세요?" "전 숨을 쉬어요. 숨쉬는 사람요, 돈 받고 숨을 쉬죠."라고 하는 거나 마찬가지잖아요. 그 일을 어떻게 구했어요?
메리: 좋아요, 잘난 양반, 당신은 무슨 일 해요?
팀: 전 변호사예요. 뭐, 그런 일이에요.

reader 출판사에서 출판 여부를 판단하기 위해 원고를 읽고 평가하는 사람(=publisher's reader, first reader)

This is it.
바로 이거야. 바로 여기야. 바로 지금이야.

원하는 무엇을 드디어 찾았을 때, 목적지에 드디어 도착했을 때, 기다리거나 예상했던 순간이 드디어 다가왔을 때 이럴 때는 모두 This is it.이라고 해요. 상황에 따라 "바로 이거야." "바로 여기야.", "바로 지금이야."란 뜻이 됩니다.

사고친 후에 Knocked Up

출산을 앞둔 커플 벤(세스 로건)과 앨리슨(캐서린 헤이글)은 앨리슨의 언니 데비(레슬리 만)와 함께 아기용품을 쇼핑하러 갑니다. 데비가 예쁜 아기 침대를 발견하고 그걸로 하자고 하는데, 가격이 성인용 침대보다도 더 비싸네요.

Debbie	**This is it.** This is perfect.
Ben	Nice. Holy shit! It's 1,400 bucks.
Alison	We can just borrow yours. Is that okay?
Debbie	No. You need your own crib.
Ben	You know, there's one of these lying in an alley behind my house. We could just grab that. Just rub Purell all over it.
Debbie	You know what? Let me buy it. I need to get you a baby present anyway. And I would love to get it for you.

데비: 바로 이거야. 완벽해.
벤: 멋진데. 젠장! 1,400달러야.
앨리슨: 우리 그냥 언니 꺼 빌릴게. 괜찮지?
데비: 안 돼. 자기 침대가 있어야지.
벤: 우리 집 뒷골목에 이런 거 하나 있는데, 그거 가져와서 세제로 닦아서 써도 돼요.
데비: 자, 내가 사줄게. 어차피 아기 선물 사줘야 하니깐. 이걸 사주고 싶어.

아이 엠 넘버 포 I Am Number Four

존(알렉스 페티퍼)은 길을 가다가 같은 학교의 사라(다이애나 애그론)를 발견하고 그녀를 집까지 바래다줍니다.

Sarah	**This is it.**
John	You live here?
Sarah	Yeah, I grew up here. It's just a house.
John	I know.
Sarah	You hungry?

사라: 여기야.
존: 여기에 살아?
사라: 응, 여기서 자랐어. 그냥 보통 집이야.
존: 알아.
사라: 배고프니?

buck 구어체에서 달러($)를 뜻하는 표현
crib 난간이 있는 아기용 침대
alley 골목
Purell 손 세정제 브랜드

Are we there yet?

우리 다 왔어?

차를 타고 가든, 걸어가든 목적지에 다 왔는지, 아직 멀었는지 궁금할 때 "우리 다 왔어?", "아직 멀었어?"라고 물어보잖아요. 영어로는 Are we there yet?이라고 해요. 워낙 많이 쓰는 표현이라 영화와 드라마의 제목으로 쓰이기도 했죠. 그리고 상대방이 자꾸 물어봐서 짜증날 때는 We get there when we get there.라고 하는데요, "도착할 때 되면 도착하겠지."란 뜻입니다.

 플라이트플랜 *Flightplan*

비행기 안에서 딸 줄리아(마렌느 로스턴)를 잃어버린 카일(조디 포스터)은 딸을 찾아 다니지만 아무도 그녀를 본적이 없다고 하고, 사람들은 오히려 카일을 이상한 사람으로 여기기 시작합니다. 영화의 마지막 부분에서, 딸을 찾아낸 카일이 아이와 함께 비행기에서 내려 차를 타는 장면입니다.

Julia	Mommy?
Kyle	Hey, hi, honey.
Julia	Mommy?
Kyle	Yeah, I'm right here. Mommy's right here, baby.
Julia	**Are we there yet?**
Kyle	Not yet. Almost. Here. Hop on up.

줄리아: 엄마?
카일: 깼구나, 잘 잤니, 얘야?
줄리아: 엄마?
카일: 그래, 나 여기 있어. 엄마 여기 있단다.
줄리아: 우리 다 왔어요?
카일: 아직. 거의 다 왔어. 자. 차에 타거라.

 인크레더블 *The Incredibles*

슈퍼히어로 가족이 비행선에 매달린 차를 타고 가는 장면입니다. 아들 대쉬가 아빠 인크레더블에게 다 왔냐고 묻죠.

Dash	**Are we there yet?**
Mr. Incredible	We get there when we get there.
Mr. Incredible	How you doing, honey?
Elastigirl	Do I have to answer?

대쉬: 우리 다 왔어요?
미스터 인크레더블: 도착할 때 되면 도착하겠지.
미스터 인크레더블: 여보, 괜찮아?
엘라스티걸: 내가 꼭 대답해야 해?

Here we are.

여기야. 다 왔다.

"여기야. 우리 집 어때?", "자 다 왔다. 내려." 이렇게 목적지에 도착했을 때는 Here we are.라고 하는데요. "여기야." 또는 "다 왔다."라는 뜻이에요. 앞에 나왔던 비슷한 의미의 This is it.과 함께 알아두세요.

 어바웃 타임 *About Time*

메리(레이첼 맥아담스)는 파티에서 만난 팀(돔놀 글리슨)과 함께 레스토랑에 갑니다. 즐겁게 식사를 마친 메리가 자기 차까지 바래다 달라고 하자 팀이 기꺼이 함께 걸어가죠. 근데 아무리 걸어도 차가 나오지 않는군요.

Tim	Did you have trouble parking?
Mary	Pardon?
Tim	It's just such a long way to your car.
Mary	Oh, yeah. Well, my car's actually parked outside my house. I got a lift to the party.
Tim	Okay. That's good. That's perfect.
Mary	Okay.
Mary	And **here we are.**

팀: 주차하기 힘들었어요?
메리: 네?
팀: 차까지 꽤 멀어서요.
메리: 아, 네. 내 차가 실은 우리 집 앞에 있어요. 파티에 갈 때는 다른 차를 얻어 타고 갔어요.
팀: 그렇군요. 좋네요. 아주 좋아요.
메리: 네.
메리: 다 왔어요.

 어바웃 타임 *About Time*

동료와 함께 연극을 보러 간 팀(돔놀 글리슨)은 그곳에서 우연히 어릴 때 좋아했던 샬롯(마고 로비)을 만납니다. 팀은 샬롯과 함께 식사하고 집까지 바래다주죠. 과거 팀을 거절했던 샬롯이 이번엔 오히려 그를 유혹하네요.

Charlotte	Well, **here we are.**
Tim	Mmm.
Charlotte	It's a lot nicer inside.
Tim	I'm sure it is. Mmm-hmm.
Charlotte	So…
Tim	So… So… So, lovely to see you, Charlotte. What a night. I'm… Total joy, but I've gotta get back, because there's something very important that I have to do. Right now.

샬롯: 자, 여기야.
팀: 음.
샬롯: 안은 훨씬 좋아.
팀: 그렇겠지. 음흠.
샬롯: 그럼…
팀: 그래… 그럼… 음, 널 만나 정말 좋았어, 샬롯. 아주 멋진 밤이야. 나… 진짜로 즐거웠지만 가봐야 해. 정말 중요한 할 일이 있거든. 지금 당장.

Here we go again.

또 시작이네.

잔소리나 신세한탄 등 상대방의 나쁜 습관이나 행동이 또 시작될 때 Here we go again.이라고 말하며 핀잔을 주는데요. "또 시작이네.", "또 시작이군."이란 뜻이에요. 같은 의미로 "얘 또 시작이네."라고 할 때는 There he goes again. 또는 There she goes again.이라고 해요.

 저스트 프렌드 *Just Friends*

잘나가는 음반사 매니저인 크리스(라이언 레이놀즈)는 어릴 때 짝사랑한 친구 제이미(에이미 스마트)를 만나기 위해 동생 마이크(크리스 마퀘트)에게 부탁을 합니다. 찰거머리처럼 자신을 붙어 다니는 철부지 가수 사만다(안나 페리스)를 하루만 맡아 달라고 말이죠.

Chris	I need you to do me a favor.
Mike	What do you want from me?
Chris	I ran into Jamie Palomino last night.
Mike	Oh, **here we go again.**
Chris	I'm not the same person I was in high-school, pal.
Mike	You'll always be fat to me, Chris. What do you want from me?
Chris	I need you to detain Samantha.
Mike	I could do that.

크리스: 네가 부탁 좀 들어줘야겠어.
마이크: 나한테 원하는 게 뭔데?
크리스: 어젯밤에 제이미 팔로미노를 만났어.
마이크: 오, 또 시작이군.
크리스: 나 이제 고등학교 때의 내가 아니거든, 친구.
마이크: 넌 나한테 여전히 돼지야, 크리스. 원하는 게 뭐야?
크리스: 네가 사만다를 좀 붙잡고 있어 주면 좋겠어.
마이크: 그건 할 수 있지.

 아이 엠 샘 *I Am Sam*

변호사 리타(미쉘 파이퍼)가 이혼을 앞두고 아이 양육권을 서로 거부하는 부부와 상담하는 장면입니다.

Rita	Let me make sure that I'm clear here. Are you telling me neither of you wants custody of your child?
Woman	Well, he has created a monster. He is exactly like him.
Man	**Here we go again.** It's the same old story. The tears and the tears…

리타: 제가 제대로 들었는지 확인 좀 하고 넘어갈게요. 두 분 다 아이 양육권을 원치 않는다는 말씀이신가요?
여자: 그게, 이 사람이 애를 애물단지로 키워놨어요. 쟤 아빠를 빼다 박았죠.
남자: 또 시작이네. 맨날 똑같은 얘기. 툭하면 질질 짜고…

detain 붙들어 두다, 지체하게 하다

빈칸에 어울리는 영어문장을 말하고 적어보세요.

1 Becky   Are you okay?
   Dave   Yeah. _____ Your grandmother's bracelet.
                 여기 있어.
   Becky   How did you do that? That guy was huge.
   Dave   I've been doing a lot of cardio… cardio boxing lately.

2 Will   I'm working for Bill Clinton. He's running for President.
   Hampton No! I know who Bill Clinton is. Yeah, in fact, I know more about Bill Clinton than his own mother.
   Will   Really?
   Hampton Yep.
   Will   What do you do?
   Hampton What do I do? I drink! Drink! Be a man. _____ Isn't that better? Swallow!   그래 그렇지!

3 Nick   Well… _____ Daisy just left. She asked me to tell you… she had a wonderful time. 거기 있었군요.
   Gatsby She didn't like it.
   Nick   Of course she did.

4 Bill   You did nothing?
   Matt   I drove a stolen car. _____   그게 다예요.
   Barry   I stole the car! And then the cocaine was in the car!
   Bill   You didn't buy the coke?
   Barry   No! No! No!

5 Debbie _____ This is perfect.   바로 이거야.
   Ben   Nice. Holy shit! It's 1,400 bucks.
   Alison We can just borrow yours. Is that okay?
   Debbie No. You need your own crib.

6 Julia   Mommy?
   Kyle   Yeah, I'm right here. Mommy's right here, baby.
   Julia   ▭▭▭▭▭▭▭▭▭▭▭ 우리 다 왔어요?
   Kyle   Not yet. Almost. Here. Hop on up.

7 Tim   Did you have trouble parking?
   Mary   Pardon?
   Tim   It's just such a long way to your car.
   Mary   Oh, yeah. Well, my car's actually parked outside my house. I got a lift to the party.
   Tim   Okay. That's good. That's perfect.
   Mary   Okay.
   Mary   And ▭▭▭▭▭▭▭▭▭▭▭ 다 왔어요.

8 Woman   Well, he has created a monster. He is exactly like him.
   Man   ▭▭▭▭▭▭▭▭▭▭▭ It's the same old story. The tears and the tears… 또 시작이네.

Answers

1 Here you go.   **2** There you go!   **3** there you are.   **4** That's it.   **5** This is it.   **6** Are we there yet?   **7** here we are.   **8** Here we go again.

Chapter 5

감사, 축하

Quiz 내가 영어로 할 수 있는 말은?

1 참 친절하시네요. 다정하기도 하지. _____ (sweet)

2 그런 말 마세요. 별 말씀을. _____ (mention)

3 천만에요. 만나서 반가워요. 기꺼이 할게. _____ (pleasure)

4 칭찬 들으니 기분 좋네요. 영광입니다. 과찬이세요.
   _____ (flatter)

5 칭찬으로 들을게. _____ (compliment)

6 뭘 이런 것까지. 안 그래도 되는데. _____ (should)

7 너한테 한 번 빚졌네. 내가 한 번 빚졌네. _____ (owe)

8 우리 비긴 거다. 그걸로 퉁치는 거다. 피차일반이네.
   _____ (even)

9 잘됐다.(상대방의 좋은 일에 대해) _____ (good)

10 이거 축하해야겠는 걸. _____ (call)

Answers

1 That's very sweet of you. 2 Don't mention it. 3 My pleasure. 4 I'm flattered. 5 I'll take that as a compliment. 6 You shouldn't have. 7 I owe you one. 8 We're even. 9 Good for you. 10 This calls for a celebration.

That's very sweet of you.

참 친절하시네요. 다정하기도 하지.

상대방의 배려, 다정함, 친절한 말이나 행동에 대해 감사를 표현할 때는 That's very sweet of you.라고 해요. "참 친절하시네요.", "친절에 감사합니다.", "다정하기도 하지.", "착하기도 하지."란 뜻이죠. very 대신 so나 really를 넣어서 말해도 됩니다. 그리고 좀 더 구체적으로 다음처럼 쓰기도 합니다. That's really sweet of you to say.(그렇게 말해줘서 고마워요.), That's so sweet of you to invite me.(초대해줘서 고마워요.), That's really sweet of you to ask.(물어봐줘서 고마워요.) 같은 의미로 That's very kind of you.와 How kind of you.도 있습니다.

저스트 라이크 헤븐 *Just Like Heaven*

새 집에 이사온 데이빗(마크 러팔로)은 그 집에 전에 살던 엘리자베스(리즈 위더스푼)의 영혼을 보게 됩니다. 근데 엘리자베스는 아직 죽은 게 아니라 교통사고로 혼수상태에 빠져 병원에 있었죠. 가망이 없다고 본 병원에서 가족의 동의를 받아 생명연장장치를 끄려고 하자, 데이빗이 엘리자베스의 언니 애비(디나 스파이베이)를 찾아가서 조금만 더 기다려달라고 얘기합니다.

David	And so, I just wanted to ask you… Actually, I just want to beg you to… to give her a little bit more time. She's gonna pull through this thing. I just know it.
Abby	**That's really sweet of you to say,** but… it's kind of too late. It's David, right? You see, it's too late because I've already signed the papers.

데이빗: 그래서 부탁하려는 건… 사실 간청하고 싶은 건… 그녀에게 조금만 더 시간을 달란 거예요. 그녀는 회복할 거예요. 전 진짜 알아요.
애비: 그렇게 말씀해주시니 정말 고마워요, 하지만… 좀 늦었어요. 데이빗이라고 했죠? 그게, 너무 늦었어요. 이미 서류에 서명을 했거든요.

위대한 개츠비 *The Great Gatsby*

백만장자인 개츠비(레오나르도 디카프리오)는 주말마다 자신의 집에서 성대한 파티를 엽니다. 모든 사람들이 초대장 없이 이 파티에 오지만, 닉(토비 맥과이어)은 특별히 개츠비의 초대를 받아 파티에 오죠. 개츠비는 처음 만난 닉에게 아주 친절하게 대해줍니다.

Gatsby	I'm taking my new hydroplane out in the morning. Would you like to go with me?
Nick	What time?
Gatsby	Time that suits you.
Nick	**That's very kind of you.**

개츠비: 아침에 새 수상비행기를 탈 건데. 같이 가실래요?
닉: 몇 시예요?
개츠비: 그쪽 편한 시간에요.
닉: 참 친절하시네요.

pull through (심한 병이나 수술에서) 회복하다

Don't mention it.

그런 말 마세요. 별 말씀을.

상대방이 나에게 고맙다고 하면 이에 대한 답으로 보통 You're welcome.(천만에요.)이라고 하잖아요. 앞으로는 Don't mention it.이라고 해보세요. "그런 말 마세요.", "별 말씀을."이란 뜻이에요. 맨날 같은 말만 하는 것보다 다양한 말을 구사하는 게 좋잖아요.^^ 같은 상황에서 No problem.과 No worries.도 쓸 수 있습니다.

 굿 럭 척 *Good Luck Chuck*

치과의사인 찰리(데인 쿡)는 결혼식에 갔다가 캠(제시카 알바)을 보고 반해서 명함을 건넵니다. 그리고 토요일 저녁에 이를 다친 캠은 찰리가 생각나서 그에게 연락하죠. 찰리는 캠을 치료해주고 방전된 차도 점프해줍니다. 캠이 키를 차에 꽂아두고 내리는 바람에 찰리가 차도 태워줍니다.

Cam	Thank you. Thank you for fixing my tooth and jumping my car.
Charlie	**Don't mention it.**
Cam	And thank you for taking me home to get my spare set of keys.

캠: 고마워요. 이도 치료해주시고, 차도 점프해주시고요.
찰리: 별 말씀을.
캠: 그리고 차 보조키 가지러 집까지 태워주셔야겠네요.

 쿵푸 팬더 *Kung Fu Panda*

포(쿵푸 팬더)가 다리 찢는 연습을 하다가 기구에 다리가 끼이자 무적의 5인방 중 하나인 크레인(학)이 다리를 빼도록 도와줍니다. 하지만 무적의 5인방은 무술 실력이 전혀 없는 포가 비법의 전수자로 뽑힌 게 못마땅해 포에게 쌀쌀맞게 대하죠.

Po	Maybe on three. One, two… three. Ahh, thank you.
Crane	**Don't mention it.**
Po	No, really, I appreciate…
Crane	Ever.

포: 셋에 빼자고. 하나, 둘… 셋. 아, 고마워.
크레인: 그런 말 마.
포: 아니, 정말로, 감사…
크레인: 다시는.

My pleasure.

천만에요. 만나서 반가워요. 기꺼이 할게.

My pleasure.는 여러 상황에서 쓰이는 유용한 표현이에요. 상대방이 나에게 고맙다고 할 때 대답으로 쓰게 되면 "천만에요.", "(도움이 되어/마음에 든다니/함께 하게 되어) 나도 기뻐."란 뜻이 되고, 처음 만난 사람에게 인사표현으로 쓰게 되면 "만나서 반가워요.", "만나게 되어 저도 기뻐요."란 뜻이 됩니다. 그리고 상대방이 나에게 무엇을 요청할 때 대답으로 쓰게 되면 "기꺼이 할게."란 의미가 됩니다.

내겐 너무 가벼운 그녀 Shallow Hal

할(잭 블랙)은 심리상담사의 최면에 걸려 뚱뚱하고 못생긴 여자들이 늘씬한 미녀로 보이게 됩니다. 할은 길에서 로즈메리(기네스 펠트로)를 보고 반해서 그녀에게 말을 걸고 함께 식사를 합니다.

Rosemary	Well, thanks for lunch, Hal.
Hal	**My pleasure**, Rosie.
Rosemary	My mother calls me Rosie.
Hal	Really?
Rosemary	Yeah.

로즈메리: 점심 잘 먹었어요, 할.
할: 천만에요, 로지.
로즈메리: 우리 엄마가 날 로지라고 불러요.
할: 정말요?
로즈메리: 네.

블라인드 사이드 The Blind Side

상류층 부인인 리 앤(산드라 블록)은 갈 곳 없는 10대 흑인 마이클 오어(퀸튼 아론)를 발견하고 집에 데려와서 재워주고 학교에서 계속 미식축구를 할 수 있도록 도와줍니다. 마이클 오어의 축구 실력은 나날이 발전해서 전국 대학 미식축구 감독들이 그를 탐내게 되죠. 마이클이 재학 중인 고등학교의 축구 감독 코튼(레이 맥키넌)과 마이클을 보러 온 대학 축구 감독 펄머의 대화입니다.

Cotton	Coach Fulmer. It's a real honor.
Fulmer	Coach Cotton, **my pleasure**. I've watched your program. You've done really well. I don't think there's any question you'll be at the next level soon.
Cotton	Oh, well, you know, we do what we can with what we've got.

코튼: 펄머 감독님. 만나서 영광입니다.
펄머: 코튼 코치, 저도 반갑습니다. 당신이 하는 것 봤는데, 정말 잘 하더군요. 의심할 여지 없이 곧 더 좋은 자리로 갈 거예요.
코튼: 아, 아시겠지만, 저희가 할 수 있는 한 최선을 다하고 있습니다.

I'm flattered.

칭찬 들으니 기분 좋네요. 영광입니다. 과찬이세요.

I'm flattered.는 상대방으로부터 칭찬을 듣거나 과분한 제안을 받았을 때의 기분좋음을 표현하는 말이에요. 풀어서 설명하면 '(칭찬을 들으니/좋게 봐주셔서/청해주셔서) 기분 좋네요'란 뜻이죠. 칭찬을 받았을 때는 보통 "영광입니다.", "과찬이세요." 정도의 뜻으로 쓰여요. 그런데 과분한 제안을 받았을 때는 I'm flattered. 뒤에 But으로 시작하는 문장이 많이 오는데요, 이럴 때는 '(청해주셔서/제안해주셔서) 감사하지만…' 이런 뜻이 되어서 과분한 제안을 거절할 때 많이 쓴답니다.

클로저 Closer

신문사에서 부고기사를 쓰는 댄(주드 로)은 자신의 꿈이던 첫 소설을 출간하게 됩니다. 댄이 사진작가 애나(줄리아 로버츠)를 만나 책 표지에 쓸 사진을 촬영하는 장면입니다.

Anna	I liked your book.
Dan	Thanks.
Anna	When's it published?
Dan	Next year. How come you've read it?
Anna	Your publisher sent me a manuscript. I read it last night. You kept me up till 4:00.
Dan	**I'm flattered.**

애나: 당신 책 좋았어요.
댄: 고마워요.
애나: 언제 출판되나요?
댄: 내년에요. 근데 어떻게 그걸 읽었어요?
애나: 출판사에서 원고를 보내줬어요. 그거 읽느라 어제 4시에 잤어요.
댄: 영광이네요.

저지 걸 Jersey Girl

올리(벤 애플렉)는 아내를 잃고 혼자서 딸을 키우는 홀아비입니다. 비디오 가게에서 아르바이트를 하는 마야(리브 타일러)는 올리가 아내가 죽은 후 연애는 전혀 안 하고 딸만 키운다는 말에 연민을 느끼고 올리에게 자선을 베풀려고 합니다.

Ollie	Where are we going?
Maya	To your place. We're gonna have some sex. What, you forget something?
Ollie	No. Look, I appreciate the offer. **I'm very flattered.** But I can't do this.
Maya	What's the matter? Don't you think I'm cute?
Ollie	Of course I think you're cute.
Maya	Well, then?

올리: 우리 어디 가는 거예요?
마야: 당신 집이요. 우리 섹스할 거예요. 뭐 잊은 거 있어요?
올리: 아니. 봐요. 호의는 정말 고마워요. 정말 영광이지만 그럴 순 없어요.
마야: 뭐가 문제죠? 제가 예쁘지 않나요?
올리: 물론 예뻐요.
마야: 그럼, 뭐요?

I'll take that as a compliment.
칭찬으로 들을게.

"난 처음에 너 혼혈인 줄 알았어." "고마워. 예쁘다는 칭찬으로 들을게." 이렇게 직접적으로 칭찬하는 건 아니지만 칭찬으로 생각할 수 있는 경우와, "남자가 너무 깔끔 떠는 거 아냐?" "칭찬으로 들을게." 이렇게 핀잔을 주는 경우라도 오히려 칭찬으로 생각하겠다고 말할 때, 둘 다 I'll take that as a compliment. 라고 해요. 하지만 상대방이 직접적으로 칭찬했을 때는 Thank you for the compliment.(칭찬 고마워요.)라고 하면 됩니다. 그리고 칭찬이 아니었는데 상대방이 칭찬으로 받아들일 때는 It wasn't a compliment.(그거 칭찬 아니었는데.)라고 해주세요.

트랜스포터 *Transporter*

특수부대 출신의 프랭크(제이슨 스타뎀)는 범죄조직의 물건을 운반하는 트랜스포터입니다. 한번은 강도들을 목적지까지 태워주는 일을 하게 되었는데, 이 사건으로 형사 타코니(프랑수와 벨레양)가 프랭크의 집을 찾아와 조사합니다.

Frank	Sure you don't have time for a coffee?	프랭크: 정말 커피 안 드실래요?
Tarconi	Everything's always so neat with you, Monsieur Frank. Nothing ever out of place.	타코니: 당신 주위엔 항상 모든 게 깔끔하단 말이야, 프랭크 선생. 모든 게 언제나 제자리야.
Frank	**I'll take that as a compliment**, coming from a man who pays attention to every detail.	프랭크: 칭찬으로 듣겠습니다, 예리한 분의 말씀이니까요.
Tarconi	Maybe I'll come back later for that coffee.	타코니: 커피는 다음에 마시지.
Frank	Door's always open to you.	프랭크: 언제라도 환영합니다.

분노의 질주 *The Fast and the Furious*

LA에서 폭주족에 의한 도난사고가 계속 일어나자 경찰 브라이언(폴 워커)은 폭주족으로 위장해 폭주족 도미닉(빈 디젤)과 그의 여동생 미아(조다나 브루스터)와 친해집니다.

Mia	You know, my brother likes you. He usually doesn't like anybody.	미아: 저기, 우리 오빠가 널 마음에 들어 해. 보통 아무도 좋아하지 않거든.
Brian	He's a complicated guy.	브라이언: 복잡한 친구지.
Mia	Yeah? What about you?	미아: 그래? 넌 어떤데?
Brian	I'm simpler.	브라이언: 난 단순해.
Mia	You're a shitty liar.	미아: 거짓말이 형편없네.
Brian	Well, **I'll take that as a compliment**.	브라이언: 칭찬으로 들을게.

unit 047 You shouldn't have.

뭘 이런 것까지. 안 그래도 되는데.

선물을 받으면 실제론 아주 기쁘면서도 예의상 "뭘 이런 것까지.", "안 그래도 되는데." 이런 말 자주 하잖아요. 딱 여기에 해당하는 표현이 You shouldn't have.랍니다. 원래 should have p.p.는 '~을 했어야 하는데 (하지 않았다)'란 뜻이고, shouldn't have p.p는 '~을 안 했어야 하는데 (했다)'란 뜻인데요. 그래서 You shouldn't have.라고 하면 "안 그래도 되는데."란 말이 되는 거죠.

백악관 최후의 날 Olympus Has Fallen

크리스마스 날 대통령 벤자민(아론 에크하트)의 가족은 리무진을 타고 자선행사에 갑니다. 뒷자석에 함께 타고 있던 영부인 마가렛(애슐리 주드)이 벤자민에게 크리스마스 선물을 주는 장면입니다.

Margaret	Merry Christmas, Mr. President.
Benjamin	**You shouldn't have.** My God. It's my grandfather's watch. How did you find this?
Margaret	Just have my ways.
Benjamin	Thank you.
Margaret	You're just welcome.

마가렛: 메리 크리스마스, 대통령 각하.
벤자민: 뭘 이런 것까지. 세상에. 우리 할아버지 시계잖아. 어떻게 찾았어요?
마가렛: 다 방법이 있죠.
벤자민: 고마워요.
마가렛: 천만에요.

에비에이터 The Aviator

영화 제작자이자 항공사를 운영하는 재벌 사업가 하워드 휴즈(레오나르도 디카프리오)가 에바 가드너(케이트 베킨세일)에게 선물을 주는 장면입니다.

Howard	I have something for you. Stay here.
Ava	What the hell is this?
Howard	It's a present. Go on, open it.
Ava	Oh, a box of trash. **You shouldn't have.**
Howard	Keep looking, keep looking. It's a Kashmiri sapphire. Best in the world. I had my boys all over the damn globe looking for this.
Ava	Why?
Howard	Because, look, it matches your eyes.

하워드: 당신한테 줄 게 있어. 여기 있어.
에바: 이건 또 뭐야?
하워드: 선물이야. 자, 열어봐.
에바: 아, 쓰레기로 가득한 상자네. 이러지 않아도 되는데.
하워드: 계속 뒤져봐, 계속. 카슈미르 사파이어. 세계 최상품이지. 우리 애들한테 망할 놈의 전세계를 뒤져서 이걸 찾게 했어.
에바: 왜?
하워드: 왜냐면, 봐, 당신 눈과 잘 어울리잖아.

unit 048 I owe you one.
너한테 한 번 빚졌네. 내가 한 번 빚졌네.

owe는 '빚지다, 신세를 지다'란 뜻인데요. 상대방에게 도움을 받았을 때 I owe you one.이라고 하면 "너한테 한 번 빚졌네.", "내가 한 번 빚졌네."란 뜻이 됩니다. 반대로 내가 상대방을 도와줬을 때 You owe me one.이라고 하면 "나한테 한 번 빚진 거다."란 뜻이 되죠. 그리고 식당, 가게, 택시 등 물건이나 서비스에 대한 비용을 지불할 때나 돈을 갚을 때 How much do I owe you?라고 하면 "얼마 드리면 되죠?"란 뜻이 됩니다.

 로드 트립 *Road Trip*

대학 파티에서 E.L.(숀 윌리엄 스콧)이 여학생들과의 데이트를 놓고 경매를 진행합니다. 경매에 나가게 된 베스(에이미 스마트)는 스토커처럼 자신을 귀찮게 하는 남자 제이콥이 걱정되어 친구 조시(브레킨 메이어)에게 자신의 경매에 참가해달라고 부탁하죠. 다행히 베스는 조시에게 낙찰됩니다.

Beth	Thanks for doing that. **I owe you one.**	베스: 도와줘서 고마워. 너한테 한 번 빚졌네.
Josh	You owe me more than one.	조쉬: 한 번만이 아닌데.
Beth	Do I?	베스: 그래?
Josh	Technically.	조쉬: 따지자면 그래.
Beth	Well… are you ready to collect?	베스: 그럼… 수금할 준비됐니?
Josh	I think so. Yeah.	조쉬: 그런 것 같아. 응.

 잃어버린 세계를 찾아서 *Journey to the Center of the Earth*

지질학자 트레버(브렌든 프레이저)는 조카 션(조쉬 허처슨)과 지구 속 비밀을 밝히기 위해 아이슬란드로 갑니다. 산악 가이드 해나(애니타 브리엠)를 만나 함께 지진계를 찾던 이들은 번개를 피하려다 동굴에 갇히고 말죠. 출구를 찾다가 낭떠러지로 떨어질 뻔한 트레버를 해나가 붙잡는 장면입니다.

Hannah	Watch out!	해나: 조심해요!
Trevor	Ah!	트레버: 아!
Hannah	You're not studying rocks in a lab, professor. This is life or death here.	해나: 연구실에서 바위를 연구한 게 아니군요, 교수님. 생사가 달렸어요.
Trevor	Yeah, thanks.	트레버: 네, 고마워요.
Hannah	**You owe me one.**	해나: 나한테 한 번 빚졌어요.

We're even.

우리 비긴 거다. 그걸로 퉁치는 거다. 피차일반이네.

양쪽이 서로 잘못한 것이나 신세 진 것이 동등할 때 We're even.이라고 하는데요. 상황에 따라 "우리 비긴 거다.", "그걸로 퉁치는 거다.", "피차일반이네." 등의 의미가 됩니다. 우리나라 속어 "쌤쌤"과 같은 의미예요. ex) Now we're even.(이제 우리 비긴 거다.), Then we're even.(그럼 우리 비긴 거네.)

코요테 어글리 *Coyote Ugly*

코요테 어글리의 바텐더 바이올렛(파이퍼 페라보)은 케빈(애덤 가르시아)을 바에 올려서 여자 손님을 상대로 경매를 하고, 케빈은 높은 가격에 낙찰됩니다. 새벽이 되어 돌아온 케빈이 바이올렛과 대화하는 장면입니다.

Violet	Okay. I owe you. What do you want?
Kevin	Well, it's 3:30 in the morning. I want what every man wants. Breakfast.
Violet	And that's it? I go to breakfast with you, and **we're even?**
Kevin	No. We're not even close to even, because I danced on a bar, I took off my shirt, and I unzipped my pants.
Violet	Okay. Let's make a deal. Breakfast and lunch.
Kevin	Breakfast, lunch and two dinners.
Violet	That's four dates!

바이올렛: 좋아. 내가 신세 졌어. 원하는 게 뭐야?
케빈: 음, 새벽 3시 반이니까, 모든 남자들이 이 시간에 원하는 거. 아침식사.
바이올렛: 그게 다야? 같이 아침식사 하면, 그걸로 퉁치는 거야?
케빈: 아니. 그걸론 완전 부족하지, 내가 바에서 춤도 추고, 셔츠도 벗고, 바지도 내렸으니까.
바이올렛: 좋아. 그럼 이렇게 해. 아침식사랑 점심식사.
케빈: 아침, 점심 그리고 저녁 두 번.
바이올렛: 그럼 네 번의 데이트잖아!

은밀한 유혹 *Indecent Proposal*

데이빗(우디 해럴슨)이 아내 다이애나(데미 무어)의 지갑 속에서 존 게이지(로버트 레드포드)의 명함을 발견하고 아내와 다투는 장면입니다.

Diana	What are you doing going through my wallet, anyway?
David	I don't trust you.
Diana	Well, you know what? I don't trust you, either.
David	Well, then **we're even.**

다이애나: 근데 내 지갑은 왜 뒤진 거야?
데이빗: 당신을 못 믿으니까.
다이애나: 어, 그래? 나도 당신을 못 믿어.
데이빗: 그럼, 피차일반이네.

Good for you.
잘됐다.(상대방의 좋은 일에 대해)

Good for you.를 직역하면 '너한테 좋은 일이다'니까 이 말은 곧 '(너한테) 잘됐다'라는 말이 됩니다. 상황에 따라 '잘했다', '좋겠다'란 의미로 쓰일 때도 있어요. 시험에 합격하거나, 승진하거나, 좋아하는 사람과 사귀게 되는 등 상대방에게 좋은 일이 생겼을 때 Good for you.라고 말해주세요. 꼭 거창한 일이 아니어도 상대방이 기뻐하는 일에 대해 쓰면 됩니다. 비슷한 의미로 I'm happy for you.가 있어요.

악마는 프라다를 입는다 *The Devil Wears Prada*

패션 잡지사의 편집장 미란다(메릴 스트립)는 아이들이 〈해리포터〉다음 시리즈를 보고 싶어 한다며 비서 앤디(앤 해서웨이)에게 구해오라고 합니다. 앤디는 사방팔방 뛰어보지만 아직 출간도 안 된 베스트셀러를 구할 리가 없죠. 절망한 앤디가 남자친구 네이트(아드리언 그레니어)와 통화하는 장면입니다.

Nate	Hello? Quit? Are you sure?
Andy	I failed. She's gonna fire me anyway. I might as well beat her to the punch.
Nate	Wow, Andy, **good for you.** Congratulations. You're free.
Andy	Yeah, well, listen, I'll call you later.
Nate	Okay.

네이트: 여보세요? 그만둬? 정말?
앤디: 나 실패했어. 어차피 그녀가 날 자를 건데. 차라리 먼저 그만두는 게 낫잖아.
네이트: 와우, 앤디, 잘됐다. 축하해. 넌 이제 자유야.
앤디: 그래, 뭐. 나 나중에 전화할게.
네이트: 그래.

행운을 돌려줘 *Just My Luck*

넘쳐나는 행운으로 즐거운 일만 가득하던 애슐리(린제이 로한)는 항상 불운이 따라다니는 남자 제이크(크리스 파인)와의 키스로 그에게 행운을 뺏기고 맙니다. 이때부터 애슐리는 회사에서도 짤리고 불운이 끊이질 않죠. 애슐리가 길을 가다가 우연히 예전 상사 페기를 만나는 장면입니다. 페기는 애슐리가 소개해준 남자 안토니오와 결혼한다고 하는군요.

Antonio	We're getting married, baby.
Ashley	No way!
Peggy	It's true. I bought him the ring.
Ashley	Well, **good for you guys.** Congratulations.

안토니오: 우리 결혼해.
애슐리: 말도 안 돼!
페기: 정말이야. 내가 이 사람에게 반지도 사줬어.
애슐리: 두 분 잘됐네요. 축하해요.

might as well ~ 차라리 ~하는 게 낫다

beat sb to the punch sb보다 먼저 선수치다

unit 051 This calls for a celebration.

이거 축하해야겠는 걸.

call for ~는 '~이 요구된다', '~이 필요한 때이다'라는 뜻이에요. 그래서 This calls for a celebration.을 직역하면 '이것은 축하가 요구된다'이고, 이 말은 곧 "이거 축하해야겠는 걸."이란 뜻이 되죠. 그리고 This calls for a toast.라고 하면 "이거 건배해야겠는 걸."이란 뜻이 됩니다. 이외에도 여러 상황에서 call for를 사용할 수 있어요.

캐치 미 이프 유 캔 Catch Me If You Can

프랭크(레오나르도 디카프리오)는 항공기 조종사 행세를 하며 수표를 위조해서 맘껏 즐깁니다. 프랭크가 제복을 입고 뉴욕의 고급 레스토랑에서 오랜만에 아버지를 만나는 장면입니다. 프랭크는 아버지에게 선물로 캐딜락 열쇠를 건넵니다.

Dad	My son bought me a Cadillac today. I think **that calls for a toast.** To the best damn pilot in the sky.
Frank	It's not what you think. I'm just a copilot.
Dad	You see these people staring at you? These are the most powerful people in New York City and they keep peeking over their shoulders wondering where you're going tonight.

아버지: 내 아들이 오늘 캐딜락을 샀으니 건배를 해야겠소. 최고의 조종사를 위해.
프랭크: 그렇게 대단한 건 아니고, 그냥 부조종사예요.
아버지: 사람들이 널 쳐다보는 시선이 느껴지니? 이 사람들은 뉴욕에서 가장 영향력 있는 사람들인데, 그들이 어깨 너머로 널 훔쳐보고 있어. 오늘밤은 네가 어디로 비행할지 궁금해하면서 말이야.

미이라 The Mummy

카이로의 도서관 사서인 에블린(레이첼 와이즈)과 탐험가인 릭(브렌든 프레이저)은 하무납트라의 황금유물을 찾아 배를 타고 떠납니다. 그런데 갑자기 악당들의 습격을 받아 배에 불이 붙고, 리차드가 에블린을 바다로 던져 구해줍니다.

Rick	Can you swim?
Evelyn	Of course I can swim, **if the occasion calls for it.**
Rick	Trust me. **It calls for it.**

릭: 수영할 줄 알아요?
에블린: 물론 할 수 있죠, 그래야 할 상황이라면요.
릭: 날 믿어요. 지금이 그 상황이에요.

---

peek 훔쳐보다

빈칸에 어울리는 영어문장을 말하고 적어보세요.

1 Gatsby   I'm taking my new hydroplane out in the morning. Would you like to go with me?
   Nick   What time?
   Gatsby   Time that suits you.
   Nick   _____ 참 친절하시네요.

2 Cam   Thank you. Thank you for fixing my tooth and jumping my car.
   Charlie   _____ 별 말씀을.
   Cam   And thank you for taking me home to get my spare set of keys.

3 Rosemary   Well, thanks for lunch, Hal.
   Hal   _____, Rosie. 천만에요.
   Rosemary   My mother calls me Rosie.
   Hal   Really?
   Rosemary   Yeah.

4 Anna   I liked your book.
   Dan   Thanks.
   Anna   When's it published?
   Dan   Next year. How come you've read it?
   Anna   Your publisher sent me a manuscript. I read it last night. You kept me up till 4:00.
   Dan   _____ 영광이네요.

5 Mia   You know, my brother likes you. He usually doesn't like anybody.
   Brian   He's a complicated guy.
   Mia   Yeah? What about you?
   Brian   I'm simpler.
   Mia   You're a shitty liar.
   Brian   Well, _____ 칭찬으로 들을게.

6 Margaret Merry Christmas, Mr. President.
   Benjamin _____ My God. It's my grandfather's watch.
             How did you find this? 뭘 이런 것까지.
   Margaret Just have my ways.
   Benjamin Thank you.
   Margaret You're just welcome.

7 Beth Thanks for doing that. _____ 너한테 한 번 빚졌네.
   Josh You owe me more than one.
   Beth Do I?
   Josh Technically.

8 Violet Okay. I owe you. What do you want?
   Kevin   Well, it's 3:30 in the morning. I want what every man wants. Breakfast.
   Violet And that's it? I go to breakfast with you, and _____
                                                          그걸로 퉁치는 거야?
   Kevin   No. We're not even close to even, because I danced on a bar, I took off my shirt, and I unzipped my pants.
   Violet Okay. Let's make a deal. Breakfast and lunch.

9 Antonio We're getting married, baby.
   Ashley   No way!
   Peggy   It's true. I bought him the ring.
   Ashley   Well, _____ Congratulations. 두 분 잘됐네요.

10 1) 이거 축하해야겠는 걸. _____
    2) 이거 건배해야겠네. _____

Answers

1 That's very kind[sweet] of you. **2** Don't mention it. **3** My pleasure **4** I'm flattered. **5** I'll take that as a compliment. **6** You shouldn't have. **7** I owe you one. **8** we're even? **9** good for you guys. **10** 1) This calls for a celebration. 2) This calls for a toast.

Chapter 6

연애, 사랑

Quiz 내가 영어로 할 수 있는 말은?

1 너 사귀는 사람 있니? _____ {see}

2 너 걔랑 얼마나 사귀었어? _____ {how}

3 나랑 데이트할래? _____ {go}

4 그가 나에게 데이트 신청했어. _____ {ask}

5 제가 저녁 살게요. _____ {take}

6 나 그와 헤어졌어. _____ {break}

7 그녀가 날 찼어. _____ {dump}

8 그녀가 날 바람맞혔어. _____ {stand}

9 나 고등학교 때 걔 엄청 좋아했었어. _____ {crush}

10 너 걔한테 관심 있니? _____ {into}

11 나 키 큰 남자를 특히 좋아해. _____ {thing}

12 나 아직도 걔한테 마음 있어. _____ {feel}

13 걔 연하남한테 빠졌어. _____ {fall}

Answers

1 Are you seeing anyone?   2 How long have you been seeing him[her]?   3 Will you go out with me?
4 He asked me out.   5 Let me take you out for dinner.   6 I broke up with him.   7 She dumped me.
8 She stood me up.   9 I had a huge[big] crush on him[her] in high school.   10 Are you into him[her]?
11 I have a thing for tall guys.   12 I still have feelings for her[him].   13 She fell for a younger man.

Are you seeing anyone?
너 사귀는 사람 있니?

영어로 '누구와 사귀다'라는 말은 be seeing sb라고 표현해요. 그래서 "너 사귀는 사람 있니?"라고 물을 때는 Are you seeing anyone?이라고 하죠. 또 Are you seeing someone else?라고 하면 "따로 사귀는 사람 있니?"란 말이 되고요. 아쉽게도 이런 질문에 대해 I'm seeing someone. 또는 I'm seeing somebody.라고 대답한다면 "나 만나는[사귀는] 사람 있어."란 말이에요. 만약 친구한테 내가 관심 있는 여자에게 남자친구가 있는지 물어봤더니 She is taken.이라고 대답한다면 "걔 임자 있어.", She is available.이라고 한다면 "걔 남자친구 없어."란 뜻이랍니다. 남자에 관해 얘기할 때는 she 대신 he를 넣으면 되겠죠.

나의 특별한 사랑 이야기 *Definitely, Maybe*

윌(라이언 레이놀즈)이 대통령선거 때 빌 클린턴 캠프에서 함께 일했던 에이프릴(라일라 피셔)과 오랜만에 전화통화하는 장면입니다. 두 사람은 빌 클린턴이 르윈스키 스캔들에 관해 부인하는 장면을 TV로 시청하며 전화통화합니다.

April	**Are you seeing anyone?**
Will	Me? Am I… No, no. Absolutely not. In fact, I haven't had sex since Clinton was re-elected.
April	Why bother? He's having enough sex for the entire country.
Will	Easy. Easy now.

에이프릴: 사귀는 사람 있어?
윌: 나? 없어… 완전 없어. 실은 클린턴 재선 후로 섹스 못 했어.
에이프릴: 뭘 굳이 하려고 해? 클린턴이 온국민을 대신해서 실컷 하잖아.
윌: 진정. 진정해.

스파이더맨 2 *Spider-Man 2*

피터(토비 맥과이어)와 M.J.(커스틴 던스트)가 오랜만에 만난 대화하는 장면입니다. 피터는 M.J.를 좋아하지만 안타깝게도 그 마음을 표현하지 못하네요.

M.J.	**I'm seeing somebody now.**
Peter	Oh, therapy.
M.J.	No, a person, a man.
Peter	You mean, like a boyfriend?
M.J.	Well, like I like him.

M.J.: 나 지금 만나는 사람 있어.
피터: 아, 상담 받는구나.
M.J.: 아니, 남자 말이야.
피터: 남자친구?
M.J.: 응, 좋아하는 것 같아.

unit 053 How long have you been seeing him?
너 걔랑 얼마나 사겼어?

앞에서 '사귀다'라는 표현은 be seeing sb라고 했잖아요. 그래서 "너 걔랑 얼마나 사겼어?"라고 물어볼 때는 How long have you been seeing him?이라고 한답니다. 물론 him 대신 her가 될 수도 있겠죠. 그리고 "너희들 얼마나 사겼어?"라고 물어볼 때는 How long have you guys been seeing each other? 또는 How long have you two been together?라고 하면 돼요. 또 How long have you been in love with her?라고 하면 "그녀를 좋아한 지 얼마나 됐어?"란 의미가 됩니다.

 클로저 *Closer*

사진작가 애나(줄리아 로버츠)의 전시회에서 그녀의 남자친구 래리(클라이브 오웬)와 앨리스(나탈리 포트만)가 만나서 대화하는 장면입니다.

Alice	So you're Anna's boyfriend.
Larry	A princess can kiss a toad.
Alice	Frog.
Larry	Toad.
Alice	Frog.
Larry	Toad, frog, lobster. They're all the same.
Alice	So **how long have you been seeing her?**
Larry	Four Months. We're in the first flush. It's paradise. All my nasty habits amuse her.

앨리스: 당신이 애나의 남자친구군요.
래리: 공주가 두꺼비한테 키스한 거죠.
앨리스: 개구리.
래리: 두꺼비예요.
앨리스: 개구리.
래리: 두꺼비, 개구리, 바닷가재. 모두 마찬가지예요.
앨리스: 그녀와 사귄 지 얼마나 됐어요?
래리: 4개월요. 한창 뜨거울 때죠. 천국이에요. 내 지저분한 버릇까지도 좋아하거든요.

 **10일 안에 남자친구에게 차이는 법** *How to Lose a Guy in 10 Days*

잡지사에 근무하는 앤디(케이트 허드슨)는 '10일 안에 남자친구에게 차이는 법'이란 칼럼을 맡게 되고, 광고회사에 근무하는 벤(매튜 맥커너히)은 광고를 따내기 위해 동료들과 10일 안에 여자를 꼬시는 내기를 합니다. 이 둘이 만나 한쪽은 꼬시려고 하고, 한쪽은 차이려고 하다 보니 둘의 연애는 평탄치 않습니다. 결국 벤이 앤디에게 커플 상담을 제안하여 둘은 함께 상담사를 만납니다. 그런데 사실 이 상담사는 앤디의 친구 미쉘(캐서린 한)이죠.

Michelle	So, tell me, **how long have you guys been seeing each other?**
Andie	Seven days.
Michelle	Seven days. Interesting.
Ben	Is it too soon to be seeing a therapist?

미쉘: 그럼, 말해보세요. 둘이 만나게 된 지 얼마나 됐죠?
앤디: 7일이요.
미쉘: 7일이라. 재미있네요.
벤: 커플 상담을 받기에는 너무 이른가요?

be in the first flush of ~
초기에 ~가 한창인

Will you go out with me?

나랑 데이트할래?

go out with sb는 'sb와 데이트하다'란 뜻이어서, Will you go out with me?라고 하면 "나랑 데이트할래?"란 말이 됩니다. Do you wanna go out with me?라고 해도 되고요. ex) I want to go out with you.(너랑 데이트하고 싶어.), I can't go out with you.(너랑 데이트할 수 없어.), No one will go out with her.(아무도 걔랑 데이트하지 않을 거야.), She'd never go out with me.(걔 절대 나랑 데이트하지 않을 거야.) 그리고 계속해서 데이트하는 사이는 사귀는 것을 의미하므로 We've been going out for three years.라고 하면 "우리 사귄 지 3년 됐어."라는 말입니다.

 워크 투 리멤버 *A Walk to Remember*

고등학교에서 잘나가는 남학생 랜던(쉐인 웨스트)은 전학생에게 신고식을 강요하다가 부상을 입히고 그 벌로 봉사활동과 연극에 참여하게 됩니다. 랜던은 목사의 딸로 보수적인 제이미(맨디 무어)와 같이 연극하는 것이 싫었지만, 함께 연습하며 점점 그녀를 좋아하게 되죠.

Landon	**Will you go out with me on Saturday night?**
Jamie	I'm sorry. I can't go.
Landon	You have something else going on?
Jamie	No, it's not that.
Landon	Then what is it?
Jamie	I'm not allowed to date.

랜던: 토요일 밤에 나랑 데이트 할래?
제이미: 미안하지만 안 돼.
랜던: 다른 일이 있는 거야?
제이미: 아니, 그런 건 아니야.
랜던: 그럼 뭐야?
제이미: 아빠가 데이트를 허락 안 해주셔.

 하우 투 루즈 프렌즈 *How to Lose Friends*

연예잡지 기자로 한 회사에 일하는 시드니(사이먼 페그)와 앨리슨(커스틴 던스트)이 영화배우 소피 메이스(메간 폭스)에 관해 얘기합니다.

Sydney	**Do you think she'll go out with me?**
Alison	Who?
Sydney	Sophie Maes, do you think she'll go out with me?
Alison	No. Girls like Sophie do not date journalists.

시드니: 그녀가 나와 데이트할까?
앨리슨: 누구?
시드니: 소피 메이스 말이야, 나랑 데이트 할 것 같애?
앨리슨: 아니. 소피 같은 여자들은 기자와 데이트 안 해.

He asked me out.

그가 나에게 데이트 신청했어.

ask sb out은 'sb에게 데이트를 신청하다'란 뜻이에요. 어떤 남자로부터 데이트 신청을 기대하고 있었는데, 마침 그가 신청을 해왔다면, 이 기쁜 소식을 친구에게 말하고 싶겠죠. 이럴 때 He asked me out.(그가 나에게 데이트 신청했어.)이라고 말하죠. 이외에도 ask sb out을 이용해서 다음처럼 쓸 수 있어요. ex) Did you ask her out?(그녀에게 데이트 신청했니?), Why don't you ask her out?(그녀에게 데이트 신청하는 게 어때?), Just ask her out.(그냥 그녀에게 데이트 신청해.), I'm gonna ask her out.(그녀에게 데이트 신청할 거야.)

어드벤처랜드 Adventureland

제임스(제시 아이젠버그)는 대학을 졸업하고 대학원에서의 생활비를 벌기 위해 여름 동안 놀이공원에서 아르바이트를 합니다. 제임스는 함께 일하는 엠(크리스틴 스튜어트)을 좋아하게 되는데, 또 다른 동료 리사가 그에게 데이트를 신청하죠. 그래서 제임스는 리사와 한 번 데이트하지만 그게 마음에 걸려서 엠에게 사실을 고백합니다.

Em	I thought you were off today.
James	I need to tell you something. Last week I went on a date with Lisa P. **She asked me out.** It was nothing. We kissed a little bit at the end of the date, and I felt her breast a little bit, but nothing else.
Em	Right. No intercourse?
James	No. No intercourse.

엠: 너 오늘 쉬는 줄 알았는데.
제임스: 할 말이 있어. 나 지난 주에 리사 P와 데이트했어. 걔가 나한테 데이트 신청한 거야. 아무것도 아니었어. 데이트 마지막에 키스 조금 하고, 그리고 가슴을 좀 만지긴 했지만 다른 일은 없었어.
엠: 그렇구나. 섹스는 안 했어?
제임스: 응. 안 했어.

걸리버 여행기 Gulliver's Travels

신문사에서 10년째 우편물 관리를 하고 있는 걸리버(잭 블랙)는 같은 회사의 달시(아만다 피트)를 짝사랑합니다. 우편물 부서에 새로 온 신입사원 댄(T.J. 밀러)은 이 사실을 알고 걸리버에게 데이트 신청을 하라고 얘기하죠.

Dan	First of all, you're a terrible liar. Second of all, **why don't you just ask her out?**
Gulliver	Oh, **you don't think I could ask her out?**
Dan	No.
Gulliver	**I could ask her out whenever, wherever.** It's no problem. It would take me five seconds. "Will you go out with me?" "Yes." Done.

댄: 첫째, 당신 거짓말이 형편없군요. 둘째, 그냥 그녀에게 데이트 신청하는 게 어때요?
걸리버: 내가 그녀에게 데이트 신청 못 할 것 같아?
댄: 네.
걸리버: 난 언제 어디서라도 데이트 신청할 수 있어. 문제 없어. 5초도 안 걸릴 거야. "저랑 데이트하실래요?" "네." 끝.

unit 056 Let me take you out for dinner.
제가 저녁 살게요.

take sb out은 sb를 데리고 레스토랑이나 영화관 등에 가서 맛있는 것을 사주거나 영화를 보여주는 것을 의미해요. 식사와 영화 외에도 운동경기나 클럽 등 어디든 데려갈 때 쓸 수 있어요. 아빠가 가족을 데리고 외식하는 것, 사장님이 직원들을 데리고 한턱 쏘는 것, 여자친구에게 영화를 보여주는 것 등 모두 여기에 해당하죠. 이성을 데리고 함께 시간을 보낼 때에는 데이트를 의미하기도 합니다. ex) My dad took me out to the movies.(아빠가 영화 보여줬어.), Our boss took us out for lunch.(사장님이 점심 사주셨어.), I'm taking her out to dinner.(그녀와 저녁 먹으러 갈 거야.)

브리짓 존스의 일기 Bridget Jones's Diary

출판사에 근무하는 브리짓 존스(르네 젤위거)가 책 발표회장에서 실수를 하고 의기소침해 있자 그녀의 상사 다니엘(휴 그랜트)이 그녀에게 저녁을 사주겠다며 데리고 나가는 장면입니다.

Daniel	You're looking very sexy, Jones. I think **I'm gonna have to take you out to dinner now**… whether you like it or not, okay? Come on, get your stuff.

다니엘: 당신 정말 섹시해 보여, 존스. 내가 저녁 사줘야겠어… 당신이 좋건 싫건 간에, 괜찮지? 자, 가서 짐 챙겨와.

에린 브로코비치 Erin Brockovich

혼자서 힘들게 아이 셋을 키우는 에린(줄리아 로버츠)이 아이들을 데리고 레스토랑에 가서 음식을 주문하는 장면입니다. 이 영화는 실화를 바탕으로 만들어졌는데, 여기서 식당 종업원으로 잠깐 등장하는 사람이 실제 에린 브로코비치랍니다. 미인대회 출신이라 나이가 들어도 여전히 예쁘네요.

Erin	And she will have a cup of chicken broth and a few crackers, please.
Waitress	And for you?
Erin	Just a cup of coffee.
Matthew	Mom, you're not eating?
Erin	**My lawyer took me out to a fancy lunch to celebrate**, and I'm still stuffed. How about that?

에린: 아기는 치킨 수프와 크래커 몇 개 주세요.
웨이트리스: 부인은요?
에린: 그냥 커피 주세요.
매튜: 엄마는 아무것도 안 먹어요?
에린: 내 변호사가 이겼다고 근사한 점심을 사줬단다. 아직도 배가 불러. 대단하지?

broth 수프, 죽
stuffed 잔뜩 먹은, 배가 너무 부른

I broke up with him.
나 그와 헤어졌어.

연인이 헤어질 때 우리말로 '깨졌다'라고 하듯이 영어에서도 break up을 사용해요. 그래서 "우리 헤어졌어."는 We broke up.이라고 하죠. "우리 헤어지는 게 좋겠다."는 I think we should break up.이라고 하고요. 그리고 'sb와 헤어지다'는 break up with sb라고 하는데요. 한 가지 알아둘 점은 I broke up with him.(나 그와 헤어졌어.)은 내가 먼저 헤어지자고 한 경우이고, He broke up with me.(그가 나와 헤어졌어.)는 그가 먼저 헤어지자고 한 경우랍니다. 우리말로는 별 차이가 없지만 영어에서는 주어가 되는 부분이 먼저 헤어지자고 한 사람이란 것 명심하세요.

트와일라잇 *Twilight*

벨라(크리스틴 스튜어트)는 에드워드(로버트 패틴슨)로부터 나쁜 뱀파이어들이 그녀를 추격해 온다는 소식을 듣습니다. 벨라는 아버지 찰리를 보호하기 위해 에드워드와 헤어지고 엄마 집으로 돌아가겠다며 거짓말하고 집을 나옵니다.

Charlie	Did he hurt you?
Bella	No.
Charlie	**Break up with you or something?**
Bella	No, **I broke up with him.**
Charlie	I thought you liked him.
Bella	Yeah, that's why I have to leave.

찰리: 그가 너를 해쳤니?
벨라: 아니요.
찰리: 헤어지자고 하든?
벨라: 아뇨, 제가 걔랑 헤어졌어요.
찰리: 좋아하는 줄 알았더니.
벨라: 네, 그래서 떠나야 해요.

그는 당신에게 반하지 않았다 *He's Just Not That Into You*

베스(제니퍼 애니스톤)가 여동생 결혼식의 피로연에서 사촌 도미닉과 춤추며 대화하는 장면입니다.

Dominic	So where's Neil?
Beth	**We broke up.**
Dominic	No way.
Beth	Yeah.
Dominic	You guys were together, what, like ten years?
Beth	Seven. Still, it's a long time.
Dominic	Yeah. It's too bad cousins can't marry because then we could maybe…
Beth	Oh, Dominic. Gross.

도미닉: 닐은 어디 있어?
베스: 우리 헤어졌어.
도미닉: 말도 안돼.
베스: 그러게.
도미닉: 너희들 10년쯤 사귀지 않았나?
베스: 7년. 그래도, 긴 시간이지.
도미닉: 맞아. 사촌끼리 결혼 못 한다는 게 너무 아쉬워, 아니면 우리가…
베스: 오, 도미닉. 징그러워.

gross 역겨운

She dumped me.
그녀가 날 찼어.

우리는 연인 사이에 일방적으로 먼저 이별을 고하는 경우 '차다'라고 표현하잖아요. 영어에서는 '버리다'라는 뜻의 동사 dump를 사용해요. 물건을 내다버릴 때도 쓰지만 애인을 찰 때도 사용하죠. ex) I dumped him.(나 걔 차버렸어.), She dumped me.(그녀가 날 찼어.), I got dumped.(나 차였어.) 그리고 dump sb for ~라고 하면 '~ 때문에 sb를 차다'라는 뜻이 됩니다. ex) Johnny dumped Vanessa for Amber.(조니가 앰버 때문에 바네사를 찼다.), I got dumped for no reason.(나 아무 이유도 없이 차였어.), He dumped her for being fat.(그는 뚱뚱하다고 그녀를 찼다.)

 나의 특별한 사랑 이야기 *Definitely, Maybe*

윌(라이언 레이놀즈)이 오랜만에 저널리스트인 썸머(레이첼 와이즈)를 만나서 그녀의 지도교수 햄프턴(케빈 클라인)의 안부를 묻는 장면입니다.

Will How's the Professor?
Summer The Professor is wonderful. **He dumped me for a sophomore.** Told me it was for my own good.
Will Everybody seems to be using that line these days.

월: 교수님은 어때요?
썸머: 교수님은 아주 잘 지내요. 2학년생 때문에 절 찼어요. 날 위해서라면서 말이죠.
월: 요즘 그 말이 유행인가 봐요.

 스쿨 오브 락 *The School of Rock*

밴드에서 기타를 연주하는 락커 듀이(잭 블랙)는 친구 네드(마이크 화이트)의 집에 빌붙어 삽니다. 근데 네드의 여자친구 패티(사라 실버맨)는 듀이가 더 이상 방값을 내지 않으면 쫓아내 버리라고 네드를 들볶죠. 네드는 어쩔 수 없이 잠자던 듀이를 깨워서 얘기합니다.

Dewey Dude, I've been mooching off you for years. And it's never been a problem until she showed up. **Just dump her**, man.
Ned Yeah, if you don't come up with some money, **she's gonna dump me.** She's fed up.
Dewey Really? That would be a good thing. She's a nightmare.
Ned Come on! I may never have another girlfriend. I mean, just come on. Come up with some money, please! Please!

듀이: 야, 내가 너한테 빌붙은 지 수년째지만, 저 여자가 나타나기 전엔 아무 문제 없었잖아. 그냥 쟬 차버려.
네드: 네가 돈을 구해오지 않으면, 그녀가 날 찰 거야. 걔도 지쳤거든.
듀이: 그래? 그거 잘됐다. 끔직한 여자잖아.
네드: 좀! 나 다시는 여자친구 못 사귈지도 몰라. 그러니 제발 돈 좀 구해와 봐! 제발!

> **mooch off ~** ~에게 빌붙다/빈대 붙다

She stood me up.
그녀가 날 바람맞혔어.

stand sb up을 직역하면 'sb를 세워두다'인데요. 이 말은 'sb를 기다리게 해놓고 나타나지 않다'란 뜻이에요. 그러니 우리말로는 정확하게 '바람맞히다'와 똑같은 표현이 되는 거죠. ex) Don't stand me up.(나 바람맞히지 마.), I stood him up.(그를 바람맞혔어.), I've been stood up.(나 바람맞았어.)

당신이 잠든 사이에 *While You Were Sleeping*

열차 매표소에 일하는 루시(산드라 블록)는 관심도 없는데 같은 건물에 사는 조 주니어가 자꾸 귀찮게 따라다닙니다.

Joe Jr.	**You stood me up.**
Lucy	For what?
Joe Jr.	Our date!
Lucy	What date?
Joe Jr.	To the Ice Capades! I had to eat your ticket.
Lucy	I never said I would go on a date with you.

조 주니어: 당신이 나 바람맞혔어.
루시: 뭐가요?
조 주니어: 우리 데이트 말이야!
루시: 무슨 데이트요?
조 주니어: 아이스 쇼가 있다고 했잖아! 내가 당신 표까지 먹었다고.
루시: 전 당신이랑 데이트한다고 한 적 없어요.

런어웨이 브라이드 *Runaway Bride*

신문사 칼럼니스트인 아이크(리차드 기어)는 매번 결혼식장에서 도망가는 신부 매기(줄리아 로버츠)에 관해 취재하다가 점점 그녀와 가까워져 둘은 결혼하기로 합니다. 결혼식 당일 아침, 잔뜩 긴장한 신부 매기를 친구 페기(조안 쿠삭)가 안정시키는 장면입니다.

Maggie	**He's gonna stand me up.**
Peggy	Of course he's gonna come, because today I saw eight geese flying in a "V".
Maggie	You with the lucky geese! You always see geese!

매기: 그가 날 바람맞힐 거야.
페기: 그는 꼭 올 거야, 내가 오늘 거위 8마리가 V자로 나는 걸 봤거든.
매기: 너랑 그 행운의 거위! 넌 항상 거위를 보잖아!

Ice Capades 돌아다니며 공연하는 아이스 쇼
geese goose(거위)의 복수형

unit 060 I had a huge crush on him in high school.
나 고등학교 때 걔 엄청 좋아했었어.

누구나 어릴 때 한 번쯤은 선생님이나 같은 반의 남학생 또는 여학생을 짝사랑해본 경험이 있을 거예요. 그럴 때 쓰는 표현이 have a crush on sb랍니다. 'sb를 좋아하다, 짝사랑하다'란 뜻이에요. 특히 상대방은 눈치채지 못하고 혼자 좋아할 때 많이 쓰죠. 여기서 crush는 이성을 좋아하는 감정을 뜻하는데, 흔히 어릴 때 잘 알지 못하는 이성에 대한 일시적인 감정을 말해요. ex) I had a big crush on her.(나 걔 엄청 좋아했었어.), She has a crush on you.(걔가 너 좋아해.), Who's she got a crush on?(걔가 짝사랑하는 애가 누구야?)

가필드 Garfield

가필드의 주인 존(브레킨 메이어)의 집에 동창생 리즈(제니퍼 러브 휴이트)가 함께 저녁식사를 하려고 찾아옵니다. 약속을 깜박하고 있던 존은 순간 당황하고, 리즈는 존의 이런 모습 때문에 학교 다닐 때 그를 좋아했었다고 얘기하죠.

Liz	It's cute. It's one of the reasons **I had a crush on you in high school.**
Jon	**You had a crush on me?**
Liz	Yeah, I thought you were really cute, decent. Not like all those other jerks.
Jon	I don't believe it. **I had a crush on you, too.**

리즈: 귀여워. 그게 고등학교 때 널 좋아했던 이유 중 하나지.
존: 네가 날 좋아했었다고?
리즈: 응, 난 네가 정말 귀엽고 착하다고 생각했어. 다른 머저리들과 다르게 말이야.
존: 말도 안 돼. 나도 널 좋아했었는데.

플립 Flipped

중학생인 줄리(매들린 캐롤)가 학교 도서관에서 공부하고 있는데, 친구 데이나가 다가와서 말을 겁니다.

Dana	Bryce Loski likes you.
Julie	What?
Dana	**He's got a big crush on you.**
Julie	What are you talking about? **Bryce Loski does not have a crush on me.**
Dana	Oh, yeah? In science, I caught him staring at you. He said it was because there was a bee in your hair. Is that the lamest cover-up or what?

데이나: 브라이스 로스키가 널 좋아해.
줄리: 뭐?
데이나: 걔 너한테 푹 빠졌어.
줄리: 무슨 소리하는 거야? 브라이스 로스키는 나한테 빠지지 않았어.
데이나: 오, 그래? 과학시간에 걔가 널 쳐다보는 걸 봤어. 걘 네 머리에 벌이 있었다고 했지만, 정말 어설픈 핑계 아님 뭐겠어?

lame (변명/해명이) 어설픈, 서투른, 변변찮은
cover-up 핑계, 구실, 은폐

Are you into him?
너 걔한테 관심 있니?

be into ~은 '~에 관심 있다, (좋아하는 것에) 빠지다, 좋아하다'란 뜻이에요. He's not into you.(걔 너한테 관심 없어.)처럼 사람에게 호감이 있다거나 없다고 할 때도 쓰고, I'm so into you.(나 너한테 푹 빠졌어.)처럼 어떤 사람에게 푹 빠졌다고 할 때도 쓰죠. 그리고 I'm really into yoga these days.(나 요즘 요가에 푹 빠졌어.)처럼 스포츠, 일, 취미활동 등 어떤 일에 푹 빠졌다고 할 때도 쓰고, I'm not into that stuff.(나 그런 거에 흥미 없어.)처럼 무엇에 관심과 흥미가 있다거나 없다고 할 때도 씁니다. 베스트셀러이자 영화 제목이기도 한 〈그는 당신에게 반하지 않았다(He's Just Not That Into You)〉에도 이 표현이 사용되었죠.

 나는 조지아의 미친 고양이 *Angus, Thongs and Perfect Snogging*

키스 경험이 없는 여학생 조지아(조지아 그룹)는 그 분야에서 소문난 피터(리암 헤스)를 만나 키스하는 법을 배웁니다. 조지아는 단지 키스하는 법이 궁금해서 그런 것뿐인데 그 뒤로 피터가 계속 조지아를 따라다닙니다.

Georgia	Peter, what are you doing?
Peter	You never called me back.
Georgia	Sorry, I've been really busy studying.
Peter	Listen, **I'm really into you.** I have to kiss you.

조지아: 피터, 뭐 하는 거야?
피터: 네가 내 전화에 답을 안 했잖아.
조지아: 미안, 공부하느라 바빴어.
피터: 이것봐, 나 너한테 푹 빠졌어. 키스해야겠어.

 브링 잇 온 *Bring It On*

고등학교 치어리더 팀의 주장인 토랜스(커스틴 던스트)는 새로 들어온 미시(엘리자 더쉬쿠)와 친해져서 그녀의 집에서 하루 잡니다. 토랜스는 화장실에 가다가 미시의 오빠 클리프(제시 브래포드)가 자기 방에서 방방 뛰며 기타를 연주하는 모습을 보고 웃습니다. 이 장면을 본 미시가 토랜스에게 자기 오빠에게 관심 있냐고 물어보죠.

Torrance	Good night.
Missy	Night.
Missy	**Are you into my brother?**
Torrance	No. I have a boyfriend.

토랜스: 잘자.
미시: 잘자.
미시: 너 우리 오빠한테 관심 있니?
토랜스: 아니. 나 남자친구 있어.

I have a thing for tall guys.
나 키 큰 남자를 특히 좋아해.

have a thing for sb/st 또는 have got a thing for sb/st이라고도 하는데요. 이것의 기본 의미는 'sb/st에 특별한 감정을 가지고 있다'예요. I've got a thing for brunettes.(나 갈색머리 여자를 특히 좋아해.), I have a thing for shoes.(나 신발을 특히 좋아해.)처럼 'sb/st을 특히 좋아하다'란 뜻으로도 쓰이고요. I've always had a thing for you.(나 항상 너한테 마음이 있었어.), She has a thing for Tony.(걔 토니한테 마음 있어.)처럼 'sb에게 마음이 있다'란 뜻으로도 사용합니다.

스타스키와 허치 Starsky & Hutch

형사 스타스키(벤 스틸러)와 허치(오웬 윌슨) 콤비는 수사를 하다가 치어리더 스테이시(카르멘 일렉트라)와 홀리(에이미 스마트)를 만납니다. 두 형사는 이들과 친해지려고 힘을 합쳐 열심히 작업하죠.

Starsky	How we doing?
Hutch	Great. Your fondue put us over the top.
Starsky	Really?
Hutch	Which one do you like? We're gonna stick to this.
Starsky	**I've always had a thing for blondes.**
Hutch	Good. I'll take anything.

스타스키: 어때?
허치: 아주 좋아. 네 퐁듀 덕에 점수를 많이 딴 것 같아.
스타스키: 정말?
허치: 넌 누가 더 좋아? 우리 정하고 넘어가자.
스타스키: 난 항상 금발머리 여자가 특히 좋아.
허치: 좋아. 난 누구라도 괜찮아.

웨딩 싱어 Wedding Singer

웨딩싱어인 로비(아담 샌들러)와 서빙하는 줄리아(드류 베리모어)는 일하다 알게 되어 서로 친하게 지냅니다. 곧 결혼을 앞둔 줄리아와 글렌(매튜 그레이브), 그리고 줄리아의 동료인 홀리(크리스틴 테일러)와 로비 이렇게 네 명은 짝을 맞춰 함께 클럽으로 놀러 갑니다. 로비를 꼬시려던 홀리는 그와 이야기하다 로비가 줄리아에게 마음이 있다는 사실을 알게 됩니다.

Holly	Oh my God.
Robbie	What?
Holly	I can't believe I never noticed it before.
Robbie	What?
Holly	**You've got a thing for Julia.**
Robbie	Oh, no, I don't. I don't. I think she's a very nice girl. But she's marrying that jerk-off.

홀리: 세상에.
로비: 왜?
홀리: 내가 왜 아직 눈치를 못 챘는지 모르겠네.
로비: 뭘?
홀리: 너 줄리아한테 마음이 있구나.
로비: 오, 아니, 아니야, 안 좋아해. 그녀가 아주 괜찮은 여자라고 생각할 뿐이야. 그런데 그런 머저리랑 결혼하겠지.

unit 063 I still have feelings for her.

나 아직도 걔한테 마음 있어.

have feelings for sb를 직역하면 'sb에 대해서 감정을 가지고 있다'인데요. 여기서 감정은 이성을 좋아하는 감정을 말해요. 그래서 보통 'sb를 좋아하다', 'sb에게 마음이 있다'란 의미로 사용하죠. ex) I know you have strong feelings for me.(네가 날 엄청 좋아한다는 거 알아.), I don't have feelings for you.(나 너한테 마음 없어.) 참고로 '옛애인'은 an old flame이라고 해요.

메리에겐 뭔가 특별한 것이 있다 *There's Something About Mary*

테드(벤 스틸러)는 사립탐정 팻(맷 딜런)에게 자신의 첫사랑 메리(카메론 디아즈)를 찾아달라고 부탁합니다. 근데 매력적인 메리를 보고 반한 팻은 테드에게 거짓말을 합니다. 지금의 메리는 너무 뚱뚱하고 못생겨졌으니 만나지 않는 게 좋다고 말이죠. 하지만 테드는 그래도 괜찮으니 만나고 싶다고 얘기합니다.

Ted I know this doesn't make sense to you, but I can't just turn it off that fast. I guess **I still have feelings for her.**

Pat This girl really means something to you, huh? All right. Tell you what. I'll get you her number as soon as she gets back from Japan.

테드: 당신은 이해 못하겠지만 난 그렇게 금방 포기할 수 없어요. 아직도 그녀를 좋아하는 것 같아요.
팻: 그녀가 당신에게 정말로 특별한 모양이네요. 좋아요. 그럼 그녀가 일본에서 돌아오는 대로 번호를 알려줄게요.

나쵸 리브레 *Nacho Libre*

수도원에서 요리를 담당하는 젊은 수도사 나쵸(잭 블랙)는 수도원 고아들의 새 선생님으로 온 예쁜 수녀 엔카르나시온(안나 데 라 레구에라)을 좋아합니다. 나쵸는 함께 프로 레슬링을 하는 에스퀘리토(헥터 지메네즈)에게 이 고민을 얘기합니다.

Nacho **Have you ever had feelings for a nun?**

Esqueleto No way.

Nacho There is this nun. I just wish I could take off this robe so she could see how strong I am.

Esqueleto Well, bring her to our next wrestling match.

Nacho Yeah, right. Then I'll get kicked out of the monastery.

나쵸: 너 수녀를 좋아해본 적 있어?
에스퀘리토: 없어.
나쵸: 한 수녀님이 있는데, 이 예복을 벗어 던지고 그녀에게 내가 얼마나 강한지 보여주고 싶어.
에스퀘리토: 그럼 우리 다음 경기에 그녀를 데려와.
나쵸: 그래, 맞아. 그럼 난 수도원에서 쫓겨나겠지.

nun 수녀
robe 예복, 대례복
monastery 수도원

She fell for a younger man.
걔 연하남한테 빠졌어.

우리는 어떤 사람을 갑자기 좋아하게 될 때 '~에게 빠지다'라고 하잖아요. 영어로도 똑같이 fall for sb라고 한답니다. 'sb에게 빠지다'라는 뜻이죠. ex) I always fall for the wrong guys.(난 항상 옳지 않은 남자한테 빠져.), Don't fall for a guy at work.(직장 남자에게 빠지지 마.), You fell for her, didn't you?(너 걔한테 빠졌지?) 비슷한 표현으로 'sb와 사랑에 빠지다'란 뜻의 fall in love with sb가 있어요.

로맨틱 홀리데이 *The Holiday*

마일스(잭 블랙)는 일 때문에 열흘 동안 다른 도시에 있을 거라던 여자친구가 웬 남자와 사이좋게 팔짱을 끼고 걸어가는 모습을 보고 큰 충격을 받습니다. 함께 있던 아이리스(케이트 윈슬렛)가 마일스를 위로해줍니다.

Miles	**Why do I always fall for the bad girl?**
Iris	You didn't know she was a bad girl.
Miles	I knew she wasn't good.

마일스: 난 왜 항상 나쁜 여자한테 빠질까?
아이리스: 나쁜 여자인지 몰랐잖아요.
마일스: 착하지 않다는 건 알았죠.

내가 널 사랑할 수 없는 10가지 이유 *10 Things I Hate About You*

같은 학교에 다니는 조이(앤드류 키건)로부터 돈을 받고 캣(줄리아 스타일즈)과 데이트한 패트릭(히스 레저)은 점점 캣을 정말로 좋아하게 됩니다. 하지만 캣이 이 사실을 알고 큰 상처를 받죠. 패트릭은 돈을 받은 건 사실이지만 자기의 마음은 진심이었다고 캣에게 사과하고 화해합니다.

Patrick	Nice, huh?
Kat	A Fender Strat? Is it for me?
Patrick	Yeah, I thought you could use it, you know, when you start your band. Besides, I had some extra cash, you know. Some asshole paid me to take out this really great girl.
Kat	Is that right?
Patrick	Yeah, but I screwed up. I, um… **I fell for her.**

패트릭: 멋지지?
캣: 펜더 스트랫 전자기타? 날 주는 거야?
패트릭: 응, 너 밴드 시작할 때 쓰면 되잖아. 그리고 내가 돈이 좀 생겼거든. 어떤 머저리가 멋진 여자랑 데이트하라고 돈을 줬어.
캣: 그래?
패트릭: 응, 근데 망쳤어. 내가, 음… 걔한테 빠져버렸거든.

screw (st) up (st을) 망치다

빈칸에 어울리는 영어문장을 말하고 적어보세요.

1 1) 너 사귀는 사람 있어?
    2) 나 지금 만나는 사람 있어.

2 1) 그녀와 사귄 지 얼마나 됐어?
    2) 너희들 사귄 지 얼마나 됐어?

3 1) 나랑 데이트할래?
    2) 너랑 데이트할 수 없어.
    3) 아무도 그녀랑 데이트하지 않을 거야.
    4) 그녀는 절대 나랑 데이트하지 않을 거야.

4 1) 그가 나에게 데이트 신청했어.
    2) 그녀에게 데이트 신청했니?
    3) 그녀에게 데이트 신청하는 게 어때?
    4) 그냥 그녀에게 데이트 신청해.
    5) 그녀에게 데이트 신청할 거야.

5 1) 제가 저녁 살게요.
    2) 아빠가 영화 보여줬어.
    3) 사장님이 우리한테 점심 사주셨어.
    4) 그녀를 데리고 저녁 먹으러 갈 거야.

6 1) 나 그와 헤어졌어.
    2) 우리 헤어지는 게 좋겠다.
    3) 그가 나와 헤어졌어.
    4) 우리 헤어졌어.

7 1) 그녀가 날 찼어.
　　2) 나 걔 차버렸어.
　　3) 나 차였어.
　　4) 그가 에이미 때문에 날 찼어.

8 1) 그녀가 날 바람맞혔어.
　　2) 나 바람맞히지 마.
　　3) 그를 바람맞혔어.
　　4) 나 바람맞았어.

9 1) 나 고등학교 때 걔 엄청 좋아했었어.
　　2) 네가 날 좋아했었다고?
　　3) 걔가 너 좋아해.

10 1) 너 그에게 관심 있니?
　　2) 그는 너한테 관심 없어.
　　3) 나 너한테 푹 빠졌어.
　　4) 나 요즘 요가에 푹 빠졌어.

11 1) 나 키 큰 남자를 특히 좋아해.
　　2) 나 갈색머리 여자를 특히 좋아해.
　　3) 나 신발을 특히 좋아해.
　　4) 나 항상 너한테 마음이 있었어.
　　5) 걔 토니한테 마음 있어.

12 1) 나 아직도 그녀에게 마음 있어.
　　2) 네가 날 엄청 좋아한다는 거 알아.
　　3) 나 너한테 마음 없어.

13 1) 걔 연하남한테 빠졌어.

2) 난 항상 옳지 않은 남자한테 빠져.

3) 난 왜 항상 나쁜 여자한테 빠질까?

4) 직장 남자에게 빠지지 마.

5) 너 그녀에게 빠졌지, 맞지?

Answers

1 1) Are you seeing anyone? 2) I'm seeing somebody now. **2** 1) How long have you been seeing her? 2) How long have you guys[two] been seeing each other? **3** 1) Will you go out with me? 2) I can't go out with you. 3) No one will go out with her. 4) She'd never go out with me. **4** 1) He asked me out. 2) Did you ask her out? 3) Why don't you ask her out? 4) Just ask her out. 5) I'm gonna ask her out. **5** 1) Let me take you out for dinner. 2) My dad took out to the movies. 3) Our boss took us out for lunch. 4) I'm taking her out to dinner. **6** 1) I broke up with him. 2) I think we should break up. 3) He broke up with me. 4) We broke up. **7** 1) She dumped me. 2) I dumped him[her]. 3) I got dumped. 4) He dumped me for Amy. **8** 1) She stood me. 2) Don't stand me up. 3) I stood him up. 4) I've been stood up. **9** 1) I had a huge crush on him[her] in high school. 2) You had a crush on me? 3) She has a crush on you.[=He's got a crush on you.] **10** 1) Are you into him? 2) He's not into you. 3) I'm so into you. 4) I'm really into yoga these days. **11** 1) I have a thing for tall guys. 2) I've got a thing for brunettes. 3) I have a thing for shoes. 4) I've always had a thing for you. **5)** She has a thing for Tony. **12** 1) I still have feelings for her. 2) I know you have strong feelings for me. 3) I don't have feelings for you. **13** 1) She fell for a younger man. 2) I always fall for the wrong guys. 3) Why do I always fall for the bad girl? 4) Don't fall for a guy at work. 5) You fell for her, didn't you?

Chapter 7

사 랑 , 섹 스

Quiz 내가 영어로 할 수 있는 말은?

1 나한테 작업 거는 거예요? _____ (hit)
2 나 걔랑 키스했어.(진한 스킨십) _____ (make)
3 너 걔랑 했냐? _____ (bang)
4 넌 섹스가 필요해. _____ (lay)
5 나 직장 상사랑 잤어. _____ (shag)
6 그가 바람피웠어. _____ (cheat)
7 걔가 양다리 걸치고 있었어. _____ (time)
8 너 걔 임신시켰니? _____ (knock)
9 네가 넘볼 여자가 아니야. 네가 못 오를 나무야.
   _____ (league)
10 언니가 날 그와 엮어줬어. _____ (set)
11 너 프러포즈 했니? _____ (pop)
12 첫눈에 사랑에 빠졌어. _____ (sight)
13 우린 서로 어울리는 짝이야. _____ (belong)
14 우린 천생연분이야. _____ (make)

Answers

1 Are you hitting on me? 2 I made out with her[him]. 3 Did you bang her? 4 You need to get laid.
5 I've shagged my boss. 6 He cheated on me. 7 He[She] was two-timing me. 8 Did you knock her up? 9 She's out of your league. 10 My sister set me up with him. 11 Did you pop the question?
12 It was love at first sight. 13 We belong together. 14 We are made for each other.

Are you hitting on me?
나한테 작업 거는 거예요?

상대방이 달콤한 이야기로 나를 꼬시려 할 때, 괜히 삐딱한 말이나 행동으로 관심을 끌려고 할 때, 끈적한 눈빛이나 행동으로 꼬리칠 때 우린 "나한테 작업 거는 거예요?"라고 말하잖아요. 영어로는 Are you hitting on me?라고 해요. hit on sb는 'sb에게 작업걸다'란 뜻이거든요. ex) Did anybody hit on you?(너한테 작업 건 사람 없었어?), Some guy hit on me at the bar.(바에서 어떤 남자가 나한테 작업 걸었어.), Stop hitting on my sister.(내 동생한테 작업 그만해.)

scene 1 양들의 침묵 *The Silence of the Lambs*

FBI 아카데미의 유능한 학생 클라리스 스털링(조디 포스터)은 상사의 명령으로 살인사건을 추적하던 중, 시체의 입 안에서 누에고치를 발견합니다. 클라리스는 누에고치를 가지고 곤충 전문가를 찾아가죠. 전문가 중 한 명이 누에고치를 확인하고 있을 때 다른 한 명이 느끼한 눈으로 클라리스를 쳐다보며 말을 겁니다.

Pilcher	What do you do when you're not detecting, Agent Starling?
Starling	I try to be a student, Dr. Pilcher.
Pilcher	Ever go out for cheeseburgers and beer? The amusing house wine?
Starling	**Are you hitting on me, Doctor?**
Pilcher	Yes.

필처: 수사하지 않을 때는 뭐해요, 스털링 요원?
스털링: 전 아직 학생이에요, 필처 박사님.
필처: 치즈버거랑 맥주도 먹으러 가고 그래요? 맛있는 하우스 와인이라든지?
스털링: 저한테 작업 거는 건가요, 박사님?
필처: 네.

scene 2 크레이지, 스투피드, 러브 *Crazy, Stupid, Love.*

바람둥이 제이콥(라이언 고슬링)은 아내가 바람난 칼(스티브 카렐)에게 멋있게 옷 입는 법과 여자 낚는 법을 알려줍니다. 그리고 칼이 준비가 되었다고 생각한 제이콥은 바에서 여자를 가리키며 칼에게 실력을 보여달라고 하죠.

Jacob	You see this lady over here at 9 o'clock?
Cal	**You want me to hit on her?**
Jacob	No, **I wanna hit on her.** The one behind her.
Cal	Oh.
Jacob	She's a total fox, right?
Cal	Mm-hm.

제이콥: 9시 방향에 있는 여자 보이죠?
칼: 나보고 저 여자한테 작업 걸라고?
제이콥: 아니, 그 여자는 내가 작업할 거예요. 그 뒤에 있는 여자 말이에요.
칼: 아.
제이콥: 정말 매력적이죠?
칼: 그렇군.

fox 섹시하고 매력적인 사람(여자와 남자에게 모두 사용 가능)

I made out with her.
나 걔랑 키스했어.(진한 스킨십)

뽀뽀보다 더 진한 게 키스라면 키스보다 더 진한 것은 making out이에요. make out은 서로 껴안고 어루만지며 아주 오랫동안 진하게 키스하는 것을 의미해요. 키스가 남들이 보는 데서도 할 수 있는 수준의 스킨십이라면, making out은 주로 단둘이 있을 때 하죠. 하지만 클럽이나 공원 같은 데서 남의 시선을 의식하지 않고 하는 사람도 있긴 해요. 이것을 한마디로 표현하는 우리말이 없기 때문에 그냥 '키스하다'로 해석하는 경우가 많아요. ex) I saw them making out.(걔들이 키스하는 거 봤어.), She made out with your boyfriend.(걔가 네 남자친구와 키스했어.), You made out with him?(너 그와 키스했니?), We made out in the car.(우리 차 안에서 키스했어.)

우리 방금 결혼했어요 *Just Married*

만나자마자 바로 사랑에 빠진 톰(애쉬튼 커처)과 사라(브리트니 머피)는 결혼해서 유럽으로 신혼여행을 갑니다. 알프스에서 차를 몰고 가던 이들은 차가 고장나는 바람에 차 안에서 하룻밤을 보냅니다.

Tom	Are you gonna hate me forever?
Sarah	Mmm… I don't know. Hm… **Wanna get drunk and make out?**
Tom	Well, that's not gonna get me drunk, but **we could make out.**

톰: 너 계속 삐져 있을 거야?
사라: 글쎄… 모르겠어. 흠… 우리 술 마시고 키스나 할까?
톰: 그걸로는 간에 기별도 안 오겠다. 하지만 키스는 할 수 있지.

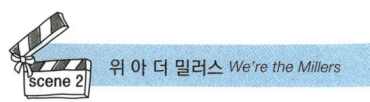

위 아 더 밀러스 *We're the Millers*

멜리사(몰리 C. 퀸)는 케니(윌 폴터)에게 호감이 있었는데 그가 여동생 케이시(엠마 로버츠), 엄마 로즈(제니퍼 애니스톤)와 번갈아가며 키스하는 것을 보고 큰 충격을 받습니다. 그래서 엄마 에디(캐서린 한)에게 이 얘길 합니다. 근데 케니의 가족은 사실 마약 밀수를 위해 만들어진 가짜 가족이고, 그들이 키스한 것은 경험 없는 케니에게 키스하는 법을 알려주기 위한 거였죠. 케니도 멜리사를 좋아하기 때문에 사실을 폭로하지만 가짜 가족들이 그의 말을 막습니다.

Melissa Look, last night, **I saw Kenny making out with his sister and mother** while their dad watched.

Edie What? Oh, my…!

Kenny That's not the truth, okay? Rose isn't even my mom, Casey isn't my real sister. We're not a real family.

David Sorry, he's been drinking. It's impossible to understand. He's being ridiculous.

Kenny David hired us to help him smuggle drugs across the border.

멜리사: 저기, 나 어젯밤 케니가 여동생과 엄마와 키스하는 걸 봤어. 걔 아빠는 앞에서 지켜보고.
에디: 뭐라고? 세상에…!
케니: 그건 사실이 아니야. 로즈는 우리 엄마가 아니고, 케이시도 내 여동생이 아니야. 우린 진짜 가족이 아니야.
데이빗: 죄송해요. 얘가 술을 좀 마셨어요. 말도 안 되는 얘기죠. 터무니없는 소리 하네요.
케니: 데이빗이 마약을 가지고 국경을 넘으려고 우릴 고용한 거야.

smuggle 밀수하다
border 국경

Did you bang her?
너 걔랑 했냐?

bang은 원래 '(쾅 하고) 치다'라는 뜻이지만 bang sb는 'sb와 섹스하다'란 뜻으로 쓰여요. 좀 저속한 의미의 속어이기 때문에, 상황에 따라 'x치다', 'x먹다', '박다' 등으로 해석할 수 있죠. ex) Did you bang her?(너 걔랑 했냐?), I banged her.(나 걔랑 했어.), He banged his secretary.(그가 비서랑 했어.) 예전에 많이 쓰던 표현이긴 하지만 요즘도 쓰는 사람이 많답니다.

크레이지, 스투피드, 러브 Crazy, Stupid, Love.

법대 학생인 해나(엠마 스톤)가 사법고시에 합격하고 친구들과 축하하는 자리에서 해나는 자기에게 프러포즈할 줄 알았던 남자로부터 프러포즈가 아니라 자신의 법률사무소에서 함께 일하자는 얘기를 듣습니다. 크게 실망한 해나는 그곳에 있던 술을 원샷하고 나와, 얼마 전 바에서 자기에게 작업걸었던 남자인 제이콥(라이언 고슬링)을 찾아갑니다.

Hannah	**I am here to bang the hot guy** that hit on me at the bar.
Jacob	Jacob.
Hannah	Jacob.
Jacob	Are people still saying "bang"?
Hannah	I do. **We are gonna bang.** Hmm? This is happening.

해나: 나 바에서 나한테 작업걸었던 섹시한 남자와 박으러 왔어.
제이콥: 제이콥이야.
해나: 제이콥.
제이콥: 요즘도 '박는다'는 말을 써?
해나: 난 써. 우리 박을 거야. 그렇지? 이런 일이 일어나는구나.

내겐 너무 아찔한 그녀 The Girl Next Door

고등학생 매튜(에밀 허쉬)는 옆집에 잠시 온 다니엘(엘리샤 커스버트)을 보고 첫눈에 반하고, 다니엘도 순진한 매튜가 마음에 들어 둘은 친해집니다. 근데 친구 일라이가 그녀가 포르노 배우라는 사실을 알고 매튜에게 비디오를 보여주죠. 모범생인 매튜는 큰 충격에 빠져 비디오를 보다 말고 밖으로 나가버립니다.

Matthew	It's not funny. Seriously, get away from me.
Eli	Dude, don't mess this up.
Matthew	Mess what up?
Eli	Matt, she's a porn star, okay? Take her to a motel room and **bang her like a beast.**
Matthew	Eli, I like this girl.

매튜: 장난아냐. 심각하니까 날 혼자 내버려 둬.
일라이: 친구야, 일을 망치지마.
매튜: 뭘 망쳐?
일라이: 맷(매튜의 애칭), 걔는 포르노 배우야, 알겠니? 모텔로 데려가서 야수처럼 덮쳐버려.
매튜: 일라이, 난 걔를 정말 좋아해.

You need to get laid.
넌 섹스가 필요해.

주변에 일이나 공부만 하며 연애세포가 말라버렸거나 욕구불만으로 맨날 짜증내는 친구가 있다면 You need to get laid.라고 해주세요. laid는 '놓다'라는 뜻 lay의 과거형인데요. get laid는 '섹스하다'란 뜻으로 사용합니다. ex) Did you get laid?(너 섹스했니?), I wanna get laid.(나 섹스하고 싶어.), I'm gonna get laid tonight.(나 오늘밤에 섹스할 거야.), He needs to get laid.(걔는 섹스가 필요해.), How to get laid(섹스할 수 있는 방법)

친구와 연인사이 *No Strings Attached*

레지던트인 엠마(나탈리 포트만)와 동료 쉬라(민디 캘링)가 함께 저녁에 갈 크리스마스 파티에 관해 얘기하는 장면입니다.

Shira　Okay. Yes, good. **We are getting laid tonight**, right? This is gonna be like *Sideways*, except that you're Paul Giamatti, and **I'm the guy that gets laid**.

Emma　**I can't get laid?**

Shira　No. Tonight is about me, Emma. All right? I'm feeling hot. I'm feeling good. I am wearing bikini bottoms because my other underwear is dirty. All right, we're hot. You feel hot?

쉬라: 알았어. 그래, 좋아. 우리 오늘밤에 섹스하는 거야, 맞지? 영화 <사이드웨이>처럼 될 거야. 네가 폴 지아마티고, 내가 섹스하는 남자라는 것만 빼고.
엠마: 나는 못하는 거야?
쉬라: 응. 오늘밤은 날 위한 거야, 엠마. 알겠지? 나 아주 흥분돼. 느낌이 좋아. 나 속옷이 더러워서 지금 밑에 비키니 입고 있어. 좋아. 우린 섹시해. 너도 느껴지니?

황당한 외계인: 폴 *Paul*

외계인 오타쿠인 그림(사이먼 페그)과 클리브(닉 프로스트)는 코믹콘 행사 관람 후 외계인 출몰지역에 갔다가 진짜 외계인 폴을 만납니다. 영화 속 외계인과 달리 지구인처럼 음담패설을 입에 달고 사는 폴은 이들과 금방 친해지죠.

Paul　Let's lighten the mood, shall we? Clive, **when did you last get laid?**

Clive　Oh, Mmm. Collectormania, London, '08. Ewok chick.

Paul　Clive likes boning space bears!

Clive　Shut up!

Paul　No, but seriously, be honest with me. What was it like?

Clive　Well, she was furry nice.

폴: 분위기 좀 바꿔볼까? 클리브, 너 마지막으로 섹스한 게 언제야?
클리브: 오, 그게. 2008년 런던 콜렉터매니아 행사에서. 이웍 코스프레를 한 애였어.
폴: 클리브는 우주 곰과 하는 걸 좋아한대!
클리브: 닥쳐!
폴: 아니, 정말로. 어땠어?
클리브: 복실복실하게 끝내줬지.

ewok 스타워즈에 나오는 곰처럼 생긴 외계인
bone '섹스하다'의 속어
furry 털로 덮인

unit 069 I've shagged my boss.
나 직장 상사랑 잤어.

영국에서는 '섹스하다'는 의미로 bang이나 get laid 대신에 shag이란 단어를 많이 써요. 영국 영화를 보면 shag이 빠지지 않고 나오는데, 영국이 미국보다 훨씬 더 개방적이어서 그런 것 같아요. 영국 친구들을 보면 정말 영국 드라마 〈스킨스(Skins)〉처럼 심하게 노는 애들이 많거든요. 참고로 shag sb는 'sb와 섹스하다'란 뜻이고, 그냥 shag은 '섹스'라는 명사로 사용됩니다. ex) I don't wanna shag her.(걔랑 하고 싶지 않아.), Nobody's gonna shag you.(아무도 너와 하려고 안 할 거야.), She's shagging him.(쟤들 섹스하는 사이야.), He was the best shag I've ever had.(그와의 섹스가 제일 좋았어.)

scene 1 브리짓 존스의 일기 *Bridget Jones's Diary*

출판사에서 근무하던 브리짓(르네 젤위거)은 자신의 상사 다니엘(휴 그랜트)과 연애하다가 그가 바람둥이라는 사실을 알고 회사를 그만두기로 합니다. 그리고 새 직장을 구하기 위해 여러 회사에서 면접을 보죠.

Richard	So, why do you want to work in television?
Bridget	I've got to leave my current job, because **I've shagged my boss.**
Richard	Fair enough. Start on Monday! We'll see how we go. And, incidentally… at *Sit Up Britain*, **no one ever gets sacked for shagging the boss.**

리차드: 왜 방송국에서 일하길 원하죠?
브리짓: 상사와 잠을 자서 현재 직장을 그만둬야 해요.
리차드: 좋아요. 월요일부터 시작하세요! 같이 한번 해봅시다. 그리고 여담이지만… 우리 '싯업 브리튼'에서는 아무도 상사와 잔다고 쫓겨나지 않아요.

scene 2 러브 액츄얼리 *Love Actually*

왕년의 인기가수 빌리(빌 나이)가 크리스마스 시즌에 맞춰 오랜만에 신곡을 발표하고 앨범 홍보를 위해 라디오에 출연합니다.

Billy	Ask me anything you like, I'll tell you the truth.
DJ	Uh, **best shag you ever had?**
Billy	Britney Spears.
DJ	Wow.
Billy	No only kidding. She was rubbish.

빌리: 뭐든지 물어보쇼, 사실대로 말할 테니.
DJ: 어, 지금까지 최고의 섹스는?
빌리: 브리트니 스피어스.
DJ: 와우.
빌리: 농담이야. 걔는 형편없었어.

fair enough 좋아(상대방의 말이나 제안에 수긍하고 동의하는 표현)
sack 자르다, 해고하다(영국 구어체 표현)
rubbish 쓰레기, 형편없는 것

He cheated on me.
그가 바람피웠어.

cheat은 '속이다'란 뜻인데요. 사랑하는 사람을 속이면 '바람피우다'가 되고, 교실에서 속이면 '컨닝하다'가 됩니다. cheat on sb 형태로 '(sb 몰래) 바람피우다'란 뜻으로 사용해요. 그리고 cheat on sb^1 with sb^{2}라고 하면 'sb^{1}을 두고 sb^{2}와 바람피우다'란 뜻이 됩니다. ex) Have you ever cheated on your wife?(아내를 두고 바람피운 적 있나요?), I have cheated on my husband.(나 남편 몰래 바람피웠어.), I never cheated on you.(나 절대 바람피우지 않았어.), I cheated on my history exam.(나 국사시험에서 컨닝했어.)

서약 *The Vow*

교통사고로 최근 기억을 잃어버린 페이지(레이첼 맥아담스)는 마침내 자신이 왜 가족을 떠나게 되었는지 알게 됩니다. 아버지가 자기 친구와 바람피웠기 때문이죠. 페이지는 엄마에게 어떻게 아직도 아빠와 함께 살 수 있냐고 따집니다.

Paige	**He cheated on you with my friend!** How could you stay with him?
Rita	I was going to leave. I was. I was all ready to leave. And then, one afternoon, I was all alone in the house, and I started looking at all the photographs of you and your sister. And the house seemed so full of all of us. We were a family, Paige. And I realized in that moment that… that was the most important thing in the world for me. And I couldn't, I couldn't, I could not go.

페이지: 아빠가 내 친구와 바람을 폈는데! 엄마는 어떻게 아빠랑 같이 살 수 있어?
리타: 나도 헤어지려고 했어. 정말이야. 떠나려고 다 준비했었어. 그러다가 어느 오후, 집에 혼자 있으면서 너와 네 동생 사진들을 보기 시작했지. 그러자 집 안이 온통 우리들의 추억으로 가득했어. 우리 가족이 보였어, 페이지. 그리고 그 순간에 깨달았다… 나에게 가족보다 소중한 게 없다는 걸. 난 도저히, 도저히 떠날 수가 없었어.

저스트 고 위드 잇 *Just Go with It*

성형외과 의사인 대니(아담 샌들러)는 바람둥이 여자에게 호되게 당한 후, 결혼을 기피하고 유부남 행세를 하며 연애만 합니다. 그러다가 수학교사 팔머(브룩클린 데커)를 만나 정말로 좋아하게 되죠. 근데 팔머는 대니의 바지 주머니에서 가짜 결혼반지를 발견하고는 그가 자신을 속였다고 오해하게 됩니다. 대니가 학교로 찾아가 팔머에게 설명하는 장면입니다.

Palmer	I told you I didn't want to see you.
Danny	I just want to explain something to you.
Palmer	Let me explain something to you. I do not date married man. **My father cheated on my mom when I was young.** I am not going to be the other woman!

팔머: 당신 보고 싶지 않다고 했잖아요.
대니: 내가 다 설명할게요.
팔머: 내가 설명하죠. 난 유부남과 데이트 안 해요. 내가 어릴 때, 우리 아빠도 바람을 피웠어요. 난 또 다른 불륜녀가 되지 않을 거예요!

He was two-timing me.
걔가 양다리 걸치고 있었어.

two-time은 속어로 '양다리 걸치다'란 뜻의 동사예요. 애인이 있는 사람이 동시에 다른 사람과 관계를 갖는 것을 의미하죠. 그래서 He was two-timing me. 또는 He's been two-timing me.라고 하면 "그가 양다리 걸치고 있었어."란 말이 됩니다. ex) I found out she was two-timing me.(그녀가 양다리 걸친 걸 알았어.), Are you two-timing me?(너 양다리 걸친 거야?), I'll kill you if you ever two-time me.(너 양다리 걸치면 죽을 줄 알아.) 참고로 '바람둥이'는 player 또는 womanizer라고 해요.

나는 조지아의 미친 고양이 *Angus, Thongs and Perfect Snogging*

여고생 조지아(조지아 그룸)는 런던에서 이사 온 로비(애런 존슨)에게 첫눈에 반하지만, 로비에게는 이미 여자친구가 있습니다. 그래도 조지아는 로비와 친해져서 키스까지 하게 되는데 그 뒤로 연락이 없자, 로비의 질투심을 유발하기 위해 데이브(토미 바스토우)와 함께 밴드 공연을 보러 갑니다. 근데 자신이 이용당했다는 얘기를 들은 데이브는 이 사실을 로비에게 말하고, 로비는 조지아를 찾아와서 어떻게 자기 친구를 이용할 수 있냐고 따집니다.

Georgia I didn't mean to use him. You never called me when you said you would.
Robbie I handled it really badly, I know. But **I didn't want to two-time anyone.** Or hurt anybody's feelings.
Georgia So, you were thinking of breaking up with Lindsay, and then you were going to call me?
Robbie Yeah.

조지아: 걔를 이용하려던 건 아니었어. 네가 나한테 전화한다고 하고선 그 뒤로 연락 안 했잖아.
로비: 내가 처신을 잘못했다는 건 나도 알아. 하지만 양다리 걸치거나 한쪽에게 상처 주고 싶지 않았어.
조지아: 그러니까 네 말은 린지와 헤어진 후 나에게 전화할 생각이었다는 거야?
로비: 그래.

당신이 잠든 사이에 *While You Were Sleeping*

열차 매표소에서 일하는 루시(산드라 블록)는 피터(피터 갤러거)라는 남자를 짝사랑하는데, 같은 건물에 사는 조 주니어가 귀찮게 자꾸 그녀를 따라다닙니다. 조 주니어가 집에 찾아와서 옥신각신하고 있을 때, 피터의 대부인 사울이 루시를 찾아옵니다. 루시는 급한 마음에 조 주니어를 옷장 안에 숨기죠.

Lucy Who is it?
Saul Lucy, it's Saul.
Lucy Oh my God.
Joe Jr. What, **are you two-timing** Joe Jr.?
Lucy **I'm not two-timing.** I never one-timed.

루시: 누구세요?
사울: 루시, 나 사울이에요.
루시: 맙소사.
조 주니어: 뭐야, 양다리 걸친 거야?
루시: 양다리는커녕 한 다리도 걸치지 않았어.

Did you knock her up?
너 걔 임신시켰니?

knock sb up은 'sb를 임신시키다'란 뜻의 속어예요. 그리고 get knocked up by sb라고 하면 'sb의 아이를 임신하다'란 뜻이 되고요. 세스 로건과 캐서린 헤이글이 나왔던 〈사고친 후에(Knocked Up)〉란 제목의 영화도 있었죠. ex) She's knocked up.(걔 임신했어.), Who knocked up Miley?(누가 마일리를 임신시켰어?), Kim got knocked up by Kanye.(킴이 카니예의 아이를 가졌어.)

맘마미아! *Mamma Mia!*

그리스의 작은 섬에 사는 소피(아만다 사이프리드)가 자신의 결혼식에 참석하기 위해 찾아온 친구 알리(애슐리 릴레이)와 리사(레이첼 맥도웰)를 만나 반가워하는 장면입니다.

Sophie	I'm getting married tomorrow. I'm so glad you're here, because I have a secret and I can't tell anybody else.
Ali	Sophie, **you're knocked up?**
Sophie	No! No! No! I've invited my dad to my wedding.
Lisa	You are joking!
Ali	You found him at last?
Sophie	No! No, no, no, no, no, not exactly.

소피: 나 내일 결혼해. 너희들이 와줘서 너무 기뻐. 아무한테도 얘기 못 한 비밀이 있거든.
알리: 소피, 너 임신한 거야?
소피: 아니! 아니야! 아빠를 내 결혼식에 초대했어.
리사: 말도 안 돼!
알리: 드디어 아빠를 찾은 거야?
소피: 아니! 아냐, 그런 건 아니야.

매치 포인트 *Match Point*

가난한 테니스 강사 크리스(조나단 리스 아이어스)는 부잣집 딸 클로이(에밀리 모티머)와 결혼하지만, 처남의 여자친구인 노라(스칼렛 요한슨)와 몰래 만납니다. 처남은 딴 여자가 생겨 노라와 헤어지지만, 이번엔 노라가 크리스의 아이를 임신하게 되죠. 자기가 진심으로 사랑하는 사람은 노라라고 생각했지만, 부와 지위를 잃는 게 두려운 크리스는 노라가 점점 걸림돌처럼 느껴집니다.

Chris	How the hell did you get pregnant?
Nola	I told you, that weekend last month, that we needed to be careful and I didn't have protection, but you couldn't wait.
Chris	What unbelievable bad luck! Christ, I can't get my wife pregnant no matter how hard I try, and the minute you're unprotected **I knock you up.**
Nola	It's 'cause you love me, and you don't love her.

크리스: 너 어떻게 임신할 수가 있어?
노라: 저번 달 주말에 내가 조심해야 된다고 했는데 네가 막무가내였잖아.
크리스: 무슨 날벼락이람! 빌어먹을, 마누라는 아무리 애써도 안 되는데, 너는 한 번에 바로 임신이라니.
노라: 네가 나만 사랑하고 아내를 외면하니까.

unit 073 She's out of your league.

네가 넘볼 여자가 아니야. 네가 못 오를 나무야.

out of sb's league는 'sb에게 과분한', 'sb의 능력 이상인'이란 뜻인데요. 평범한 친구가 재벌이나 연예인 같은 사람과 사귀려고 할 때 He's out of your league.라고 하면 "네가 넘볼 남자가 아니야.", "네가 못 오를 나무야."란 뜻이 됩니다. She's out of my league.라고 하면 "그녀는 내게 너무 과분한 여자야.", "그녀는 내 능력 밖이야."란 뜻이 되고요. 그리고 out of sb's league는 '어떤 상황이 sb에게 어울리지 않는다'란 뜻도 있는데요. 어떤 상황이나 분위기가 자신과 어울리지 않을 때는 그곳을 벗어나고 싶다는 뜻으로 I'm out of my league here.라고 해요. "나 이곳과 어울리지 않아.", "나 이런 거 적응 안 돼."란 뜻이에요.

scene 1 왓 어 걸 원츠 *What a Girl Wants*

음악을 하는 이안(올리버 제임스)이 귀족 집안의 데프니(아만다 바인즈)와 다정하게 대화하자, 또 다른 귀족 출신 아미가 이안에게 한소리 합니다.

Armi	Stay away from her, peasant. **She's out of your league.**
Ian	What's the matter, Armi? Thought our competition ended in lower school. Are you afraid she might prefer musicians to Cambridge boys?
Armi	No. Breeding always wins out in the end.

아미: 그녀한테서 떨어져, 촌닭. 네가 넘볼 애가 아니야.
이안: 뭐가 문제야, 아미? 우리 경쟁은 중고등학교 때 끝난 줄 알았더니. 쟤가 명문대 학생보다 딴따라를 좋아할까봐 두려운 거야?
아미: 아니, 혈통 있는 집안이 마지막에 항상 이기게 되어 있어.

scene 2 나의 특별한 사랑 이야기 *Definitely, Maybe*

내기에 진 윌(라이언 레이놀즈)이 에이프릴(라일라 피셔)에게 돈을 주려고 하자, 에이프릴은 됐다며 대신 파티에 함께 가자고 합니다. 윌은 그녀를 따라 파티에 가는데, 그곳에는 히피와 예술가처럼 보이는 사람들밖에 없자 반듯한 스타일의 윌은 조금 당황합니다.

April	You can take me to this party I have to go to, because there's no way I can face going alone.
Will	Whoa. **I think I'm a little out of my league here.**
April	Yes, you are.

에이프릴: 가야 하는 파티가 있는데 거기 함께 가요. 혼자 가기엔 좀 그렇거든요.
윌: 어휴. 여기 나랑은 좀 안 어울리는 것 같은데.
에이프릴: 네, 그렇죠.

peasant 소작농, 촌뜨기

My sister set me up with him.
언니가 날 그와 엮어줬어.

영어로 '소개팅'은 blind date라고 하지만, '소개팅을 시켜주다'라는 표현은 잘 쓰지 않아요. 보통 '~와 엮어주다', '~와 연결해주다'라고 얘기하죠. 여기에 해당하는 표현이 set sb¹ up with sb² 와 fix sb¹ up with sb²랍니다. ex) I'm gonna set you up with my friend.(너에게 내 친구 소개해줄게.) Are you trying to set me up with him?(너 지금 나랑 그 사람 엮어주려는 거야?), You want me to set you up with someone?(너 내가 한 명 소개해줄까?), She's trying to fix me up with a divorcee.(걔가 날 이혼녀랑 엮어주려고 해.)

저스트 라이크 헤븐 Just Like Heaven

병원에서 교통사고로 혼수상태에 빠진 엘리자베스(리즈 위더스푼)의 생명연장장치를 끄려고 하자, 그녀를 좋아하는 데이빗(마크 러팔로)이 친구 잭(도널 로귀)과 함께 엘리자베스의 몸을 빼돌리는 장면입니다.

Jack	Oh my God, David.
David	I know. She's pretty, right?
Jack	No, that's not it. This is her. This is her. **This is the woman I set you up with**, this the woman you stood up that night!
David	I was gonna meet Elizabeth?
Jack	And she didn't make it, either, because she had an accident.

잭: 맙소사, 데이빗.
데이빗: 나도 알아. 예쁘지?
잭: 아니, 그게 아니라. 바로 그녀야. 그 여자. 내가 너랑 엮어주려던 여자, 그날 밤 네가 바람맞힌 여자 말이야!
데이빗: 내가 엘리자베스와 만나기로 되어있었다고?
잭: 근데 그녀도 못 왔지. 사고가 났으니.

브리짓 존스의 일기 Bridget Jones's Diary

영화의 시작 부분에 나오는 브리짓 존스(르네 젤위거)의 독백입니다.

Bridget It all began on New Year's Day… in my thirty-second year of being single. Once again, I found myself on my own… and going to my mother's annual turkey curry buffet. Every year, **she tries to fix me up with some bushy-haired, middle-aged bore**… and I feared this year would be no exception.

브리짓: 모든 일이 첫날 시작되었다… 나의 독신생활 32년째 되는 해 말이다. 올해도 변함없이 혼자서… 해마다 열리는 엄마의 칠면조 카레 파티에 갔다. 매년 엄마는 더벅머리의 지루한 중년 남자와 날 엮어주려고 한다… 그리고 올해도 예외가 아닐 거라고 우려했다.

bore 따분한 사람, 지겨운 사람

Did you pop the question?
너 프러포즈 했니?

우리가 청혼을 보통 프러포즈(propose)라고 하잖아요. 근데 사실 propose는 '제안하다, 청혼하다'라는 뜻의 동사이고, 명사로는 proposal이라고 해요. 그리고 네이티브가 '청혼하다'라는 뜻으로 즐겨 쓰는 표현 중에 pop the question이 있는데요. "너 걔한테 청혼했니?"를 Did you propose to her?라고 해도 되지만, 같은 의미로 Did you pop the question?도 많이 씁니다. 참고로 네이티브가 프러포즈할 때 가장 많이 쓰는 말은 Will you marry me?(나와 결혼해줄래?)예요.

스파이더맨 3 *Spider-Man 3*

스파이더맨 피터(토비 맥과이어)가 여자친구 M.J.(커스틴 던스트)에게 청혼하기 위해 레스토랑의 매니저에게 이벤트를 부탁하는 장면입니다. 여기서 레스토랑 매니저로 나오는 사람은 예전 〈이블 데드〉 원작의 주인공이었던 브루스 캠벨이랍니다.

Peter	Um, I have a request. My girlfriend will be coming, and I have this ring.
Manager	Ah, so **you want to pop the question tonight, huh?**
Peter	Yes, and I want to do something very special.
Manager	I love it, romance… I am French.

피터: 음, 저 부탁이 있어요. 여자친구가 오는데, 이 반지를…
매니저: 아, 오늘밤 프러포즈를 하시려는 거군요?
피터: 네, 아주 특별하게 하고 싶어요.
매니저: 로맨스라, 멋지군요. 제가 프랑스인이거든요.

아메리칸 파이 3 *American Wedding*

주인공 짐(제이슨 빅스)이 근사한 레스토랑에서 여자친구 미셸(앨리슨 해니건)에게 청혼하려는 순간입니다. 근데 엉뚱한 미셸이 짐의 말을 이상하게 이해하고 테이블 아래 짐의 다리 사이로 들어가죠. 이때 못말리는 짐의 아버지(유진 레비)가 나타나서 아들이 깜빡하고 두고 간 반지를 건네줍니다.

Dad	This is one of those moments, Jim, that you're gonna remember for the rest of your life.
Jim	Yes, it is.
Dad	You bet it is.
Jim	You bet it is.
Dad	**I cannot believe my son is gonna pop the question.**

아버지: 이건 아주 소중한 순간이야, 짐, 네가 평생 잊지 못할 거야.
짐: 맞아요.
아버지: 정말로 그래.
짐: 그럼요.
아버지: 내 아들이 청혼을 한다니 믿기지가 않는구나.

unit 076
It was love at first sight.
첫눈에 사랑에 빠졌어.

첫눈에 사랑에 빠지는 것을 love at first sight라고 하는데요. 단순히 반하는 것보다는 정말로 사랑에 빠지는 것을 말해요. 그래서 네이티브는 Do you believe in love at first sight?(너 첫눈에 사랑에 빠진다는 거 믿니?)란 질문을 종종 하곤 하죠. 그리고 연인과 처음 만난 이야기를 남들에게 들려줄 때 자주 등장하는 말이 있어요. 바로 It was love at first sight.(첫눈에 사랑에 빠졌어.)예요.

프로포즈 The Proposal

뉴욕의 잘나가는 출판사 편집장인 마가렛(산드라 블록)은 비자 연장 신청이 거절되어 조국인 캐나다로 돌아갈 위기에 처합니다. 그녀는 이를 해결하기 위해 부하직원 앤드류(라이언 레이놀즈)와 위장결혼을 꾀하죠. 그런데 두 사람은 우여곡절 끝에 정말로 좋아하게 되고, 마침내 이민국 직원 길버스톤으로부터 심사를 받습니다.

Gilberston   When did you first start to date?
Andrew   Last week.
Gilberston   That going well?
Andrew   So far, it's great. Thank you.
Gilberston   What kind of deodorant does Andrew use?
Margaret   Men's Speed Stick.
Gilberston   What flavor? Musk? Alpine?
Gilberston   Was it love at first sight?
Andrew   No.

길버스톤: 첫 데이트를 언제 했죠?
앤드류: 지난 주예요.
길버스톤: 어땠나요?
앤드류: 지금까진 아주 좋아요. 고마워요.
길버스톤: 앤드류 씨는 어떤 종류의 데오드란트를 쓰죠?
마가렛: 남성용 스피드 스틱?
길버스톤: 무슨 향이죠? 머스크향? 숲속향?
길버스톤: 첫눈에 반했나요?
앤드류: 아뇨.

당신이 사랑하는 동안에 Wicker Park

이웃으로 알게 된 알렉스(로즈 번)와 리사(다이앤 크루거)가 대화하는 장면입니다. 알렉스는 리사의 남자친구인 매튜(조쉬 하트넷)를 짝사랑하지만 리사는 그런 사실을 전혀 모르죠.

Alex   **Do you believe in love at first sight?**
Lisa   Well, who is he? Don't even try to lie about it.
Alex   I haven't met him yet. I've just seen him. I don't think he's got a girlfriend. I can tell.
Lisa   Don't wait. The good ones go fast.

알렉스: 첫눈에 사랑에 빠진다는 거 믿어요?
리사: 글쎄요, 누군데요? 거짓말할 생각하지 말아요.
알렉스: 아직 만난 적은 없어요. 그냥 보기만 했어요. 여자친구가 없는 거 같아요. 보면 알아요.
리사: 머뭇거리지 말아요. 좋은 사람은 빨리 채어가니까.

We belong together.

우린 서로 어울리는 짝이야.

We belong together.는 남녀가 서로 아주 잘 맞을 때 쓰는 표현인데요. "우린 서로 어울리는 짝이야."란 뜻이에요. 단순히 외모가 잘 어울린다는 말이 아니라, 성격이나 성향 등이 비슷하고 잘 맞을 때 많이 쓴답니다. ex) You guys belong together.(너희들은 서로 어울리는 짝이야.), They belong together.(걔들은 잘 어울리는 짝이야.)

브리짓 존스의 일기 *Bridget Jones's Diary*

브리짓(르네 젤위거)의 생일날, 예고 없이 마크(콜린 퍼스)와 다니엘(휴 그랜트)이 그녀의 집에 찾아옵니다. 사이가 좋지 않았던 두 사람은 밖에 나가서 난투를 벌이고, 싸움이 끝난 후 다니엘과 브리짓이 하는 대화입니다.

Daniel   Let's go back upstairs. Come on. **We belong together**, Jones. Me, you. Poor little skirt.
Bridget   Right.
Daniel   If I can't make it with you… I can't make it with anyone.
Bridget   Um… That's not a good enough offer for me. I'm not willing to gamble my whole life… on someone who's… well, not quite sure. It's like you said, I'm still looking for something… more extraordinary than that.

다니엘: 집에 올라가자. 어서. 우린 서로 어울리는 짝이야, 존스. 나와 너. 그리고 가여운 짧은 치마.
브리짓: 그렇군요.
다니엘: 내가 당신과 사랑할 수 없다면… 난 아무와도 할 수 없어.
브리짓: 음… 그걸로는 충분하지 않은 것 같네요. 내 모든 인생을… 확실하지 않은 사람에게 걸 순 없어요. 당신이 말했던 것처럼, 난 아직 그것보다… 더 특별한 것을 찾고 있어요.

라스베가스를 떠나며 *Leaving Las Vegas*

창녀 세라(엘리자베스 슈)와 포주 유리(줄리안 샌즈)가 함께 식사하며 대화하는 장면입니다.

Yuri   So why did you leave me in Los Angeles? Because you are sly. You knew all along there was more money here in Las Vegas. You don't need to fear me, Sera… because you and I, **we belong together**. Don't we?
Sera   Yes.

유리: LA에서는 왜 날 떠났지? 왜냐면 넌 교활하니까. 넌 처음부터 라스베가스가 더 돈이 된다는 걸 알았던 거야. 날 두려워할 필요 없어, 세라… 우린 서로 어울리는 짝이니까. 안 그래?
세라: 맞아요.

all along 처음부터, 죽, 내내

We are made for each other.

우린 천생연분이야.

'천생연분'을 영어로 하면 match made in heaven인데요. 보통은 made for each other과 perfect for each other란 표현을 더 많이 사용해요. 또 meant for each other과 right for each other도 있고요. 반대로 두 사람이 잘 맞지 않는다고 할 때는 not right for each other이라고 해요. ex) They were made for each other.(걔들 천생연분이었어.), You two are perfect for each other.(너희 둘 천생연분이야.), They're not right for each other.(걔들은 서로 맞지 않아.)

행운을 돌려줘 *Just My Luck*

애슐리(린제이 로한)는 자신의 상사 페기를 위해 이웃에 사는 안토니오와의 만남을 몰래 주선하고, 파티에서 만난 두 사람은 서로 아주 마음에 들어 합니다.

Ashley	Antonio. Peggy. You two look like you're hitting it off.
Antonio	Yes, we really are. Thanks for hooking us up.
Peggy	You set us up?
Ashley	Guilty as charged.
Peggy	Well, thank you. He is adorable.
Ashley	Oh, my pleasure. **You two look made for each other.**
Peggy	That's what Madame Z just said.

애슐리: 안토니오. 페기. 두 분 서로 잘 어울리네요.
안토니오: 맞아, 정말 그래. 우릴 연결해줘서 고마워.
페기: 네가 우리 만남을 주선한 거야?
애슐리: 네, 죄를 인정합니다.
페기: 어머, 고마워. 이 사람 정말 사랑스러워.
애슐리: 오, 제가 더 기뻐요. 두 분 천생연분 같아요.
페기: 방금 마담 Z도 그렇게 말했어.

유브 갓 메일 *You've Got Mail*

작은 아동 전문 서점을 운영하는 캐슬린(멕 라이언)은 근처에 새로 생긴 대형 서점 '폭스 북스' 때문에 가게를 닫게 됩니다. '폭스 북스'의 사장인 조 폭스(톰 행크스)는 캐슬린이 아프다는 말을 듣고 집으로 찾아오죠.

Kathleen   Did you come to gloat?

Joe   No.

Kathleen   To offer me a job?

Joe   I would never…

Kathleen   'Cause I have plans. I have plenty of offers. You know, I got offered a job by…

Joe   By my former…

Kathleen   Oh, your former?

Joe   We broke up.

Kathleen   Oh, That's too bad. **You were so perfect for each other.**

캐슬린: 승리감이라도 느끼러 오셨나요?
조: 아뇨.
캐슬린: 일자리 제안하게요?
조: 전 결코…
캐슬린: 저도 계획이 있어요. 일자리 제의도 많고요. 그 사람한테서도 제의를 받았어요.
조: 제 전…
캐슬린: 오, 전이요?
조: 우리 헤어졌어요.
캐슬린: 아, 그거 안 됐네요. 두 분 천생연분 같던데.

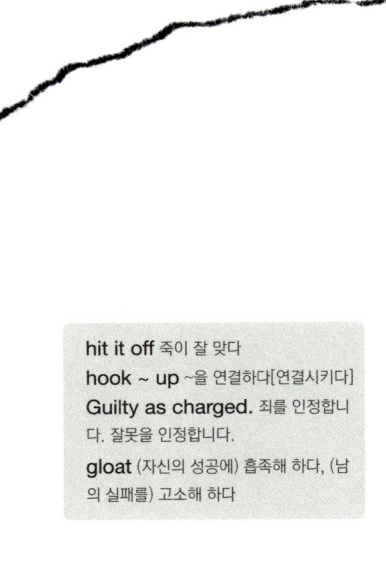

hit it off 죽이 잘 맞다
hook ~ up ~을 연결하다[연결시키다]
Guilty as charged. 죄를 인정합니다. 잘못을 인정합니다.
gloat (자신의 성공에) 흡족해 하다, (남의 실패를) 고소해 하다

빈칸에 어울리는 영어문장을 말하고 적어보세요.

1
1) 나한테 작업 거는 거예요?
2) 너한테 작업 건 사람 없었어?
3) 바에서 어떤 남자가 나한테 작업 걸었어.
4) 내 여동생한테 작업 그만해.

2
1) 나 그녀랑 키스했어.(진한 스킨십)
2) 나 걔들이 키스하는 거 봤어.
3) 너 그와 키스했니?
4) 우리 차 안에서 키스했어.

3
1) 너 걔랑 했냐?(미국식)
2) 나 걔랑 했어.

4
1) 넌 섹스가 필요해.
2) 너 섹스했니?
3) 나 섹스하고 싶어.
4) 나 오늘밤에 섹스할 거야.
5) 너 마지막으로 섹스한 게 언제야?

5
1) 나 직장 상사랑 잤어.(영국식)
2) 나 그녀와 하고 싶지 않아.
3) 아무도 너와 하려고 안 할 거야.
4) 그와의 섹스가 제일 좋았어.

6
1) 그가 바람피웠어.
2) 아내를 두고 바람피운 적 있나요?
3) 나 남편 몰래 바람피웠어.
4) 나 절대 바람피우지 않았어.
5) 나 국사시험에서 컨닝했어.

7 1) 그가 양다리 걸치고 있었어.
   2) 너 양다리 걸친 거야?
   3) 너 양다리 걸치면 죽을 줄 알아.

8 1) 너 걔 임신시켰니?
   2) 걔 임신했어.
   3) 누가 마일리를 임신시켰어?
   4) 킴이 카니예의 아이를 가졌어.

9 1) 그녀는 내게 너무 과분한 여자야. 그녀는 내 능력 밖이야.
   2) 그는 네가 넘볼 남자가 아니야. 네가 못 오를 나무야.
   3) 나 이곳과 어울리지 않아.

10 1) 언니가 날 그와 엮어줬어.
   2) 너에게 내 친구 소개해줄게.
   3) 너 나랑 그 사람 엮어주려는 거야?
   4) 그녀가 날 이혼녀랑 엮어주려고 해.

11 1) 너 프러포즈 했니?
   2) 나 프러포즈 할 거야.

12 1) 첫눈에 사랑에 빠졌어.
   2) 너 첫눈에 사랑에 빠진다는 거 믿니?

13 1) 우린 서로 어울리는 짝이야.
   2) 너희들은 서로 잘 어울려.

14 1) 우린 천생연분이야.
   2) 너희들은 천생연분이야.
   3) 걔들은 서로 맞지 않아.

Answers

1 1) Are you hitting on me? 2) Did anybody hit on you? 3) Some guy hit on me at the bar. 4) Stop hitting on my sister. **2** 1) I made out with her. 2) I saw them making out. 3) You made out with him? 4) We made out in the car. **3** 1) Did you bang her? 2) I banged her. **4** 1) You need to get laid. 2) Did you get laid? 3) I wanna get laid. 4) I'm gonna get laid tonight. 5) When did you last get laid? **5** 1) I've shagged my boss. 2) I don't wanna shag her. 3) Nobody's gonna shag you. 4) He was the best shag I've ever had. **6** 1) He cheated on me. 2) Have you ever cheated on your wife? 3) I have cheated on my husband. 4) I never cheated on you. 5) I cheated on my history exam. **7** 1) He was two-timing me.[=He's been two-timing me.] 2) Are you two-timing me? 3) I'll kill you if you ever two-time me. **8** 1) Did you knock her up? 2) She's knocked up. 3) Who knocked up Miley? 4) Kim got knocked up by Kanye. **9** 1) She's out of my league. 2) He's out of your league. 3) I'm out of my league here. **10** 1) My sister set me up with him. 2) I'm gonna set you up with my friend. 3) Are you trying to set me up with him? 4) She's trying to fix me up with a divorcee. **11** 1) Did you pop the question? 2) I'm gonna pop the question. **12** 1) It was love at first sight. 2) Do you believe in love at first sight? **13** 1) We belong together. 2) You guys belong together. **14** 1) We are made[perfect] for each other. 2) You (two) are made[perfect] for each other. 3) They're not right for each other.

117

Chapter 8

우정, 관계

Quiz 내가 영어로 할 수 있는 말은?

1 우린 죽이 잘 맞아. _____ (hit)

2 나 룸메이트와 사이가 좋지 않아. _____ (along)

3 난 이곳과 맞지 않아. _____ (fit)

4 걔 내 친구야. _____ (mine)

5 나 걔랑 화해했어. _____ (make)

6 내 실수를 만회하게 해줘. _____ (make)

7 같이 놀래? _____ (hang)

8 우리 언제 만나서 점심 같이 먹자. _____ (together)

9 내가 지켜줄게. 나만 믿어. 내가 있잖아. _____ (back)

10 날 믿어도 좋아. _____ (count)

11 난 네 편이야. _____ (side)

12 걔가 내 뒤통수를 쳤어. _____ (stab)

Answers

1 We hit it off.   2 I don't get along with my roommate.   3 I don't fit in here.   4 He[She]'s a friend of mine.   5 I made up with her[him].   6 Let me make it up to you.   7 Do you wanna hang out?   8 Let's get together for lunch sometime.   9 I got your back.   10 You can count on me.   11 I'm on your side.   12 She[He] stabbed me in the back.

We hit it off.
우린 죽이 잘 맞아.

hit it off는 만나자마자 금방 친해지고 죽이 잘 맞는 것을 뜻하는데요. 이성, 친구, 동료 등 모든 관계에서 쓸 수 있어요. 특히 친구에게 다른 친구를 소개하며 "너랑 잘 맞을 것 같아."라고 할 때도 많이 쓰죠. 그리고 hit it off with sb라고 하면 'sb와 잘 맞다'란 의미가 됩니다. ex) We hit it off so great.(우린 죽이 아주 잘 맞아.), We hit if off right away.(우린 금방 친해졌어.), I think you guys would hit it off.(너희 둘 잘 맞을 것 같아.), I think they are really going to hit it off.(걔들 정말 잘 맞을 것 같아.) I knew you'd hit it off with Justin.(네가 저스틴과 잘 맞을 줄 알았어.), I didn't hit it off with his family.(나 그의 가족과 잘 맞지 않았어.)

 남자가 사랑할 때 *When a Man Loves a Woman*

앨리스(맥 라이언)는 항공기 조종사인 남편 마이클(앤디 가르시아)과 두 딸을 두고 남 부러울 것 없는 생활을 하지만 알코올중독으로 재활센터에 들어가게 됩니다. 아내를 지극히 사랑하는 남편 마이클이 딸들을 데리고 재활센터에 찾아갑니다. 마이클이 그곳에 입원한 사람들과 인사를 나눈 후 앨리스와 대화하는 장면입니다.

Michael	I like your new friends.
Alice	Oh, did you meet Malcolm?
Michael	Big black guy.
Alice	Cokehead.
Michael	**We hit it off.**
Alice	The girls are with him.
Michael	Right now?
Alice	Oh, come on, Michael. He's not a child molester.

마이클: 당신 새 친구들 마음에 드네.
앨리스: 아, 말콤을 만났어?
마이클: 덩치 큰 흑인 말이지.
앨리스: 약쟁이야.
마이클: 우린 죽이 잘 맞아.
앨리스: 우리 애들이랑 같이 있어.
마이클: 지금?
앨리스: 아, 걱정 마, 여보. 아동 성추행범은 아니니까.

25살의 키스 *Never Been Kissed*

고등학교에서 가장 인기 많은 남학생 가이(제레미 조단)가 조시(드류 베리모어)에게 졸업댄스파티에 함께 가자고 얘기하는 장면입니다. 조시는 가이가 무엇을 물어볼지 이미 알고 가이가 말을 제대로 꺼내기도 전에 바로 좋다고 대답합니다.

Guy   Uh… I know that you've probably already heard that I want to ask you out to prom. But there's something different about asking in person. I know that **we didn't hit it off in the beginning.** And I really…

Josie   Yes. Yes.

Guy   That's rufus. Uh… where do I pick you up? How do we arrange this? What do I do?

Josie   We can meet here at Rob's, and we can all share a limousine together.

가이: 어... 아마 내가 너와 함께 졸업파티에 가자 할 거란 얘기 이미 들었을 거야. 하지만 직접 물어보는 건 다르니까. 우리가 처음에 잘 맞지 않았다는 건 알아. 나 정말로...

조시: 좋아. 같이 갈 게.

가이: 짱이다. 어... 널 데리러 어디로 가면 돼? 어떻게 정할까? 내가 뭘 하면 돼?

조시: 여기 랍 집에서 만나서 다 함께 리무진 타고 가면 될 것 같아.

cokehead 코카인 중독자
child molester 아동 성추행범
in person 직접, 몸소
prom 고등학교에서 학년 말에 열리는 댄스파티
rufus 영화 속에서 가이가 '짱'이란 뜻으로 만들어낸 단어

I don't get along with my roommate.
나 룸메이트와 사이가 좋지 않아.

어떤 사람과 사이좋게 잘 지낸다고 하거나 반대로 사이가 좋지 않다고 할 때는 get along이란 표현을 사용해요. get along (with sb)는 '(sb와) 잘 지내다', '사이좋게 지내다'란 뜻이에요. ex) I'm sure we'll get along fine.(우린 분명히 잘 지낼 거야.), We don't get along very well.(우리 별로 사이가 좋지 않아.), They don't get along at all.(걔들 전혀 사이가 안 좋아.), Why can't you just get along?(너희들 왜 사이좋게 지내질 못하니?)

8마일 *8 Mile*

간만에 집에 온 지미 래빗(에미넴)이 엄마 스테파니(킴 베신저)의 남자친구와 다투자 스테파니가 이들을 말립니다.

Stephanie	Rabbit, if you're going to live here, **you have to get along with Greg.**
Jimmy	He started it.
Stephanie	You can't fuck this up for me, baby. You just can't.
Jimmy	Whatever.

스테파니: 래빗, 너 여기 있을 거면 그렉과 잘 지내야 해.
지미: 그 사람이 먼저 시작했어.
스테파니: 일 망치지 마. 그러면 안 돼.
지미: 알게 뭐야.

레인 맨 *Rain Man*

자동차 중개상을 하는 찰리(톰 크루즈)는 스잔나와 함께 여행을 가다가 아버지가 돌아가셨다는 연락을 받습니다. 아버지와 오랫동안 연락을 끊었던 찰리는 스잔나에게 아버지 얘기를 해줍니다.

Charlie	I told you before, we had a falling-out a long time ago. My mother died when I was two. It was just him and me. **We just didn't get along.**
Susanna	You're going to the funeral, no?
Charlie	Yeah.

찰리: 전에 우리가 오래 전에 사이가 틀어졌다고 얘기했었지? 내가 두 살 때 어머니가 돌아가셨어. 아버지와 나 둘만 남았는데, 우리 사이가 좋지 않았어.
스잔나: 장례식엔 갈 거지, 아냐?
찰리: 가야지.

falling-out 사이가 틀어지는 일

unit 081 I don't fit in here.

난 이곳과 맞지 않아.

활동적인 사람에게 온종일 책상에만 앉아서 일하라고 하거나, 여자들밖에 없는 학과에 남자 혼자 입학한다면 쉽게 적응할 리가 없겠죠. 이럴 때 쓰는 표현이 I don't fit in here.(난 이곳과 맞지 않아.)예요. fit in은 어떤 그룹에서 그곳 사람들과 잘 어울려 무리에 받아지는 것을 의미해요. 그래서 상황에 따라 '잘 맞다', '잘 어울리다', '적응하다'란 뜻이 되죠. ex) I think you'll fit in very well here.(넌 여기 아주 잘 맞을 거야.), You'll fit in fine.(넌 잘 적응할 거야.), He didn't fit in at school.(걔 학교에서 잘 적응하지 못했어.), She doesn't fit in with her colleagues.(그녀는 동료들과 잘 어울리지 못해.)

 악마는 프라다를 입는다 *The Devil Wears Prada*

앤디(앤 해서웨이)가 패션잡지 *Runway*의 편집장 미란다(메릴 스트립)와 면접을 보는 장면입니다. 미란다가 시원찮은 반응을 보이자 한마디 하고 떠납니다.

Andy   Um, I was editor in chief of the Daily Northwestern. I also, um, won a national competition for college journalists with my series on the janitors' union, which exposed the exploitation…

Miranda   That's all.

Andy   Yeah. You know, okay. You're right. **I don't fit in here.** I am not skinny or glamorous. And I don't know that much about fashion. But I'm smart. I learn fast and I will work very hard.

앤디: 음, 저는 노스웨스턴 대학신문의 편집장이었어요. 노동착취를 폭로한 경비조합에 관한 시리즈로 전국 대학생 기자상도 받았고요…
미란다: 그만 됐어.
앤디: 네. 그래요. 전 이곳과 맞지 않아요. 마르거나 매력적이지도 않고, 패션에 대해서도 잘 모르죠. 하지만 전 똑똑하고, 빨리 배우고, 아주 열심히 일할 거예요.

 록키 발보아 *Rocky Balboa*

시합을 앞둔 록키(실베스터 스탤론)와 그의 아들이 록키 아내의 무덤에서 만나는 장면입니다.

Rocky   You get off early from work?
Son   No, I left. I quit.
Rocky   Quit, why?
Son   I wasn't very… I don't know, I just… **I didn't fit in there.**
Rocky   I understand.

록키: 오늘 일을 일찍 마쳤니?
아들: 아뇨. 그만뒀어요.
록키: 그만뒀다니, 왜?
아들: 모르겠어요… 그냥… 거긴 저랑 잘 맞지 않았어요.
록키: 이해한다.

janitor 경비, 관리인
expose 폭로하다, 노출시키다
exploitation 착취

unit 082 He's a friend of mine.

걔 내 친구야.

우리는 '내 친구' 하면 대부분 my friend만 떠올리지만, 네이티브는 a friend of mine이란 표현을 많이 쓴답니다. a good friend of mine은 '좋은 친구', a close friend of mine은 '가까운 친구', an old friend of mine은 '오랜 친구'란 뜻이에요. 여러분도 앞으론 네이티브처럼 다음 예문들처럼 말해보세요. ex) She's a friend of mine.(걔 내 친구야.), He's a good friend of mine.(그는 나의 좋은 친구야.), I'm looking for a friend of mine.(제 친구를 찾는데요.), A friend of mine told me about it.(친구가 그 얘길 해줬어.), This is a friend of mine, Emma Stone.(여긴 내 친구, 엠마 스톤이야.)

소셜 네트워크 *The Social Network*

영화의 첫 장면으로, 마크 주커버그(제시 아이젠버그)가 술집에서 여자친구 에리카와 다투고 차이는 장면입니다.

Mark	Erica, the reason we're able to sit here and drink right now is 'cause you used to sleep with the door guy.
Erica	"The door guy"? His name is Bobby. I have not slept with the door guy. **The door guy is a friend of mine**, and he's a perfectly good class of people. And what part of Long Island are you from, Wimbledon?
Mark	Wait. Wait, wait.
Erica	I'm going back to my dorm.
Mark	Is this real?
Erica	Yes.
Mark	Okay, then wait. I apologize, okay?

마크: 에리카, 우리가 지금 여기 앉아서 술 마실 수 있는 건 네가 저 문지기랑 잤기 때문이야.
에리카: '문지기'? 그의 이름은 바비야. 나 문지기랑 자지 않았어. 그 문지기는 내 친구고 아주 좋은 집안 사람이야. 그런 넌 롱아일랜드 어디 출신이야, 윔블던?
마크: 기다려. 기다려, 기다려.
에리카: 나 기숙사로 돌아갈 거야.
마크: 정말이야?
에리카: 그래.
마크: 좋아, 그럼 기다려. 내가 사과할게, 됐지?

마법사의 제자 *The Sorcerer's Apprentice*

커피숍에 있던 베키(테레사 팔머)는 슬픈 표정으로 걸어가는 데이브(제이 바루첼)를 발견하고 걱정되어 그를 따라 갑니다. 데이브를 따라 빌딩 옥상까지 올라 간 베키가 그와 대화하는 장면입니다.

Becky	I do have to ask you this one thing. What are you doing up here?
Dave	Yeah. **A friend of mine brought me here once.**
Becky	And... the height doesn't bother you?
Dave	Are you afraid of heights?
Becky	A little bit, yeah.

베키: 너한테 이건 꼭 물어봐야겠다. 너 이 위에서 뭐 하는 거야?
데이브: 응. 친구가 날 여기에 한 번 데려 왔었어.
베키: 그럼... 높은 데가 무섭지 않니?
데이브: 넌 높은 데가 무서워?
베키: 조금, 그래.

dorm 기숙사(dormitory의 비격식어)

unit 083 I made up with her.

나 걔랑 화해했어.

make up with sb는 'sb와 화해하다'란 뜻이에요. 연인, 친구, 가족 등 싸우거나 사이가 멀어진 사람과 화해한다고 할 때 사용합니다. ex) Let's kiss and make up.(키스하고 화해하자.), Have you made up with Sam yet?(너 이제 샘과 화해했니?), We made up.(우리 화해했어.)

아름다운 세상을 위하여 Pay It Forward

라스베가스 중학교 1학년 첫 사회 시간, 시모넷(케빈 스페이시) 선생님은 학생들에게 세상을 바꿀 아이디어를 내서 직접 실천하라는 과제를 냅니다. 트레버(헤일리 조엘 오스먼트)는 한 사람이 세 명에게 선행을 베풀고, 그 세 명은 또 각 세 명씩에게 선행을 베풀어서 이게 계속 이어지면 선행으로 가득 찬 세상이 된다는 아이디어를 내고 실천에 옮깁니다. 이 선행은 LA에까지 이어지고 이 운동의 근원지를 찾아온 기자 크리스(제이 모어)는 트레버를 인터뷰합니다.

Trevor   I don't know. I tried real hard… but nothing really happened. My mom's stuff worked. She talked to my grandma. **Kind of made up with her.** It was really hard for her. It was great for me, because my grandma came to my birthday party. And I had really missed her. And that's why Pay It Forward went to all those places… because of my mom. Because she was so brave.

트레버: 모르겠어요. 정말 열심히 노력했는데… 별 성과는 없었어요. 엄마 일은 성공했어요. 엄마가 할머니와 얘기했어요. 할머니와 화해한 거죠. 엄마에겐 정말 어려운 일이었어요. 그게 저한테는 굉장한 일인게, 할머니가 제 생일 파티에 왔거든요. 할머니가 정말 보고 싶었어요. 그래서 '선행 베풀기'가 퍼지게 되었어요… 엄마 덕분에요. 엄마가 용기를 냈기 때문이죠.

드림업 Bandslam

고등학교의 퀸카인 샬롯(엘리슨 미칼카)은 전학생 윌(겔란 코넬)과 친하게 지내다가 아버지가 돌아가신 후로 윌을 외면합니다. 이 일로 윌이 크게 상처받자 윌의 엄마인 카렌(리사 쿠드로)은 샬롯에게 다시는 윌에게 접근하지 말라고 얘기합니다.

Karen   So I don't know what you were planning on saying to him, or doing, but just don't. Just don't. Okay? **Don't make up with him.** Don't be his friend.

Charlotte   Why not?

Karen   Because, I don't think he'll recover if you leave him twice.

카렌: 네가 걔한테 무슨 얘기나 행동을 할 생각인지 모르지만, 그냥 하지 마. 알겠니? 윌과 화해하지 마. 걔의 친구가 되지 마.
샬롯: 왜 안 되죠?
카렌: 네가 다시 윌을 떠나면 걔는 다신 회복할 수 없을 테니까.

Let me make it up to you.
내 실수를 만회하게 해줘.

make it up to sb는 'sb에게 잘못한 것을 보상하다'란 뜻인데요. 그래서 Let me make it up to you.라고 하면 "내 실수를 만해하게 해줘."란 말이에요. I'll make it up to you. 또는 I'm gonna make it up to you.라고 하면 "내가 잘못한 거 보상할게."라는 말이 되고요. 그리고 I want to make it up to you. 또는 I'd like to make it up to you.라고 하면 "내가 잘못한 거 만회하고 싶어."란 말입니다. 마지막으로 How can I make it up to you?와 What can I do to make it up to you?는 "내 잘못을 만회하려면 어떡하면 돼?"란 뜻이에요.

저스트 프렌드 *Just Friends*

학창시절 친했던 크리스(라이언 레이놀즈)와 제이미(에이미 스마트)는 10년만에 만나 함께 식사하지만 어색한 시간을 보내게 되고, 아쉬운 나머지 크리스가 제이미에게 전화해서 다시 만나자고 말합니다.

Chris   I want to apologize for earlier. **Let me make it up to you.** Do you want to go ice skating?
Jamie   I thought you hated ice skating.
Chris   I used to, but you know, I'm actually pretty damn good now. I'm the MVP in my league, in fact. Come on, it'll be like old times.

크리스: 아까 일은 사과하고 싶어. 만회하게 해줘. 아이스 스케이팅은 어때?
제이미: 난 네가 스케이트 싫어하는 줄 알았는데.
크리스: 그랬었지, 근데 지금은 아주 잘 타. 내 구역에선 내가 MVP야. 가자, 옛날 기분 날 거야.

허니 *Honey*

바텐더이자 커뮤니티센터에서 아이들에게 힙합 댄스를 가르치는 허니(제시카 알바)는 유명 뮤직비디오 감독인 마이클의 눈에 띄어 함께 일하게 됩니다. 근데 허니에게 흑심을 품고 있던 마이클은, 허니가 거절하자 그녀를 해고합니다. 하지만 유명 가수인 미시 엘리엇(본인)이 허니가 아니면 뮤직비디오 촬영을 하지 않겠다고 하자 마이클은 허니를 찾아옵니다.

Michael   What I did, the way I handled things was uncool, and I am so sorry. Hey, and **I want to make it up to you.**
Honey   Is that so?
Michael   I've got you three new jobs.
Honey   And you want me to do the choreography?
Michael   I am begging you.

마이클: 내 행동과 일을 처리하는 태도가 바르지 않았어. 정말 미안해. 저기, 그래서 너에게 보상하고 싶어.
허니: 그래요?
마이클: 너한테 맡길 일이 3개나 있어.
허니: 그럼 나한테 안무를 맡으란 건가요?
마이클: 이렇게 빌게.

choreography 안무

Do you wanna hang out?

같이 놀래?

외국인 친구에게 "같이 놀자."란 뜻으로 Let's play together.라고 하면, 아마 그 말을 들은 친구는 "애도 아니고 play가 뭐야?"라며 웃을 거예요. play는 보통 미취학 아동이 쓰는 말이고, 청소년이나 성인은 hang out이란 표현을 쓰거든요. 성인이 play를 쓸 때는 스포츠나 게임을 함께 하자고 할 때에요. hang out with sb는 'sb와 어울리다', 'sb와 함께 놀다'란 뜻입니다. 그리고 명사 hangout은 친구들이 자주 가서 노는 장소를 말하고요. 술집, 카페, 공원, 놀이터 등 여러 장소가 될 수 있죠. ex) I want to hang out with you.(너랑 같이 놀고 싶어.), I don't hang out with them.(나 걔들이랑 안 놀아.), Why do you hang out with him?(너 왜 쟤랑 어울리니?), Don't hang out with her.(쟤랑 놀지 마.)

 19곰 테드 *Ted*

어릴 때부터 곰인형 테드와 절친인 존(마크 월버그)은 성인이 되어서도 테드와 함께 살며 어울립니다. 근데 테드가 맨날 사고를 치고 철없는 행동만 하자 함께 살던 존의 여자친구인 로리(밀라 쿠니스)는 참다못해 테드와 따로 살자고 합니다. 존이 처음에는 반대하지만 결국 어쩔 수 없이 로리의 말을 따르기로 하죠.

John	Ted, you mean everything to me, and so does Lori. I'm just trying to find a way to keep you both in my life.
Ted	She's making you do it, isn't she?
John	Yes. I mean, but **that doesn't mean we can't hang out. We'll hang out all the time.**

존: 테드, 넌 나의 전부야, 로리도 그렇고. 난 단지 너희 둘 다 잃지 않을 방법을 찾으려는 거야.
테드: 걔가 너한테 시킨 거지?
존: 그래. 하지만 그렇다고 우리가 어울리지 못하는 건 아니야. 우린 늘 같이 놀 거야.

 킥애스 *Kick-Ass*

킥애스 데이브(애런 존슨)가 불량배들에게 얻어맞고 교통사고를 당한 후 병원에 입원했다가 학교에 오자 게이라는 소문이 퍼져있습니다. 학교의 인기녀인 케이티는 데이브가 게이인 줄 알고 친구가 되고 싶어서 말을 걸죠.

Katie	How are you? You look better.
Dave	I'm good. Yeah, much better.
Katie	You're into comic books, aren't you? **Well, me and Erika sometimes hang out after school at this really great store *Atomic Comics*.** They make the best white chocolate mocha latte.
Dave	Yeah?
Katie	I could buy you one sometime if you, you know, like, need someone to talk to.

케이티: 잘 지내니? 너 좋아 보인다.
데이브: 잘 지내. 어, 많이 나았어.
케이티: 너 만화책 좋아하지? 있지, 나랑 에리카가 종종 방과 후에 '어타믹 코믹스'라는 멋진 가게에 가서 놀거든. 거기 화이트 초콜릿 모카 라떼가 정말 맛있어.
데이브: 그래?
케이티: 너 얘기할 사람 필요하면 내가 언제 한잔 사줄게.

Let's get together for lunch sometime.

우리 언제 만나서 점심 같이 먹자.

get together는 두 사람이나 그 이상의 사람이 만나는 것을 의미하는데요. 만나서 함께 식사를 하거나, 술을 한잔 하거나, 차를 한잔 하거나, 논의를 하거나, 함께 숙제를 하는 등 여러 경우가 있어요. 이 표현은 간만에 만난 사람들이 그냥 인사말로 언제 한번 보자고 할 때도 쓰고, 실제로 약속시간까지 잡을 때도 있고, 자주 보는 사이라도 용무가 있어서 만나자고 할 때도 사용합니다. ex) We must get together for a drink sometime.(우리 언제 만나서 꼭 술 한잔 하자.), Let's get together and talk.(우리 만나서 얘기 좀 하자.), We should get together after school.(우리 방과 후에 모여야겠다.)

scene 1   우리, 사랑일까요? *A Lot Like Love*

에밀리(아만다 피트)가 올리버(애쉬튼 커처)와 함께 레스토랑에 앉아 메뉴를 고르고 있는데, 옆에 지나가던 친구 지나(알리 라터)가 에밀리를 알아보고 인사합니다.

Emily	Oh my God, Gina, hi! How are you?
Gina	I'm good, how are you?
Emily	I'm good. It's been such a long time.
Gina	Really long, yeah.
Emily	I've been meaning to call you.
Gina	Me, too. **I was hoping that we could actually get together and talk a bit.**
Emily	Yeah, that would be great.

에밀리: 세상에, 지나, 안녕! 잘 지냈어?
지나: 잘 지내, 넌 어때?
에밀리: 잘 지내지. 정말 오랜만이다.
지나: 정말 그래.
에밀리: 너한테 전화하려고 했었어.
지나: 나도 그래. 우리 다 같이 한 번 봤으면 싶었어. 얘기도 좀 하고.
에밀리: 그래, 그거 좋겠다.

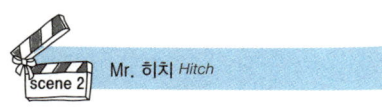

Mr. 히치 *Hitch*

미녀 상속녀 알레그라(앰버 발레타)를 짝사랑하는 알버트(케빈 제임스)는 연애 코치인 히치(윌 스미스)에게 도움을 청합니다. 알버트는 히치의 지시대로 그녀의 관심을 끌기 위해 미팅에서 투자 자문을 구하는 그녀에게 과감한 조언을 하고 회의실을 박차고 나오죠. 알버트는 금방 자신의 행동을 후회하지만, 신기하게도 알레그라가 알버트의 사무실로 찾아옵니다.

Allegra   People don't usually talk to me like that, okay? Let me rephrase that. People never talk to me like that. I guess it's kind of scary for them. But that's why I really appreciate what you did in there. But I was wondering… **do you think that you and I could get together sometime this week?** You know, to go over things. Financial things. You see, I'd like to see the areas where I can afford to take some risks.

Albert   I'll check my schedule.

Allegra   Great. Let me give you my number. Do you have a pen?

알레그라: 사람들은 보통 나에게 그렇게 말하지 않아요. 아니, 사람들은 나에게 절대 그런 말 안 해요. 내가 좀 두렵나봐요. 그래서 당신이 거기서 그런 말 해준 게 정말 고마워요. 근데… 우리 이번 주에 한 번 만날 수 있을까요? 검토할 게 있어서요. 재정에 관해서요. 내가 투자할 수 있는 분야를 알고 싶어요.
알버트: 제 스케줄 확인해볼게요.
알레그라: 좋아요. 제 번호 알려줄게요. 펜 있어요?

rephrase 바꾸어 말하다

unit 087
I got your back.
내가 지켜줄게. 나만 믿어. 내가 있잖아.

I got your back.은 상대방에게 힘든 일이 생기거나 상대방이 어떤 일을 걱정할 때 '내가 도와 줄 테니 걱정하지 마'라는 뜻으로 하는 말이에요. 흔히 Don't worry. I got your back. 이렇게 쓰는 경우가 많아요. 상황에 따라 "내가 지켜줄게.", "나만 믿어.", "내가 있잖아." 등 여러 의미가 됩니다.

블라인드 사이드 *The Blind Side*

리 앤(산드라 블록)이 마이클(퀸튼 아론)의 옷을 가지러 함께 마이클 집에 가지만 집에는 퇴거명령 통지서와 함께 문이 굳게 잠겨 있습니다. 그래서 마이클에게 맞는 옷을 사러 큰 옷 파는 가게로 가죠. 빈민가라 거리에는 흑인들밖에 없고 모두 리 앤을 이상하게 쳐다봅니다.

Michael	She wasn't home.
Leigh Anne	Well, we can come back.
Michael	She probably moved to a nicer place.
Leigh Anne	I've been in Memphis my whole life and never been anywhere near here. You're gonna take care of me, right?
Michael	**I got your back.**

마이클: 엄마가 집에 없어요.
리 앤: 뭐, 다음에 오면 되지.
마이클: 더 좋은 곳으로 이사갔나봐요.
리 앤: 난 멤피스에 평생 살았지만 이 근처는 처음이야. 네가 날 보호해줄 거지?
마이클: 제가 지켜드릴게요.

19곰 테드 *Ted*

존(마크 월버그)은 여자친구 로리(밀라 쿠니스)와 함께 그녀의 상사 렉스(조엘 맥헤일)의 파티에 갑니다. 근데 테드로부터 전화가 와서 빨리 자기 집에 오라고 합니다. 테드가 연 파티에 어릴 적 둘의 우상이었던 플래쉬 고든이 왔다고 말하죠. 결국 존은 테드의 꾀임에 넘어가서 렉스에게만 말하고 그곳을 몰래 빠져나옵니다. 하지만 로리를 좋아하는 렉스가 존을 도와줄 리가 없죠.

John	Rex, I gotta go. I'll be back in like 30 minutes, tops, okay? But Lori cannot find out. She absolutely cannot know I was gone. If you can cover for me, I'm cool with all that other shit.
Rex	**I got your back on this.** She won't know. I've been there.
John	All right, this is one man to another. I don't really know you, but I'm trusting you as a man. This is serious.

존: 렉스, 나 가봐야 해요. 길어봤자 30분 후에 돌아올게요, 알겠죠? 근데 로리가 알면 안 돼요. 절대로 그녀가 알면 안 돼요. 이거만 잘 커버해주면 다른 건 다 상관 없어요.
렉스: 나만 믿어요. 그녀는 모를 거예요. 나도 다 겪어봤어요.
존: 좋아요, 남자 대 남자로. 당신을 잘 모르지만 남자로서 믿을게요. 이거 중요한 일이에요.

unit 088 You can count on me.
날 믿어도 좋아.

"엄마 없는 동안 혼자서 동생 잘 돌볼 수 있겠니? 널 믿어도 돼?" "저만 믿으세요." 이렇게 단순히 어떤 사실을 믿고 안 믿고가 아니라 '사람이나 무엇을 믿고 의지하다'라고 할 때는 count on을 사용해요. count on sb/st은 'sb/st을 믿고 의지하다'란 뜻이에요. You can count on it.(믿어도 좋아.) Don't count on me.(날 믿지 마.) Can I count on you?(널 믿어도 돼?) 이렇게 한국어로는 그냥 '믿다'라고 해석되더라도, 그 속에는 '믿고 의지하다', '믿고 기대다'라는 뜻을 품고 있어요.

 레옹 *Leon*

레옹(장 르노)이 친구 토니(대니 앨로)를 찾아와서 만약 자기한테 무슨 일이 생기면 자기 돈을 모두 마틸다(나탈리 포트만)에게 전해달라고 부탁합니다.

Leon	Tony, I thought about my money. You remember the girl who came here the other day?
Tony	Yeah.
Leon	Her name is… Mathilda. If anything happens to me, I'd like you to give her… my money.
Tony	**You can count on me**, Leon.
Leon	Thank you, Tony.

레옹: 토니, 내 돈에 대해 생각해봤어. 얼마 전에 여기 왔던 여자애 기억하지?
토니: 응.
레옹: 걔 이름은… 마틸다야. 만약 나한테 무슨 일이 생기면 내 돈을 걔한테 줘…
토니: 나만 믿어, 레옹.
레옹: 고마워, 토니.

 아일랜드 *The Island*

인간을 복제하는 회사에서 두 명의 클론이 도망가자 사설 경비업체의 알버트에게 둘을 잡아달라고 부탁합니다. 클론인 링컨 식스 에코(이완 맥그리거)와 실제 링컨이 싸우는 상황에서 알버트는 실제 링컨이 클론인 줄 알고 죽이죠. 그리고 나서 링컨 식스 에코와 알버트가 대화하는 장면입니다.

Albert	You've been witnessed to certain trade secrets.
Lincoln	You mean that they manufacture human beings who walk, talk and feel? That kind of secret?
Albert	Have you talked with anyone else about this?
Lincoln	Who would believe it?
Albert	**Can I count on that?**
Lincoln	**The only thing you can count on is that people will do anything to survive.** I just want to live. I don't care how.

알버트: 사업 기밀을 목격하셨는데.
링컨: 그들이 걷고, 말하고, 느끼는 인간을 생산한다는 거요? 그런 기밀요?
알버트: 이 일에 관해 다른 사람한테 얘기한 적 있습니까?
링컨: 누가 그걸 믿겠어요?
알버트: 그 말 믿어도 되나요?
링컨: 인간이 살아남기 위해 수단과 방법을 가리지 않는다는 건 믿어도 돼요. 난 어떤 방법이든지 살고 싶을 뿐이요.

I'm on your side.
난 네 편이야.

친한 친구 두 명이 다투면 어느 한쪽의 편을 들 수도 없고, 참 곤란하지 않나요? "넌 누구 편이야?", "난 누구의 편도 아니야." be on sb's side는 'sb의 편이다'라는 뜻으로 I'm on your side.라고 하면 "난 네 편이야."란 말이에요. ex) Whose side are you on?(넌 누구 편이야?), I'm not on anybody's side.(난 누구의 편도 아니야.), I thought you were on my side.(난 네가 내 편인 줄 알았어.), She's on my side.(그녀는 내 편이야.)

페이스 오프 Face/Off

FBI요원인 션(존 트라볼타)의 딸 제이미(도미니크 스웨인)가 학교에서 싸움을 해서 근신 처분을 받습니다. 션의 아내 이브(조안 알렌)가 딸을 나무라자 제이미는 엄마가 자기편을 들어주지 않는다고 서운해합니다.

Jamie	It wasn't my fault! **Why won't you ever be on my side?**
Eve	**I am always on your side.** But you have to give me a chance.
Sean	Now what?
Eve	She was suspended again. Some kid made a crack about her clothes…
Sean	She started a fight.

제이미: 내 잘못이 아니라니까! 왜 한 번도 내편을 안 들어주는 거야!
이브: 난 항상 네 편이야. 근데 네가 그럴 기회를 줘야지.
션: 또 뭐야?
이브: 제이미가 또 근신을 당했어. 어떤 애가 옷 가지고 놀린다고…
션: 제이미가 먼저 때렸군.

어메이징 스파이더맨 The Amazing Spider-Man

피터(앤드류 가필드)가 그웬(엠마 스톤)의 가족과 함께 식사를 하다가 경찰인 그웬의 아버지 스테이시와 논쟁을 합니다. 스테이시가 스파이더맨은 잡아야 할 범죄자라고 하자, 피터가 스파이더맨은 시민을 돕는 정의의 편이라고 반박하죠.

Stacy	You seem to know an awful lot about this case. You know something that we don't know? I mean, **whose side are you on here?**
Peter	**I'm not on anyone's side.** I saw a video on the Internet.
Stacy	Oh, you saw the video on the Internet. Well, then the case is closed.

스테이시: 너 이 사건에 관해 아는 게 많은 모양이구나. 뭐 우리가 모르는 사실이라도 아니? 넌 누구 편이냐?
피터: 전 아무 편도 아니에요. 인터넷에서 동영상을 봤어요.
스테이시: 인터넷에서 동영상을 봤다고? 그럼 다 해결된 사건이네.

suspend 근신 처분을 내리다
make a crack about ~ ~ 가지고 놀리다

She stabbed me in the back.
걔가 내 뒤통수를 쳤어.

우리는 믿고 있던 사람이 배신할 때 '뒤통수를 치다', '물먹이다' 등으로 표현하잖아요. 네이티브는 stab sb in the back(sb의 등에 칼을 꽂다)라고 표현해요. 참 재밌는 표현이죠? stab은 실제로 칼을 꽂거나, 칼을 맞은 경우에도 사용하지만, 이렇게 배신을 당했을 때도 많이 사용한답니다. ex) Be careful. She'll stab you in the back.(조심해. 걔가 네 뒤통수를 칠 거야.), He stabbed me in the back.(그가 내 뒤통수를 쳤어.)

스타트렉 다크니스 Star Trek Into Darkness

위험에 빠진 스팍(재커리 퀸토)을 구하기 위해 엔터프라이즈호의 함장인 커크(크리스 파인)는 규율을 어기고 그를 구합니다. 그런데 스팍이 보고서에 이를 사실대로 적어서 커크는 엔터프라이즈호의 함장 자리를 잃게 됩니다.

Kirk   I saved your life, Spock. You wrote a report, I lost my ship.
Spock   Commander, I see now I should've alerted you to the fact that I submitted the report.
Kirk   No, I'm familiar with your compulsion to follow the rules. But you see, I can't do that. Where I come from, **if someone saves your life, you don't stab him in the back.**
Spock   Volcans cannot lie.
Kirk   Then I'm talking to the half-human part of you.

커크: 스팍, 난 널 구해줬고, 너는 그걸 보고했고, 난 내 우주선을 잃었어.
스팍: 중령님, 제가 보고서를 제출했다는 사실을 미리 알려드려야 했다는 걸 이제야 알겠습니다.
커크: 아니, 난 너에게 규정을 따르고 싶은 충동이 있다는 걸 잘 알아. 하지만 난 그럴 수 없어. 내 고향에서는 누가 목숨을 구해주면 그 사람의 뒤통수를 치지 않아.
스팍: 벌칸인은 거짓말을 못합니다.
커크: 난 자네의 나머지 반쪽 인간에게 얘기하는 거야.

뷰 프롬 더 탑 View from the Top

항공기 승무원 도나(기네스 펠트로)는 함께 교육을 받았던 크리스틴(크리스티나 애플게이트)이 최종시험에서 자기 답안지와 바꿔치기했다는 사실을 알게 됩니다. 그것 때문에 도나는 클리브랜드로, 크리스틴은 뉴욕으로 발령받았죠. 둘은 말다툼 끝에 서로 머리채를 쥐어잡고 싸웁니다.

Donna   All I did was try to help you out. And **you stabbed me in the back.**
Christine **I never stabbed you in the back**, Donna.
Donna   You switched our exams.
Christine Well, if you're gonna nitpick.

도나: 내가 한 일이라곤 널 도와준 것밖에 없는데, 넌 내 뒤통수를 쳤어.
크리스틴: 난 네 뒤통수를 친 적 없어, 도나.
도나: 네가 우리 답안지를 바꿔치기 했잖아.
크리스틴: 뭐, 네가 별것도 아닌 일로 트집을 잡는다면.

nitpick 별것 아닌 일로 트집을 잡다

빈칸에 어울리는 영어문장을 말하고 적어보세요.

1 1) 우린 죽이 잘 맞아.
    2) 너희 둘 잘 맞을 것 같아.
    3) 네가 저스틴과 잘 맞을 줄 알았어.
    4) 나 그의 가족과 잘 맞지 않았어.
    5) 우린 처음엔 잘 맞지 않았어.

2 1) 나 룸메이트와 사이가 좋지 않아.
    2) 우린 분명히 잘 지낼 거야.
    3) 우리 별로 사이가 좋지 않아.
    4) 걔들 전혀 사이가 안 좋아.
    5) 너희들 왜 사이좋게 지내질 못하니?

3 1) 난 이곳과 맞지 않아.
    2) 넌 잘 적응할 거야.
    3) 그는 학교에서 잘 적응하지 못했어.
    4) 그녀는 동료들과 잘 어울리지 못해.

4 1) 그녀는 내 친구야.
    2) 그는 나의 좋은 친구야.
    3) 제 친구를 찾는데요.
    4) 친구가 그 얘길 해줬어.
    5) 여긴 내 친구, 엠마 스톤이야.

5 1) 나 그녀와 화해했어.
    2) 키스하고 화해하자.
    3) 너 이제 샘과 화해했니?
    4) 우리 화해했어.

6 1) 내 실수를 만회하게 해줘.
   2) 내가 잘못한 거 보상할게.
   3) 내가 잘못한 거 만회하고 싶어.
   4) 내 잘못을 만회하려면 어떡하면 돼?

7 1) 같이 놀래?
   2) 나 걔들이랑 안 놀아.
   3) 너 왜 쟤랑 어울리니?
   4) 쟤랑 같이 놀지 마.

8 1) 우리 언제 만나서 점심 같이 먹자.
   2) 우리 언제 만나서 꼭 술 한잔 하자.
   3) 우리 만나서 얘기 좀 하자.
   4) 우리 방과 후에 모여야겠다.

9 Leigh Anne   I've been in Memphis my whole life and never been anywhere near here. You're gonna take care of me, right?
   Michael   제가 지켜드릴게요.

10 1) 날 믿어도 좋아.
    2) 그거 믿어도 좋아.
    3) 날 믿지 마.
    4) 널 믿어도 돼?

11 1) 난 네 편이야.
    2) 넌 누구 편이야?
    3) 난 누구의 편도 아니야.
    4) 난 네가 내 편인 줄 알았어.
    5) 그녀는 내 편이야.

12 Donna   All I did was try to help you out. And _____ 넌 내 뒤통수를 쳤어.

　　　　Christine   _____, Donna. 난 네 뒤통수를 친 적 없어.

　　　　Donna   You switched our exams.

　　　　Christine   Well, if you're gonna nitpick.

Answers

1 **1)** We hit it off.　**2)** I think you guys would hit it off.　**3)** I knew you'd hit it off with Justin.　**4)** I didn't hit it off with his family.　**5)** We didn't hit it off in the beginning.　**2** **1)** I don't get along with my roommate.　**2)** I'm sure we'll get along fine.　**3)** We don't get along very well.　**4)** They don't get along at all.　**5)** Why can't you just get along?　**3** **1)** I don't fit in here.　**2)** You'll fit in fine.　**3)** He didn't fit in at school.　**4)** She doesn't fit in with her colleagues.　**4** **1)** She's a friend of mine.　**2)** He's a good friend of mine.　**3)** I'm looking for a friend of mine.　**4)** A friend of mine told me about it.　**5)** This is a friend of mine, Emma Stone.　**5** **1)** I made up with her.　**2)** Let's kiss and make up.　**3)** Have you made up with Sam yet?　**4)** We made up.　**6** **1)** Let me make it up to you.　**2)** I'll make it up to you.[=I'm gonna make it up to you.]　**3)** I want to make it up to you.[=I'd like to make it up to you.]　**4)** How can I make it up to you?[=What can I do to make it up to you?]　**7** **1)** Do you wanna hang out？　**2)** I don't hang out with them.　**3)** Why do you hang out with him[her]?　**4)** Don't hang out with her[him].　**8** **1)** Let's get together for lunch sometime.　**2)** We must get together for a drink sometime.　**3)** Let's get together and talk.　**4)** We should get together after school.　**9** I got your back.　**10** **1)** You can count on me.　**2)** You can count on it.　**3)** Don't count on me.　**4)** Can I count on you?　**11** **1)** I'm on your side.　**2)** Whose side are you on?　**3)** I'm not anybody's side.　**4)** I thought you were on my side.　**5)** She's on my side.　**12** **1)** you stabbed me in the back.　**2)** I never stabbed you in the back

Chapter 9

기분, 감정

Quiz 내가 영어로 할 수 있는 말은?

1. 너 나한테 화났니? _____ (mad)
2. 나 정말 열받았어. _____ (piss)
3. 너 때문에 간 떨어지는 줄 알았네. _____ (scare)
4. 놀라지 마, 알겠지? _____ (freak)
5. 나 상처받는 게 두려워. _____ (burn)
6. 너 때문에 순간 걱정했잖아. _____ (worry)
7. 왜 시무룩한 얼굴을 하고 있어? _____ (long)
8. 그는 항상 날 무시해. _____ (look)

Answers

1 Are you mad at me? 2 I'm really pissed. 3 You scared the shit[hell] out of me. 4 Don't freak out, okay?
5 I'm afraid of getting burnt. 6 You had me worried for a second[minute/moment]. 7 Why the long face?
8 He's always looking down on me.

Are you mad at me?

너 나한테 화났니?

사람들이 보통 mad를 '미친'이란 뜻으로 알고 있지만 네이티브는 '화나다'란 의미로 더 많이 사용해요. 일상생활에서 angry보다도 mad를 더 자주 쓰는데요. be mad at sb는 'sb에게 화나다'란 뜻이에요. ex) Are you still mad at me?(너 아직도 나한테 화났니?), I'm not mad at you.(나 너한테 화 안 났어.), Why are you mad at me?(너 왜 나한테 화났니?), What are you so mad about?(너 뭐 때문에 그렇게 화난 거야?), Don't get mad.(화내지 마.)

 500일의 썸머 *500 Days of Summer*

톰(조셉 고든 레빗)과 썸머(주이 디샤넬)가 함께 바에 있는데 어떤 남자가 썸머에게 작업을 겁니다. 썸머가 싫다고 해도 계속 집적대고 톰에게도 무시하는 발언을 하자 톰이 주먹을 날려 싸움이 일어납니다. 그리고 나서 두 사람은 함께 집에 돌아오지만 톰의 말에 썸머가 대답도 하지 않고 시큰둥한 반응을 보입니다. 톰이 왜 그러냐고 묻자 썸머가 대답합니다.

Summer You were so completely, completely uncool in there.
Tom Wait. **Are you mad at me?** I just got my ass kicked for you.
Summer Oh, really? Was that for me? Was that for my benefit?
Tom Yes, it was.
Summer Okay, well, next time don't, 'cause I don't need your help. You know what? I'm really tired. Can we talk about this tomorrow?

썸머: 너 아까 거기서 정말 볼품없었어.
톰: 잠깐. 너 나한테 화난 거야? 난 널 위하려다 혼쭐이 났는데.
썸머: 그래? 그게 나 때문이야? 날 위해 그런 거야?
톰: 당연하지.
썸머: 좋아, 그럼 다음부터 그러지 마. 네 도움 필요 없으니까. 나 정말 지쳤거든. 우리 다음에 얘기하면 안 될까?

 크레이지 스투피드 러브 *Crazy, Stupid, Love.*

아내가 직장동료와 바람나서 이혼하기로 한 부부 칼(스티브 카렐)과 에밀리(줄리안 무어)가 아들의 학부모 면담 때문에 학교에서 만납니다.

Cal And **I'm so mad at you. I'm really mad at you for what you did. But I'm mad at myself, too.** Because I should not have jumped out of that car. I should've fought for you. Because you fight for your soul mates. At least, that's what my 13-year-old son tells me.
Emily He's a really strange kid.

칼: 당신한테 정말 화가 나. 당신이 한 일에 정말 화가 나. 하지만 나 자신에게도 화가 나. 내가 그 차에서 뛰어내리지 말았어야 했거든. 당신을 위해 싸웠어야 했어. 소울메이트를 위해선 싸우는 법이잖아. 13살짜리 아들이 해준 말이야.
에밀리: 걔는 정말 이상한 애야.

unit 092 I'm really pissed.

나 정말 열받았어.

엄청 화가 나서 머리에서 연기가 올라올 정도가 되면 '열받다'라고 하잖아요. 영어로는 be pissed 또는 be pissed off라고 해요. '열받다', '매우 화나다'란 뜻이죠. 그래서 I'm really pissed.라고 하면 "나 정말 열받았어."가 됩니다. ex) He's gonna be pissed.(그가 엄청 화낼 거야.), She is pissed at you.(걔 너한테 열받았어.), What are you so pissed about?(뭐 때문에 그렇게 열받은 거야?) 그리고 piss sb off는 'sb를 열받게 하다'란 뜻으로 다음처럼 사용합니다. ex) You're pissing me off.(너 정말 열받게 하네.), Don't piss me off.(나 열받게 하지 마.)

에린 브로코비치 *Erin Brockovich*

변호사 사무실에서 근무하는 에린(줄리아 로버츠)은 대기업 공장에서 유출되는 유해물질이 주민들을 병들게 한다고 의심하고 이 일에 대해 조사합니다. 에린은 점점 확실한 증거를 찾고 변호사 에드(앨버트 피니)와 함께 대기업을 상대로 싸우게 됩니다. 대기업에서 고용한 변호사가 이들을 찾아와 터무니없는 협상금액을 제시하자 에드는 엄청 열을 받습니다.

Ed	You heard about what that kid said. They have 28 billion dollars at their disposal. They can afford to waste all the time in the world.
Erin	And you can't?
Ed	You think I am made of money?
Erin	What are you yelling at me for?
Ed	Because **I'm pissed off.**

에드: 그 애송이 변호사가 하는 얘기 들었지. 그 회사가 280억 달러나 가지고 있다잖아. 얼마든지 시간을 끌 수 있다 이거지.
에린: 당신은 할 수 없고요?
에드: 내가 갑부인 줄 알아?
에린: 왜 나한테 소리쳐요?
에드: 열받았으니까.

19곰 테드 Ted

존(마크 월버그)이 테드의 꾀임에 빠져 여자친구 몰래 파티에 갔다가 그녀에게 걸려 결국 차이고 맙니다. 테드가 존을 찾아 오지만 존은 당연히 테드에게 엄청 화가 나 있겠죠.

Ted Look, Johnny, **I know you're pissed**, all right? But just listen to me for five seconds. I saw Lori leaving the apartment with Rex.

John What?

Ted I'm serious, John. I went over to talk to her and maybe take some of the heat off you. And there he was, picking her up. They were going to the Hatch Shell.

테드: 이봐, 조니, 네가 열받은 건 알아. 하지만 내 얘기를 5초만 들어봐. 나 로리가 렉스와 아파트에서 나가는 걸 봤어.

존: 뭐라고?

테드: 정말이야, 존. 너를 좀 봐달라고 얘기하려고 걔네 집에 갔었어. 근데 거기서 렉스가 로리를 태워 가더라고. 해치쉘 공연장으로 갔어.

at one's disposal ~에게 이용 가능한

take the heat off ~ ~에게 가하던 압력을 줄이다

Hatch Shell 해치쉘 공연장(보스턴에 있는 야외 공연장으로 원래 이름은 Hatch Memorial Shell이지만 보통 Hatch Shell이라고 부름)

You scared the shit out of me.
너 때문에 간 떨어지는 줄 알았네.

누가 갑자기 뒤에서 나타나거나 큰소리로 놀래킬 때, 집에 도둑이라도 든 줄 알았는데 알고 봤더니 가족이었을 때, 이럴 때 우리는 "너 때문에 간 떨어지는 줄 알았어."라고 하죠. 이때 쓰는 표현이 You scared the shit out of me.예요. shit 대신 hell이나 crap을 넣어서 You scared the hell out of me. 또는 You scared the crap out of me.라고도 합니다. scare는 '놀라게 하다'란 뜻의 동사여서 You scared me.라고 하면 "너 때문에 놀랐잖아."란 뜻이 되죠. 참고로 '무서워하다'란 뜻의 형용사 scared는 다음처럼 사용합니다. ex) Are you scared?(너 무섭니?), I'm not scared at all.(난 하나도 안 무서워.)

스크림 3 *Scream 3*

영화의 초반, 크리스틴(켈리 루더포드)이 집에 혼자 있는데 갑자기 오디오가 저절로 켜지며 인기척이 납니다. 크리스틴은 누구인지 몰라 불안해하는데, 거실에서 남자친구인 듯한 사람이 "나 왔어."라고 말하는 소리가 들립니다.

Christine	Who is it? Who's there?
Killer	Christine? Hon, you all right? I'm home.
Christine	Jesus! **You scared the shit out of me.**
Killer	You're not gonna believe what just happened to me.

크리스틴: 누구세요? 거기 누구세요?
킬러: 크리스틴? 자기, 괜찮아? 나 왔어.
크리스틴: 맙소사! 자기 때문에 간 떨어지는 줄 알았잖아.
킬러: 방금 나한테 무슨 일이 있었는지 믿지 못할 거야.

어드벤처랜드 *Adventureland*

놀이공원에서 함께 아르바이트를 하는 제임스(제시 아이젠버그)와 엠(크리스틴 스튜어트)은 일을 마친 후 차 안에서 키스를 하고 있었습니다. 다른 직원 리치가 문을 닫은 저녁인데 차가 있는 것을 보고 이들에게 다가가 놀이공원이 폐장했다고 말합니다. 키스하고 있던 이들은 갑자기 누가 차 문을 두드려서 깜짝 놀라죠.

Rich	Park's closed, Em.
Em	Yeah. Rich, **you scared the hell out of us.**
James	Rich, it's me, James.
Em	Park's closed, James.
James	Okay, we'll leave soon, okay?

리치: 놀이공원 문 닫았어, 엠.
엠: 알았어. 리치, 너 때문에 우리 간 떨어지는 줄 알았어.
제임스: 리치, 나야, 제임스.
엠: 놀이공원 폐장했어, 제임스.
제임스: 그래, 우리 금방 갈게.

Don't freak out, okay?

놀라지 마, 알겠지?

freak out은 '기겁하다', '질겁하다', '식겁하다', '놀라서 까무러치다'란 뜻인데요. 상대방이 우려하거나 두려워할 만한 얘기를 하려고 하거나 그런 것을 보여주기 전엔 "놀라지 마."란 뜻으로 Don't freak out. 이라고 해요. 그리고 freak sb out은 'sb를 불안하게/놀라게/두렵게 하다'란 뜻이고요. 참고로 명사 freak은 '별종', '괴짜'란 뜻이에요. ex) She freaked out when she saw me.(걔가 날 보더니 기겁을 했어.), My dad would freak out if he knew about this.(우리 아빠가 이 일을 알면 기겁을 할 거야.), You're freaking me out.(네가 날 불안하게 해.)

웜 바디스 *Warm Bodies*

좀비 R(니콜라스 홀트)과 잠시 함께 지낸 줄리(테레사 팔머)는 집으로 돌아가고 나서도 자꾸 그가 생각납니다. R이 좀비가 아니라 사람처럼 느껴지는 줄리는 친구 노라(애널리 팁튼)에게 이 얘기를 하죠.

Julie	I gotta tell you something. This is kind of weird. **Please do not freak out.**
Nora	No.
Julie	But, I actually miss him.
Nora	You… You miss him? Like you're attracted to him? Like he could be your boyfriend? Your zombie boyfriend?

줄리: 너한테 할 말이 있어. 좀 이상한 얘긴데, 제발 놀라지 마.
노라: 안 놀랄게.
줄리: 사실은 그가 보고 싶어.
노라: 너… 그가 보고 싶다고? 그에게 끌리는 것처럼? 마치 네 남자친구처럼? 네 좀비 남자친구?

트랜스포머 Transformers

옵티머스와 다른 로봇들이 큐브의 좌표가 표시된 샘(샤이아 라보프)의 할아버지 안경을 찾느라 집 주위를 돌아다니자 샘은 부모님이 로봇들을 볼까봐 옵티머스에게 돌아다니지 말라고 말합니다.

Sam What? Oh, no, no, no. This is my mother's flower.

Optimus Oops.

Sam Okay, listen. You gotta listen to me. If my parents come out here and they see you, **they're gonna freak out.** My mother's got a temper, okay?

Optimus We must have the glasses.

Sam I know you need the glasses. I've been looking everywhere. They're not here. They're definitely not here.

Optimus Keep searching.

샘: 뭐야? 오, 맙소사. 이거 우리 엄마 꽃이란 말이야.
옵티머스: 이런.
샘: 좋아, 내 말 좀 들어봐. 우리 부모님이 여기 나와서 너희를 보면 기겁을 할 거야. 우리 엄마 성질 있다고, 알겠어?
옵티머스: 우린 그 안경이 필요해.
샘: 나도 네가 안경이 필요하단 건 알아. 다 찾아봤는데 여긴 없어. 분명히 여긴 없어.
옵티머스: 계속 찾아봐.

weird 이상한
temper (화를 잘 내는) 성질

I'm afraid of getting burnt.

나 상처받는 게 두려워.

be burnt 또는 get burnt는 원래 '불에 데다'란 뜻이지만, '마음에 상처를 받다'란 의미로도 사용해요. burn의 과거분사형은 burnt와 burned 두 가지라 둘 다 사용합니다. ex) I got burnt.(나 상처받았어.), Don't get burned again.(또 상처받지 마.)

내겐 너무 가벼운 그녀 *Shallow Hal*

할(잭 블랙)이 로즈메리(기네스 팰트로)와 데이트하고 함께 길을 걸으며 하는 대화입니다. 심리상담사의 최면에 걸린 할의 눈에는 로즈메리가 아주 날씬하고 예쁘게 보이지만 실제론 그와 정반대죠.

Hal	What, your other boyfriends aren't nice to you?
Rosemary	I don't have other boyfriends.
Hal	Bullshit.
Rosemary	Well, I had one boyfriend. It was kind of recently, actually, but it didn't work out.
Hal	**You've been burnt, huh?**
Rosemary	No. That's just it. I, um… **I've never been close enough to anybody to get burnt.**

할: 왜, 다른 남자친구들은 당신에게 잘 해주지 않나요?
로즈메리: 다른 남자친구 없어요.
할: 거짓말.
로즈메리: 뭐, 얼마 전에 남자친구가 한 명 있긴 했지만 잘 되지 않았어요.
할: 그래서 상처받았군요.
로즈메리: 아뇨. 바로 그 점이 문제예요. 음… 저는 상처받을만큼 누구와 가까워져 본 적이 없어요.

케이트 앤 레오폴드 *Kate & Leopold*

스튜어트(리브 슈라이버)가 전 여자친구인 케이트(맥 라이언)에게 과거로 통하는 시간의 틈을 발견했고, 과거의 인물이 자기를 따라서 함께 왔다고 말하자 케이트는 믿지 않습니다.

Stuart	I am telling you the truth, Kate.
Kate	You can tell me you went and picked up a transvestite in Times Square. I don't care.
Stuart	You know what, Kate? This is it, right here. This is it, in a nutshell, our downfall. You never, not once, believed in me.
Kate	Oh, I did, Stuart. I did, for four years. And **I got burnt.**

스튜어트: 나 사실을 말하는 거야, 케이트.
케이트: 네가 타임스퀘어에 가서 변태를 데려왔다고 해도 좋아. 상관 안 해.
스튜어트: 그거 알아, 케이트? 바로 이거야. 간단히 말해서 우리가 헤어진 이유. 넌 절대, 단 한 번도, 날 믿지 않았다는 거.
케이트: 오, 난 널 믿었어, 스튜어트. 4년동안이나. 그리고 난 상처받았지.

transvestite 여자 옷을 즐겨 입는 남자
in a nutshell (핵심을) 간단히 말해서
downfall 몰락(의 원인)

You had me worried for a second.
너 때문에 순간 걱정했잖아.

상대방이 나를 걱정하게 만들었을 때는 "너 때문에 걱정했잖아."란 뜻으로 You had me worried.라고 합니다. 그리고 You had me worried for a second.라고 하면 "너 때문에 순간 걱정했잖아."란 뜻인데요. 상대방의 말을 잘못 이해해서 정말 순간적으로 걱정했을 때도 쓰고, 한동안 걱정했지만 지금은 안심했을 때도 사용합니다. for a second 대신 for a minute이나 for a moment을 넣어도 됩니다. 참고로 be worried about sb/st은 'sb/st에 대해 걱정하다'란 뜻으로 다음처럼 사용합니다. ex) I was worried about you.(네 걱정했었어.), What are you worried about?(너 무슨 걱정하니?)

 오블리비언 *Oblivion*

외계인 무리에게 잡힌 잭 하퍼(톰 크루즈)가 정신을 차리자 그들은 외계인이 아니라 인간들이었습니다. 이들의 리더인 말콤 비치(모건 프리먼)는 잭에게 진실을 알려주겠다며 출입이 금지된 방사능 오염 지역에 잭을 보냅니다. 그곳에서 진실을 알게 된 잭은 말콤 비치에게 다시 돌아오죠.

Beech   **You had me worried for a second.** I thought you weren't coming back.
Jack   Well, I had to prove him wrong.
Beech   You look like shit.
Jack   You should see the other guy.

비치: 자네 때문에 순간 걱정했었네. 안 돌아오는 줄 알고 말이야.
잭: 저 사람이 틀렸다는 걸 입증해야 했어요.
비치: 꼴이 말이 아니군.
잭: 상대가 어떻게 됐는지 봐야 하는데. (내 상대는 더 말이 아니에요.)

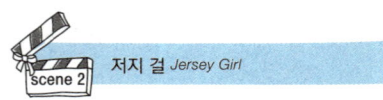

저지 걸 Jersey Girl

뉴욕에서 잘나가던 홍보 담당자 올리(벤 애플렉)는 한 번의 큰 실수로 일을 그만두고 뉴저지에서 딸(라켈 카스트로)을 키우며 아버지 바트(조지 칼린)와 셋이서 생활합니다. 6년 후, 올리에게 뉴욕에서 다시 일할 기회가 찾아오지만, 하필이면 면접일이 딸과 함께 학교에서 공연하기로 한 날이죠. 올리는 뉴욕에 면접을 보러 가지만, 지금 사는 곳을 더 좋아하는 딸을 위해 면접을 포기하고 공연장으로 돌아옵니다. 올리와 그의 아버지 바트가 대화하는 장면입니다.

Bart	**You had me worried there for a minute.**
Ollie	Yeah, who knew all those years you were nursing a case of stage fright?
Bart	Not about that, smart ass. About the other thing. About moving away.
Ollie	Come on, Dad. Don't you wanna live alone again?
Bart	Not as much as I don't wanna die alone.
Ollie	We're not going anywhere, Pop.

바트: 너 때문에 순간 걱정했었어.
올리: 그러게요, 그 긴 세월 동안 아버지한테 무대공포증이 있다는 거 누가 알았겠어요?
바트: 그거 말고, 이놈아. 다른 거. 너 이사하는 거 말이야.
올리: 에이, 아버지도. 다시 혼자 살고 싶지 않으세요?
바트: 혼자 살다 죽고 싶지 않아.
올리: 우린 아무 데도 안 가요, 아빠.

---

nurse 치료하다, 키우다, 품다
stage fright 무대 공포증

unit 097 Why the long face?
왜 시무룩한 얼굴을 하고 있어?

사람이 울상을 하면 눈꼬리와 입이 축 처지잖아요. 그래서 long face는 '슬픈 얼굴'을 뜻해요. Why the long face?라고 하면 "왜 시무룩한 얼굴을 하고 있니?", "왜 우울한 얼굴 하고 있니?" 이런 의미가 됩니다. 주위에 꿀꿀한 표정을 한 친구가 있다면 이 표현을 써서 한번 물어보세요.

 슈렉 2 *Shrek 2*

슈렉이 마법의 약을 먹고 인간으로 변하는데, 프린스 차밍이 피오나 앞에서 인간으로 변한 슈렉인 척 행동합니다. 이를 본 슈렉은 피오나가 프린스 차밍을 좋아하는 줄 알고 크게 실망하고 의기소침하죠. 인간으로 변한 슈렉은 동키와 장화 신은 고양이와 함께 술집에 가서 술을 마십니다.

Doris	There you go, boys.
Shrek	Just leave the bottle, Doris.
Doris	Hey, **why the long face?**
Shrek	It was all just a stupid mistake. I never should've rescued her from that tower in the first place.

도리스: 여기 있어.
슈렉: 그냥 병째로 줘, 도리스.
도리스: 이봐, 왜 시무룩한 얼굴을 하고 있어?
슈렉: 모두 어리석은 실수였어. 애초에 그 탑에서 그녀를 구하는 게 아니었어.

 엘프 *Elf*

평생 자신이 요정인 줄 알며 북극의 산타마을에 살던 버디(윌 페렐)는 성인이 되어 아버지로부터 진실을 듣게 됩니다. 아기일 때 고아원에 있던 버디가 어느 크리스마스 날, 산타할아버지의 선물주머니에 기어들어가서 북극의 산타마을에 와서 살게 된 것이죠. 이 이야기를 들은 버디는 충격을 받고 울며 집 밖으로 달려나가는데, 이때 눈사람 리온이 버디에게 말을 겁니다.

Leon	Hello, buddy.
Buddy	Oh… hi, Leon.
Leon	**Why the long face, partner?**
Buddy	It seems I'm… I'm not an elf.
Leon	'Course you're not. You're 6′3″. And had a beard since you were 15.

리온: 안녕, 버디.
버디: 오… 안녕, 리온.
리온: 왜 우울한 얼굴을 하고 있어, 친구?
버디: 내가… 요정이 아닌가봐.
리온: 당연히 아니지. 너 키가 190이잖아. 그리고 15살 때부터 턱수염이 났어.

in the first place 애초에, 애당초
'course 물론, 당연히

He's always looking down on me.
그는 항상 날 무시해.

look down on sb/st은 아래로 내려다보는 것을 뜻하므로 'sb/st을 낮춰 보다/깔보다/무시하다'란 의미가 됩니다. 자기가 남보다 우월하다고 생각하고 다른 사람을 낮춰 보고 무시할 때 쓰는 표현이에요. 그리고 반대 표현인 look up to sb는 'sb를 존경하다'란 뜻이에요. ex) She looks down on me.(그녀가 날 무시해.), He's looking down on you.(그가 널 깔보는 거야.)

뉴욕 미니트 New York Minute

쌍둥이 자매인 제인(애슐리 올슨)과 록시(메리 케이트 올슨)가 무단결석 담당 공무원 맥스(유진 레비)를 피해 차를 몰고 도망가는 장면입니다. 제인이 차를 험하게 몰자 록시가 한소리 하고, 이것 때문에 이들은 또 다투죠.

Roxy   Are you trying to kill us?
Jane   I just saved your life, and you're criticizing me?
Roxy   Welcome to my world.
Jane   What's that supposed to mean?
Roxy   Supposed to mean **you're always looking down on me.**
Jane   **Looking down on you?**
Roxy   Yeah.
Jane   I've been looking out for you.

록시: 너 우릴 죽일 작정이야?
제인: 방금 널 구해줬더니, 넌 날 비난하는 거야?
록시: 우리 세계에 온 걸 환영해.
제인: 그게 무슨 소리야?
록시: 네가 항상 날 깔본다는 얘기야.
제인: 널 깔본다고?
록시: 그래.
제인: 난 항상 널 돌봐줬어.

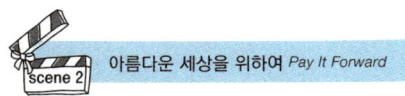

아름다운 세상을 위하여 Pay It Forward

트레버(헤일리 조엘 오스먼트)를 홀로 키우는 엄마 알린(헬렌 헌트)은 트레버의 담임선생님 유진(케빈 스페이시)과 가까워져 데이트를 합니다. 알린은 유진에게 집에 들어오라며 먼저 다가가지만 상처가 많은 유진은 이를 거절하고 돌아갑니다. 화가 난 알린이 유진의 집으로 찾아오죠.

Arlene	**Do you look down on me?**
Eugene	What?
Arlene	**Do you look down on me?**
Eugene	No.
Arlene	'Cause, I don't talk like you, I haven't read the stuff you read.
Eugene	What are you talking about? That's not pertinent, and you know it.

알린: 날 무시하는 거예요?
유진: 뭐라고요?
알린: 날 무시하냐고요?
유진: 아뇨.
알린: 난 당신처럼 고상하게 말하지 않아요, 당신처럼 책을 많이 읽지 않았으니까요.
유진: 무슨 소리에요? 그런 건 전혀 상관 없다는 거 당신도 알잖아요.

look out for sb sb를 돌보다
pertinent 상황에 적절한, 관련이 있는

빈칸에 어울리는 영어문장을 말하고 적어보세요.

1   1) 너 아직도 나한테 화났니? _____
    2) 나 너한테 화 안 났어. _____
    3) 너 왜 나한테 화났니? _____
    4) 너 뭐 때문에 그렇게 화난 거야? _____
    5) 화내지 마. _____

2   1) 나 정말 열받았어. _____
    2) 그가 엄청 화낼 거야. _____
    3) 걔 너한테 열받았어. _____
    4) 너 정말 열받게 하네. _____
    5) 날 열받게 하지 마. _____

3   Christine   Who is it? Who's there?
    Killer   Christine? Hon, you all right? I'm home.
    Christine   Jesus! _____ 너 때문에 간 떨어지는 줄 알았잖아.
    Killer   You're not gonna believe what just happened to me.

4   1) 놀라지 마, 알겠지? _____
    2) 그녀가 날 보더니 기겁을 했어. _____
    3) 우리 아빠가 이 일을 알면 기겁을 할 거야. _____
    4) 네가 날 불안하게 해. _____

5   1) 나 상처받는 게 두려워. _____
    2) 나 상처받았어. _____
    3) 또 상처받지 마. _____

6   1) 너 때문에 순간 걱정했잖아. _____
    2) 네 걱정했었어. _____
    3) 너 무슨 걱정하니? _____

7 Doris　　There you go, boys.
　　Shrek　　Just leave the bottle, Doris.
　　Doris　　Hey, _____ 왜 시무룩한 얼굴을 하고 있어?
　　Shrek　　It was all just a stupid mistake. I never should've rescued her from that tower in the first place.

8 1) 그는 항상 날 무시해. _____
　　2) 그녀가 날 무시해. _____
　　3) 그가 널 깔보는 거야. _____

Answers

1 1) Are you still mad at me?　2) I'm not mad at you.　3) Why are you mad at me?　4) What are you so mad about?　5) Don't get mad.　**2** 1) I'm really pissed.　2) He's gonna pissed.　3) She[He] is pissed at you.　4) You're pissing me off.　5) Don't piss me off.　**3** You scared the shit[hell] out of me.　**4** 1) Don't freak out, okay?　2) She freaked out when she saw me.　3) My dad would freak out if he knew about this.　4) You're freaking me out.　**5** 1) I'm afraid of getting burnt[burned].　2) I got burnt[burned].　3) Don't get burned[burnt] again.　**6** 1) You had me worried for a second[minute/moment].　2) I was worried about you.　3) What are you worried about?　**7** why the long face?　**8** 1) He's always looking down on me.　2) She looks down on me.　3) He's looking down on you.

151

Chapter 10

거슬려, 못 참아

Quiz 내가 영어로 할 수 있는 말은?

1 그거 자꾸 신경 거슬려. _____ (nerve)

2 내가 신경을 건든 것 같아. _____ (hit)

3 너 참 뻔뻔하구나. _____ (have)

4 너 왜 그걸 참고 사니? _____ (put)

5 더 이상 못 참겠다. _____ (take)

6 걔를 참을 수 없어. _____ (stand)

7 지금껏 너한테 참을 만큼 참았어. _____ (have)

8 기다리는 거 질렸어. _____ (sick)

9 나 건들지 마. 나한테 들이대지 마. _____ (mess)

Answers

1 It's getting on my nerves. **2** I think I hit a nerve. **3** You have a lot of nerve. **4** Why do you put up with it? **5** I can't take it anymore. **6** I can't stand her[him]. **7** I've had it up to here with you. **8** I'm sick of waiting. **9** Don't mess with me.

It's getting on my nerves.
그거 자꾸 신경 거슬려.

sb/st get on my nerves는 'sb/st이 계속 내 신경을 거슬리게 한다'란 뜻이에요. 옆에 있는 사람이 계속 펜으로 책상을 두드리거나, 껌을 쩍쩍 소리 내며 씹거나, 다리를 심하게 떨거나, 정신 없을 정도로 말이 많다면 신경 거슬리고 짜증나겠죠. 바로 이때 쓰는 표현이에요. 신경 거슬리니까 그만 좀 하라는 뜻으로 말이에요. 주로 현재진행형으로 많이 쓰고, 현재형으로 쓰기도 합니다. ex) That's really getting on my nerves.(그거 정말 신경 거슬려.), You're getting on my nerves with that.(네가 그걸로 자꾸 신경 거슬리게 해.), He gets on my nerves.(걔 신경 거슬려.)

토이 스토리 *Toy Story*

카우보이 장난감 우디는 주인 앤디가 가장 아끼고 좋아하는 장난감인데, 어느 날, 최신형 우주비행사 장난감 버즈가 나타납니다. 버즈는 자신이 장난감이 아니라 실제 우주비행사인 것처럼 기세등등하게 행동하고, 우디는 이런 버즈를 못마땅해 하죠.

Woody	Listen, Light Snack, you stay away from Andy. He's mine, and no one is taking him away from me.
Buzz	What are you talking about? Where's that bonding strip?
Woody	And another thing. Stop with this spaceman thing! **It's getting on my nerves!**

우디: 이봐, 우주 장난감, 너 앤디한테 접근하지 마. 걔는 내 꺼야. 아무도 뺏어가지 못해.
버즈: 무슨 소리 하는 거야? 연결선은 어디 있지?
우디: 그리고 하나 더. 우주비행사 놀이 좀 그만 해! 신경 거슬려!

스파이더맨 2 *Spider-Man 2*

피터(토비 맥과이어)가 이모와 함께 은행에 와서 대출상담을 받고 있는데, 닥터 옥토퍼스가 은행을 털기 위해 들이닥칩니다. 피터는 바로 스파이더맨으로 변신해 닥터 옥토퍼스와 싸웁니다. 닥터 옥토퍼스가 문어발 같은 로봇 팔로 스파이더맨을 붙잡고 뭉개려 합니다. 하지만 가만히 당할 스파이더맨이 아니죠.

Doc. Ock	**You're getting on my nerves.**
Spider-Man	I have a knack for that.
Doc. Ock	Not anymore.

닥터 옥토퍼스: 자꾸 신경 거슬리게 하는군.
스파이더맨: 내가 그런 재주가 있지.
닥터 옥토퍼스: 이젠 아니야.

---

have a knack for (doing) st
st에 재능이 있다(ex. have a knack for languages 언어에 재능이 있다)

I think I hit a nerve.
내가 신경을 건든 것 같아.

상대방의 과거나 집안 내력 등 언급하고 싶지 않은 민감한 이야기를 꺼내면 그 사람의 심기가 불편해 지겠죠. 이럴 때 '신경을 건들다', '심기를 불편하게 하다'라고 하잖아요. 여기에 딱 해당하는 표현이 hit a nerve예요. 앞서 나온 것처럼 nerve는 '신경'이란 뜻이거든요. 그리고 hit a nerve with st이라고 하면 'st으로 신경을 건들다'란 뜻이 됩니다.

 컨스피러시 *Conspiracy Theory*

택시기사 제리(멜 깁슨)는 정부에 여러 가지 음모가 있다며 항상 그 이야기들을 손님들에게 들려주곤 합니다. 근데 어느 날 제리는 괴한들에게 납치되어 고문을 당합니다. 제리는 그곳을 탈출해 법무성의 변호사 앨리스(줄리아 로버츠)를 찾아가서 자신이 당한 일과 자신의 이론에 대해 얘기합니다.

Jerry I think this is what's been causing the problem. I mean, this is the third issue this year. "Conspiracy Theory" I give you "Conspiracy Theory". This is my newsletter. I think it's got'em scared. You know, **I must have hit a nerve with one of those articles in there.** Otherwise, you know, they're pretty pissed off about something.

제리: 이게 문제를 일으킨 것 같아요. 이건 올해 세 번째로 나온 거예요. '음모 이론'. '음모 이론'을 드릴게요. 제가 만드는 소식지예요. 이게 그들을 무섭게 한 것 같아요. 거기 있는 글 중에 하나가 그들의 신경을 건든 게 분명해요. 그렇지 않으면... 그들이 뭔가에 엄청 열을 받았나 봐요.

 나비 효과 *The Butterfly Effect*

에반(애쉬튼 커처)과 그의 엄마 안드리아(멜로라 월터스)는 길을 가다가 점집을 발견하고 들어가서 점을 봅니다. 근데 점쟁이가 에반에게 영혼이 없다며 태어나지 말아야 할 사람이 태어났다고 하자, 앤드리아가 크게 상심합니다.

Evan You're not gonna let that old hag ruin the rest of our time together? She's nuts, she's a lunatic. That's like an act. They just do that…

Andrea I know. I'm sorry. **She just hit a nerve.**

Evan Well… why? I don't get it.

Andrea Before you were born, I was pregnant twice, and they were both stillbirths.

Evan Why didn't you ever tell me that?

Andrea It's not something I like to remember.

에반: 저 늙은 할망구 때문에 우리 시간을 망치는 거 아니죠? 미친 사람이에요. 다 연기예요. 그냥 그러는 거예요...
안드리아: 나도 알아. 미안하구나. 그녀가 내 마음을 불편하게 했어.
에반: 음... 왜요? 이해가 안 돼요.
안드리아: 네가 태어나기 전에 내가 두 번이나 임신했었는데 둘 다 사산되었단다.
에반: 왜 그런 얘길 한 번도 안 했어요?
안드리아: 기억하고 싶은 일이 아니니까.

hag 할망구
nuts 미친, 제정신이 아닌
stillbirth 사산

You have a lot of nerve.

너 참 뻔뻔하구나.

여기서 nerve는 '뻔뻔함'을 뜻해서 have a lot of nerve나 have some nerve는 '뻔뻔하다'는 뜻이 됩니다. 물론 have 대신 have got이나 got도 쓸 수 있어요. ex) You got a lot of nerve.(너 참 뻔뻔하구나.), You've got a lot of nerve showing your face here.(여기 얼굴을 내밀다니 참 뻔뻔하구나.)

 아이언맨 *Iron Man*

파티장에서 여자 크리스틴(레슬리 빕)이 토니(로버트 다우니 주니어)에게 다가오자, 토니는 크리스틴과 하룻밤 잔 이후 연락을 안 한 것 때문에 화난 줄 알고 긴장합니다. 그런데 크리스틴이 화난 이유는 아랍의 테러리스트가 토니 스타크 회사의 무기를 가지고 민간인 마을을 무참히 공격했기 때문이죠.

Christine	Fancy seeing you here.
Tony	Carrie.
Christine	Christine.
Tony	That's right.
Christine	**You have a lot of nerve showing up here tonight.** Can I at least get a reaction from you?
Tony	Panic. I would say panic is my reaction.
Christine	I was referring to your company's involvement in this latest atrocity.

크리스틴: 여기서 당신을 만날 줄이야.
토니: 캐리.
크리스틴: 크리스틴이요.
토니: 맞아요.
크리스틴: 오늘밤 여기에 나타나다니 참 뻔뻔하시네요. 반응 한번 들어볼까요?
토니: 당황스럽다. 그렇게 말하고 싶네요.
크리스틴: 전 최근 일어난 잔혹행위에 관련한 당신 회사의 개입을 언급한 거예요.

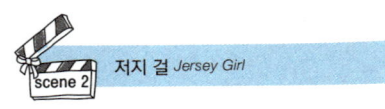

저지 걸 Jersey Girl

비디오 가게의 아르바이트생인 마야(리브 타일러)가 가게에서 올리(벤 애플렉)에게 실례한 것을 사과하려고 찾아온 장면입니다.

Maya	See, now you have to let me interview you for my paper.
Ollie	Is that why you're here?
Maya	I just think you'd make one hell of an interesting case study. The sympathetic widower who doesn't have time to date 'cause he's raising his kid, so he rents porn instead. I mean, I think that's very interesting stuff.
Ollie	Jesus Christ! **You've got some nerve,** lady.
Maya	And besides, I'd really like to make it up to you. For what I said, and for embarrassing you before that.

마야: 자, 이제 제 논문을 위해서 당신을 인터뷰하게 해주세요.
올리: 그것 때문에 온 거예요?
마야: 당신은 정말 흥미로운 연구 사례라고 생각해요. 애 키우느라 데이트할 틈이 없는 동정어린 홀아비가 대신 포르노를 빌려본다. 정말 흥미로운 소재라고 생각해요.
올리: 맙소사! 당신 정말 뻔뻔하군요, 아가씨.
마야: 그리고, 아까 제가 한 말과 당신을 난처하게 한 것에 대해 보상하고 싶어요.

---

atrocity 잔혹행위(특히 전시의)
sympathetic 동정어린, 인정 있는
widower 홀아비

Why do you put up with it?

너 왜 그걸 참고 사니?

put up with sb/st은 불쾌한 상황이나 힘들게 하는 사람에게 불평하지 않고 그냥 참고 산다는 뜻이에요.
ex) I've put up with him my entire life.(평생 그를 참고 살았어.), I wouldn't put up with that.(그거 참지 않을 거야.), How do you put up with him?(너 어떻게 그를 참고 사니?)

 인 굿 컴퍼니 *In Good Company*

잡지사 영업부의 책임자인 댄(데니스 퀘이드)은 기업합병 때문에 새파랗게 젊은 카터(토퍼 그레이스)가 자기 자리로 오고 자신은 그의 부하가 된다는 사실을 듣고 화가 치밀어 오릅니다. 댄이 동료 엔리케와 대화하는 장면입니다.

Dan We have had our biggest year ever this year. My sales team works incredibly hard. **I'm not gonna put up with this.**

Enrique Well, **you have to put up with it.** What are you gonna do, start somewhere new? You're not a kid anymore. You know how tough it is out there. People are cutting back. They're not looking for guys like you who make a decent salary.

댄: 우린 올해 최고의 실적을 올렸고 우리 영업 팀은 정말 열심히 일해. 나 이거 참고 넘어가지 않을 거야.

엔리케: 너 참고 일해야 돼. 뭘 어쩌려고? 새로운 곳에서 다시 시작하게? 넌 이제 젊지 않아. 세상이 얼마나 힘든지 알잖아. 직원들을 계속 감축하고 있어. 그들은 너처럼 연봉이 높은 사람을 원하지 않는다고.

미이라 *The Mummy*

카이로의 도서관 사서인 에블린(레이첼 와이즈)은 실수로 책장을 하나 쓰러트리는데, 그것 때문에 그곳에 있던 모든 책장들이 도미노처럼 넘어가고 도서관은 난장판이 됩니다. 도서관 관장이 이를 보고 에블린에게 노발대발하죠.

Evelyn　I am so very sorry. It was an accident.

Terrence　When Rameses destroyed Syria, that was an accident. You… are a catastrophe! Look at my library! **Why do I put up with you?**

Evelyn　Well, **you put up with me** because I can… I can read and write ancient Egyptian… and I can… I can decipher hieroglyphics and hieratic… and, well, I am the only person within a thousand miles… who knows how to properly code and catalog this library, that's why.

Terrence　**I put up with you** because your father and mother were our finest patrons. That's why!

에블린: 정말 죄송해요. 사고였어요.
테런스: 람세스가 시리아를 멸망시켰을 때 그게 사고야. 넌… 재앙이야! 내 도서관을 봐! 내가 왜 널 참고 견뎌야 하지?
에블린: 그건 제가… 고대 이집트어를 읽을 수 있고… 상형문자와 히에라틱 문자를 해독할 수 있고… 그리고 이곳 천마일 이내에서 제가 이 도서관을 코드화하고 분류할 수 있는 유일한 사람이니까 참는 거죠.
테런스: 내가 널 참는 이유는 네 부모님이 이 도서관의 가장 큰 후원자였기 때문이야!

---

cut back 줄이다, 축소하다
decipher 판독하다, 해독하다

I can't take it anymore.
더 이상 못 참겠다.

불쾌한 대우, 못마땅한 상황, 우울한 기분, 욕구 등 무엇을 더 이상 참을 수 없다고 할 때는 I can't take it anymore. 또는 I can't take this anymore.라고 해요. 그냥 I can't take it.이라고 해도 되고, I can't take it no more.라고 하기도 합니다.

팩토리 걸 *Factory Girl*

이디(시에나 밀러)가 자신이 입원했었던 병원의 간호사 완다에게 장난전화를 거는 장면입니다. 참고로 이 영화는 앤디 워홀과 함께 일하며 가까웠던 이디 세즈윅의 실화를 바탕으로 만들어졌어요.

Wanda	*Silver Hill.*
Edie	**I can't take it anymore.** I want to die.
Wanda	Why do you want to die?
Edie	Because my credit's no good at *Bonwit Teller.* Because I just stole $30 worth of underwear from *Bergdorf's*, and I think I might do it again.
Wanda	Is that you, Edie?
Edie	I thought you might be lonely on the watch.

완다: 실버 힐 병원입니다.
이디: 저 더 이상 못 참겠어요. 죽고 싶어요.
완다: 왜 죽고 싶은 거죠?
이디: 본위트 텔러 백화점에서 제 신용이 좋지 않아서요. 버그도프 백화점에서 30달러짜리 속옷을 훔쳤는데, 또 훔칠 것 같아요.
완다: 이디, 너니?
이디: 당직서는데 외로울 것 같아서요.

먹고 기도하고 사랑하라 *Eat Pray Love*

남편과 이혼 수속 중인 리즈(줄리아 로버츠)는 연하의 연극배우 데이빗(제임스 프랭코)과 가까워져 그의 집에서 함께 생활합니다. 처음 둘의 생활은 신혼부부처럼 행복했지만 시간이 지나자 다투는 일이 자꾸 늘어납니다.

Liz	You asked me to come here? Here I am.
David	And it turned into something else. Didn't it?
Liz	You are such a child.
David	Right. **I can't take this anymore.**
Liz	Great. Right. Perfect. That's a great response to a conversation.

리즈: 네가 나한테 이리 오라고 했잖아. 난 그래서 온 거야.
데이빗: 근데 살아보니 생각했던 것과 다르잖아. 그렇지 않아?
리즈: 너 정말 어린애 같다.
데이빗: 그래. 더 이상 못 참겠어.
리즈: 대단하다. 그래. 완벽해. 대답 참 잘한다.

be on watch 당직을 서다

I can't stand her.

걔를 참을 수 없어.

can't stand sb/st은 'sb/st을 참을 수 없다', 'sb/st이 질색이다'란 뜻이에요. 먼저 나왔던 can't take는 불쾌한 상황이나 감정에 대해 참을 수 없다고 할 때 많이 쓰지만, can't stand는 못마땅한 사람이나 물질, 고통 등에 대해 참을 수 없고 싫다고 할 때 주로 쓰는 게 특징이에요. 상황에 따라 둘 다 가능한 경우도 있고요. ex) I can't stand bad manners.(버릇없는 행동은 참을 수 없어.), I can't stand it any longer. (더 이상 참을 수 없어.), I can't stand the smell of cheonggukjang.(청국장 냄새 질색이야.), I can't stand those people.(저런 사람들 질색이야.)

월플라워 *The Perks of Being a Wallflower*

캔디스(니나 도브레브)의 남자친구 데렉이 그녀의 집에 와서 가족과 함께 식사합니다. 데렉이 머리를 길게 기르고 샌님처럼 말하자 캔디스의 아버지는 그를 못마땅해 하죠. 데렉이 떠나고 나서 캔디스의 엄마가 남편에게 한마디 합니다.

Mother	You could have been a little nicer to Derek.
Father	I'm sorry, the kid's a pussy. **I can't stand him.**

엄마: 데렉한테 좀 잘해주지 그랬어요?
아빠: 미안해, 걔가 계집애 같잖아. 참을 수가 없어.

애딕티드 러브 *Addicted to Love*

프랑스인 안톤에게 여자친구를 빼앗긴 샘(매튜 브로데릭)은 안톤(체키 카료)에게 복수하려는 그의 전 여자친구 매기(맥 라이언)를 만납니다. 샘은 여자친구를 되찾기 위해 매기와 힘을 합치기로 하고, 안톤이 운영하는 레스토랑에 위장취업합니다. 이 둘 때문에 안톤은 식당이 망하고, 여자친구와 헤어지고, 사고로 상반신 깁스를 하고, 알레르기로 온몸에 두드러기까지 생겨 가려운데 긁지도 못합니다. 이때 샘이 안톤을 찾아오는데 그는 아직도 샘의 정체를 모릅니다.

Anton	Thank God, Mike. Thank God, you're back. Scratch me, Mike, please. Scratch my chest, my face, quickly.
Sam(Mike)	Why?
Anton	Please, I'm not kidding. **I can't stand it.**
Sam(Mike)	Why should I help you?
Anton	Oh, for the love of God, Mike!

안톤: 정말 잘 왔다, 마이크. 고맙게도 돌아왔구나. 나 좀 긁어줘, 마이크. 가슴이랑 얼굴 긁어줘, 빨리.
샘: 왜요?
안톤: 제발, 장난 아니야. 견딜 수 없어.
샘: 왜 당신을 도와줘야 하죠?
안톤: 오, 제발, 마이크!

for the love of God 제발, 젠장(애원하거나 짜증낼 때 쓰는 감탄사)

I've had it up to here with you.

지금껏 너한테 참을 만큼 참았어.

have had it (with sb/st)은 '(sb/st에) 참을 만큼 참다', '(sb/st에) 더 이상 참을 수 없다'란 뜻이에요. 그래서 I've had it.이라고 하면 "나 참을 만큼 참았어."가 되고, I've had it with you.는 "너한테 참을 만큼 참았어."란 뜻이 됩니다. 이 표현은 '지금껏'이란 뜻의 up to here과 함께 쓰는 경우가 많은데요. 그래서 I've had it up to here.라고 하면 "지금껏 참을 만큼 참았어."가 되고, I've had it up to here with him.은 "지금껏 그에게 참을 만큼 참았어."란 말이 됩니다.

저스트 라이크 헤븐 *Just Like Heaven*

데이빗(마크 러팔로)은 새 집에 이사와서 자꾸 젊은 여자 엘리자베스(리즈 위더스푼)의 영혼을 보게 됩니다. 엘리자베스는 그곳이 자기 집이라며 데이빗에게 나가라고 하죠. 데이빗이 자기 집이 맞다고 해도 엘리자베스는 옆에서 노래를 부르며 계속 데이빗의 생활을 방해합니다. 참다 못한 데이빗은 심령술사라도 불러서 그녀를 쫓아내려고 합니다.

David   You know what? That's it. **I've had it with you.** I've tried to be nice, but now you're outta here!

데이빗: 자, 됐어. 당신한테 참을 만큼 참았어. 친절하게 대하려 노력했지만, 이제 당신이 여기서 떠날 차례야!

아이 엠 샘 *I Am Sam*

딸 루시(다코타 패닝)의 양육권을 잃은 지적 장애인 샘(숀 펜)은 루시를 되찾기 위해 소송을 시작합니다. 하지만 법정에서의 싸움이 생각대로 잘 되지 않자 샘은 용기를 잃고 의기소침하죠. 변호사 리타(미쉘 파이퍼)가 집에 찾아왔는데도 샘이 문을 열어주지 않습니다.

Rita   Sam, open the goddamn door. If you don't care enough to open the door, I'm out of here. I've ruined my practice. I've alienated my colleagues. I sent my kid off on a fishing trip with his father… so that I could work with you… and you won't open the goddamn door for me! Fine! That's it! **I've had it!**

리타: 샘, 이놈의 문 좀 열어봐요. 문 열지 않으면 나 가버릴 거예요. 난 일도 망치고, 동료들도 멀어지게 만들었어요. 난 당신과 일하려고... 아이도 아빠랑 낚시여행을 보냈어요... 근데 당신은 이 망할 놈의 문도 열어주지 않는군요! 좋아요! 됐어요! 나도 참을 만큼 참았어!

alienate (사람을) 멀어지게 만들다

unit 106 I'm sick of waiting.
기다리는 거 질렸어.

sick of sb/st 또는 sick of doing st은 'sb/st에 질리다', 'st하는 것에 질리다'란 뜻이에요. 맨날 거짓말 하는 상대방에게 질렸거나, 이 집 저 집 전전긍긍하는 셋방생활에 질렸거나, 찌질한 자신에게 질릴 때 등 무엇에 질렸을 때 사용합니다. 비슷한 표현으로는 tired of와 sick and tired of가 있어요. ex) I'm sick of your lies.(네 거짓말에 질렸어.), I'm sick of hearing it.(그 얘기 듣는 거 질렸어.), I'm sick of hearing her complaints.(걔 불평 듣는 거에 질렸어.), I'm sick of living like this.(이렇게 사는 거 질렸어.), I'm sick of you.(너한테 질렸어.)

판타스틱 소녀백서 *Ghost World*

고등학교를 졸업한 이니드(도라 버치)와 레베카(스칼렛 요한슨)는 집에서 독립해서 함께 살기로 합니다. 이니드는 아파트를 얻기 위해 일을 시작하지만 하루만에 잘리고, 이런 이니드 때문에 이사 할 날이 점점 늦춰지죠. 레베카가 이사 할 집에서 필요한 생필품을 미리 사자고 하자 이니드는 돈이 없다며 레베카를 말립니다.

Rebecca Oh, look. We have to get these.
Enid You know, I can't afford stuff like this right now.
Rebecca Look, **I'm sick of waiting.** I mean, we have to get stuff if we're ever gonna move. Aren't these the greatest? What? They're nice.
Enid I can't imagine spending money on plastic cups.

레베카: 오, 이거 봐. 우리 이것들 사야 해.
이니드: 나 지금 이런 거 살 돈 없어.
레베카: 나 기다리는 거 질렸어. 우리 이사하면 물건들이 필요하잖아. 이것들 멋지지 않니? 뭐? 좋잖아.
이니드: 플라스틱 컵에 돈 쓰는 거 이해가 안 돼.

월플라워 *The Perks of Being a Wallflower*

찰리(로건 레먼)의 친구들이 공연하는 뮤지컬 〈록키 호러 픽쳐 쇼〉에서 출연자가 한 명 펑크나자 찰리가 대신해서 무대에 오릅니다. 공연 후 메리가 찰리에게 함께 학교 댄스파티에 가자고 합니다.

Mary And normally, I would just blow it off, because school dances suck torture. But, you know, it's my last year and... Would you maybe wanna go with me?
Charlie You wanna go with me?
Mary Yeah, **I'm sick of macho guys.** Plus you looked really cute in your costume.

메리: 보통 학교 댄스파티는 고문 같아서 재끼는데, 이번이 졸업하는 해이기도 하고... 혹시 나랑 같이 가지 않을래?
찰리: 나랑 같이 가고 싶다고?
메리: 응, 으스대는 남자들한테는 질렸거든. 너 의상 입으니까 귀엽더라.

torture 고문
blow st/sb off st을 무시하다/재끼다(가지 않다), sb를 퇴짜놓다/바람맞히다/차다
macho 남자다움을 과시하는, 으스대는

Don't mess with me.

나 건들지 마. 나한테 들이대지 마.

mess with sb는 'sb와 문제를 일으키다'란 뜻이어서, Don't mess with me.라고 하면 "나 건들지 마.", "나한테 들이대지 마."란 뜻이 됩니다. 심기가 불편해 있는데 누가 옆에서 계속 깐죽댄다면 이 말을 해주세요. ex) Don't mess with him.(걔 건들지 마.), If you mess with me again, I'll rip your head off.(나한테 또 들이대면 네 머리를 뽑아버리겠어.) 비슷한 표현으로는 Don't start with me.가 있어요.

 미스 에이전트 *Miss Congeniality*

FBI는 '시티즌'이라는 테러범의 다음 타겟이 미스USA대회라는 사실을 알고 FBI요원인 그레이시 하트(산드라 블록)를 참가자로 잠입시키기로 합니다. 평소 선머슴 같고 미인대회를 혐오하던 그레이시가 몸매가 완전 드러나는 미니 원피스를 입고 나타나자 동료 에릭(벤자민 브랫)이 신기한 듯이 쳐다봅니다. 이에 그레이시는 자기가 심기가 아주 불편하니 건드리지 말라고 하죠.

Eric	Where the hell is she? What could possibly be taking this long?	에릭: 도대체 어디 간 거야? 뭐가 이렇게 오래 걸려?
Eric	Hart, is that you?	에릭: 하트, 너 맞아?
Gracie	I'm in a dress, I have gel in my hair, I haven't slept all night, I'm starved and I'm armed. **Don't mess with me.**	그레이시: 나 드레스 입고, 젤도 바르고, 밤새 못 자고, 배고프고, 총까지 있어. 나 건들지 마.

나의 특별한 사랑 이야기 Definitely, Maybe

썸머(레이첼 와이즈)로부터 파티에 초대받은 윌(라이언 레이놀즈)이 가져온 꽃을 그녀에게 주는 장면입니다.

Summer Oh, they're beautiful. So are you.
Will   Summer.
Summer Will.
Will   **Don't mess with me.** I can see where you're going with this. In a second, you're gonna say something impossibly charming.
Summer Really?
Will   Yeah, it's gonna be great. And then you're gonna sweep me off my feet and we all know where that's going.
Summer Can't a girl miss a guy?
Will   And you know that's gonna end badly.

썸머: 오, 꽃 정말 예쁘다. 너도 그렇고.
윌: 썸머.
썸머: 윌.
윌: 나 건드리지 마. 네가 뭘 하려는 건지 알아. 나한테 너무 매력적이라고 하겠지.
썸머: 그래?
윌: 응, 기분 좋을 거야. 넌 내가 정신 없이 너한테 빠지게 만들겠지만 결말은 뻔해.
썸머: 여자가 남자 좀 그리워하면 안돼?
윌: 좋지 않게 끝날 거라는 거 알잖아.

---

be starved 매우 배고프다
armed 무장한
sweep sb off their feet sb를 정신없이 자기에게 빠지게 만들다

빈칸에 어울리는 영어문장을 말하고 적어보세요.

1 1) 그거 자꾸 신경 거슬려.
    2) 네가 그걸로 자꾸 신경 거슬리게 해.
    3) 걔 신경 거슬려.

2 1) 내가 신경을 건든 것 같아.
    2) 내가 거기 있는 글 중 하나로 신경을 건든 게 분명해.
    3) 그녀가 마음을 불편하게 했어.

3 1) 너 참 뻔뻔하구나.
    2) 여기 얼굴을 내밀다니 참 뻔뻔하구나.

4 1) 너 왜 그걸 참고 사니?
    2) 평생 그를 참고 살았어.
    3) 그거 참지 않을 거야.
    4) 너 어떻게 그를 참고 사니?

5 Wanda   *Silver Hill.*
    Edie   I want to die. 저 더 이상 못 참겠어요.
    Wanda   Why do you want to die?

6 1) 그녀를 참을 수 없어.
    2) 버릇없는 행동은 참을 수 없어.
    3) 더 이상 참을 수 없어.
    4) 청국장 냄새 질색이야.
    5) 저런 사람들 질색이야.

7 1) 너한테 참을 만큼 참았어.
    2) 지금껏 참을 만큼 참았어.
    3) 지금껏 그에게 참을 만큼 참았어.

8 1) 기다리는 거 질렸어. ▓▓▓▓▓▓▓▓▓▓▓▓▓▓▓▓

　　 2) 네 거짓말에 질렸어. ▓▓▓▓▓▓▓▓▓▓▓▓▓▓▓▓

　　 3) 걔 불평 듣는 거에 질렸어. ▓▓▓▓▓▓▓▓▓▓▓▓▓▓▓▓

　　 4) 이렇게 사는 거 질렸어. ▓▓▓▓▓▓▓▓▓▓▓▓▓▓

　　 5) 너한테 질렸어. ▓▓▓▓▓▓▓▓▓▓▓▓

9 Eric　　Where the hell is she? What could possibly be taking this long?

　　 Eric　　Hart, is that you?

　　 Gracie　I'm in a dress, I have gel in my hair, I haven't slept all night, I'm starved and I'm armed. ▓▓▓▓▓▓▓▓▓▓▓▓▓▓▓▓ 나 건들지 마.

Answers

1 1) It's getting on my nerves. 2) You're getting on my nerves with that. 3) He gets on my nerves.
2 1) I think I hit a nerve. 2) I must have hit a nerve with one of those articles in there. 3) She just hit a nerve.
3 1) You have a lot of nerve. 2) You've got a lot of nerve showing your face here. **4** 1) Why do you put up with it? 2) I put up with him my entire life. 3) I wouldn't put up with that. 4) How do you put up with him?
5 I can't take it anymore. **6** 1) I can't stand her. 2) I can't stand bad manners. 3) I can't stand it any longer. 4) I can't stand the smell of cheonggukjang. 5) I can't stand those people. **7** 1) I've had it with you. 2) I've had it up to here. 3) I've had it up to here with him. **8** 1) I'm sick of waiting. 2) I'm sick of your lies. 3) I'm sick of hearing her complaints. 4) I'm sick of living like this. 5) I'm sick of you. **9** Don't mess with me.

Chapter 11

알아, 몰라

Quiz 내가 영어로 할 수 있는 말은?

1 내가 알기론 그렇지 않아. _____ (know)

2 모르는 게 나아. 몰라도 돼. _____ (know)

3 그거야 알 수 없지. 그건 모르는 일이지. _____ (know)

4 넌 상상도 못할 거야. _____ (idea)

5 내가 그걸 어떻게 알아? 낸들 알겠니? _____ (suppose)

6 네가 까먹을 줄 알았어. _____ (know)

7 네가 어떻게 알아? _____ (tell)

8 혹시 YMCA가 어디 있는지 아세요? _____ (happen)

9 내가 알아서 해. 나 이거 빠삭해. _____ (do)

Answers

1 Not that I know of. 2 You don't wanna know. 3 You never know. 4 You have no idea. 5 How am I supposed to know? 6 I knew you'd forget. 7 How can you tell? 8 Do you happen to know where YMCA is? 9 I know what I'm doing.

Not that I know of.
내가 알기론 그렇지 않아.

know of sb/st은 자세히는 아니어도 어디서 듣거나 봐서 sb/st에 대해서 알고 있다는 뜻이에요. 그래서 상대방의 질문에 대해 Not that I know of.라고 답하면 "내가 알기론 그렇지 않아.", "내가 알기론 아니야.", "내가 알기론 없어."란 대답이 됩니다. 같은 의미로 Not that I'm aware of.라고도 합니다. be aware of ~는 '~를 알고 있는'이란 뜻이에요.

스파이더맨 3 *Spider-Man 3*

피터(토비 맥과이어)의 친구 해리(제임스 프랭코)는 아버지의 원수를 갚기 위해 고블린으로 변신해 스파이더맨과 싸웁니다. 해리는 다쳐서 단기 기억상실증에 걸리고 퇴원해서 집으로 돌아옵니다.

Harry   Hey, do I have any girlfriends?
Peter   I don't know.
Harry   You don't? Hey, Bernard. Do I have any girlfriends?
Bernard **Not that I know of**, sir.

해리: 저기, 나 여자친구 있어?
피터: 모르겠는데.
해리: 모른다고? 버나드, 저한테 여자친구 있나요?
버나드: 제가 알기론 없습니다.

브리짓 존스의 일기 *Bridget Jones's Diary*

브리짓(르네 젤위거)은 상사 다니엘(휴 그랜트)과 사귀며 주말에 함께 여행을 떠납니다. 근데 다니엘이 갑자기 급한 회사일이 생겼다며 먼저 돌아가죠. 브리짓은 다니엘을 만나러 찾아가는데 집에서 다른 인기척이 들립니다.

Bridget Is there someone here?
Daniel **Not that I'm aware of.** Unless that Bosnian family has moved in again. Bastards.
Bridget I'm sorry. Sorry. I'm going mad.
Daniel Listen, I am feeling really bad, actually. I should've been there today.

브리짓: 여기 누구 있어요?
다니엘: 내가 알기론 없는데. 그 보스니아 가족이 다시 이사온 게 아니라면 말이야. 나쁜놈들.
브리짓: 미안해요. 미안해. 내가 미쳤나 봐요.
다니엘: 정말 미안해. 오늘 거기 같이 갔어야 하는데.

You don't wanna know.

모르는 게 나아. 몰라도 돼.

You don't wanna know.를 직역하면 '너 알고 싶지 않을 거야'인데요. 이것은 상대방이 좋아할 만한 이야기가 아닌 것을 그 사람이 물어볼 때 쓰는 대답이에요. 그래서 때에 따라 "모르는 게 나아.", "몰라도 돼." 등의 의미가 됩니다.

리미트리스 *Limitless*

마감날짜가 다가와도 한 글자도 쓰지 못하는 무능한 작가 에디(브래들리 쿠퍼)는 길을 가다가 우연히 전처의 동생 버논(조니 휘트워스)을 만납니다. 버논은 제약회사에서 일한다며 두뇌의 100%를 쓰게 해주는 신약을 한 알 건네주죠. 에디는 버논의 말을 믿지 않았지만 그 약을 먹고 나서 하루만에 원고를 완성하게 됩니다. 약의 효과에 놀란 에디는 다음 날 바로 버논을 찾아갑니다. 버논은 무슨 일인지 얼굴에 심한 상처가 나 있습니다.

Eddie   Vern, what happened?
Vernon   Don't worry about it. I'm fine. So, Eddie. You are interested after all.
Eddie   That stuff's amazing.
Vernon   Works better if you're already smart.
Eddie   Vern, who did this to you?
Vernon   Trust me, **you don't wanna know.**

에디: 번(버논의 애칭), 어떻게 된 거야?
버논: 걱정 마세요. 난 괜찮아요. 에디, 결국 흥미를 가지게 된 모양이네요.
에디: 그 약 대단해.
버논: 원래 똑똑한 사람에겐 효과가 더 좋아요.
에디: 번, 누가 너한테 이런 거야?
버논: 날 믿어요, 모르는 게 좋아요.

브링 잇 온 *Bring It On*

고등학교 치어리더 팀의 주장인 토랜스(커스턴 던스트)는 대회 얼마 전, 자기 팀의 응원 안무가 다른 학교의 것을 베낀 거라는 사실을 알고 큰 충격에 빠집니다. 토랜스의 팀은 전문 안무가를 고용해서 새로운 안무를 배우지만, 안무도 이상하고 시간도 촉박해서 연습이 제대로 되지 않죠. 토랜스가 의기소침해 있자 미시의 오빠인 클리프(제시 브래포드)가 다가와 말을 걸 겁니다.

Cliff   What's the matter?
Torrance   **You don't wanna know.**
Cliff   Ah, cheer crisis.
Torrance   I've just gotten so bogged down in all this… crap.
Cliff   Well, if it's crap, why do you do it?
Torrance   I don't know.

클리프: 왜 그래?
토랜스: 몰라도 돼.
클리프: 아, 치어리딩 위기구나.
토랜스: 이 거지 같은 거에 발목을 잡혀서 진전이 없어.
클리프: 거지 같으면 왜 하는 거야?
토랜스: 모르겠어.

bog sb/st down sb/st의 발목을 잡고 앞으로 나아가지 못하게 하다

You never know.
그거야 알 수 없지. 그건 모르는 일이지.

일이 어떻게 될 지, 어떤 일이 일어날 지는 알 수 없다고 말할 때 "그거야 알 수 없지.", "그건 모르는 일이지."라고 하잖아요. 여기에 딱 맞는 표현이 You never know.예요. 그냥 이대로 쓰기도 하고, You never know ~라고 뒤에 다른 문장이 더 오면 '~에 대해서는 알 수 없지'란 뜻이 됩니다.

 일라이 *The Book of Eli*

악당 두목인 카네기(게리 올드만)가 일라이(덴젤 워싱톤)에게 자기 밑에서 일할 것을 제안하지만, 일라이는 단번에 거절합니다. 카네기는 하룻밤만 자기가 해주는 대접을 받고 다음 날 아침에 다시 얘기하자고 하죠. 일라이는 어쩔 수 없이 카네기가 마련해준 방에서 하룻밤 묵습니다. 카네기의 부하 레드리지가 일라이에게 방을 안내하고 나가는 장면입니다.

Redridge	There'll be someone outside your room all night if you need anything.	레드리지: 밤새도록 밖에 사람이 있을 거야. 혹시 뭐 필요할 경우를 대비해서.
Eli	I don't need anything.	일라이: 난 아무것도 필요 없어.
Redridge	**You never know.**	레드리지: 그거야 알 수 없지.

 클로이 *Chloe*

클로이(아만다 사이프리드)가 눈길에 자전거를 타고 가다 넘어져 다리를 다치자, 의사인 캐서린(줄리앤 무어)이 자기 차에서 진료 가방을 가져와서 치료해줍니다. 캐서린이 가위로 클로이의 스타킹을 자르려고 하자 클로이가 그냥 스타킹을 벗겠다고 하죠.

Chloe	Do you carry that bag with you in your car?	클로이: 저 가방을 차에 가지고 다녀요?
Catherine	Uh huh. **You never know when you might need it.**	캐서린: 네. 언제 필요하게 될지 알 수 없으니까.
Chloe	Actually, let's not cut it. Sorry. I'm… I'm gonna take them off.	클로이: 자르지 마세요. 미안해요. 제가… 그냥 벗을게요.
Catherine	Just hold that to stop the bleeding, okay?	캐서린: 피가 멈추도록 누르고 있어요, 알았죠?

unit 111 You have no idea.

넌 상상도 못할 거야.

have no idea는 '전혀 모른다'는 뜻으로 I have no idea.는 "난 전혀 모르겠어."란 말인데요. You have no idea.도 "넌 전혀 몰라."란 뜻으로 쓰기도 하지만, 무엇에 대해 그게 어떤지 상대방은 상상도 못 할 거라고 할 때도 많이 사용해요. 그냥 You have no idea.로 쓰기도 하고, You have no idea ~라고 뒤에 문장이 더 오면 '넌 ~를 상상도 못할 거야'란 말이 됩니다.

 굿 럭 척 Good Luck Chuck

씨월드에서 일하는 캠(제시카 알바)은 펭귄을 돌보다 넘어져 이를 다칩니다. 치과의사 찰리(데인 쿡)가 캠을 치료하며 그녀와 대화하는 장면입니다.

Charlie	So what really happened? Did you get caught up in the middle of some kind of North Pole-South Pole gang war thing?
Cam	There are no penguins in the North Pole. That's polar bears.
Charlie	You really are a penguin freak, aren't you?
Cam	Oh, **you have no idea.** Obsessed is putting it mildly.

찰리: 정말 무슨 일이 있었던 거죠? 북극과 남극 펭귄들이 패싸움 같은 걸 하는 데 말려들었어요?
캠: 북극에는 펭귄이 없어요. 북극곰이 있죠.
찰리: 당신 정말 펭귄 광이군요, 그렇죠?
캠: 오, 상상도 못할 걸요. 광이란 말로는 약해요.

 맨 오브 스틸 Man of Steel

슈퍼맨 칼엘(헨리 카빌)이 지구를 침략한 악당 조드 장군(마이클 섀넌)과 만나는 장면입니다.

Zod	Kal-El. **You have no idea how long we've been searching for you.**
Superman	I take it you're Zod?
Faora	General Zod, our commander.
Zod	It's all right, Faora. We can forgive Kal any lapses in decorum. He's a stranger to our ways. This should be cause for celebration, not conflict.

조드: 칼엘. 우리가 얼마나 널 찾아다녔는지 넌 상상도 못할 거야.
슈퍼맨: 당신이 조드인가?
피오라: 우리의 사령관이신 조드 장군님이다.
조드: 괜찮아, 피오라. 칼이 예의가 부족한 건 용서해야지. 우리 방식에 익숙치 않으니까. 이건 다툴 일이 아니라 축하할 일이야.

lapse 과실
decorum 예의
conflict 갈등, 분쟁

How am I supposed to know?
내가 그걸 어떻게 알아? 낸들 알겠니?

내가 알고 있을 리가 없는 사실인데 상대방은 내가 그걸 당연히 알 거라는 듯 얘기할 때 "내가 그걸 어떻게 알아?", "낸들 알겠니?"라고 하잖아요. 이런 상황에서 나의 답답함을 표현하는 말이 How am I supposed to know?예요. 비슷한 표현으로는 How would I know?가 있습니다.

쇼퍼홀릭 Confessions of a Shopaholic

쇼퍼홀릭인 레베카(아일라 피셔)는 카드값을 못 갚아 수금 회사 직원인 데렉 스미스를 피해 다닙니다. 데렉 스미스가 집으로 찾아오자 룸메이트인 수지(크리스틴 리터)가 레베카에게 전화해서 집으로 오지 말라고 하죠.

Suze	Don't come home!
Rebecca	I am home.
Suze	Well, don't come to the front door! It's Derek Smeath.
Rebecca	Don't panic. What'd you tell him?
Suze	Okay, I told him that your Aunt Ermintrude died of malaria.
Rebecca	She died in a skydiving accident. Her parachute didn't open.
Suze	**How am I supposed to know her parachute didn't open?** She doesn't even exist!

수지: 집으로 오지 마!
레베카: 집에 다 왔어.
수지: 그럼, 정문으로 들어오지 마! 데렉 스미스가 왔어.
레베카: 당황하지 마. 그 사람한테 뭐라고 했어?
수지: 어민트루드 이모가 말라리아로 돌아가셨다고 했어.
레베카: 이모는 스카이다이빙 사고로 돌아가셨어. 낙하산이 안 펴져서.
수지: 낙하산이 안 펴진 걸 내가 어떻게 알아? 있지도 않은 사람인데!

비치 The Beach

태국을 혼자 여행하던 리차드(레오나르도 디카프리오)는 호스텔에서 어떤 남자로부터 완벽하게 아름다운 비밀의 해변에 관한 이야기를 듣고 그 섬으로 가는 지도를 손에 얻습니다. 리차드는 호스텔에 있던 커플 프랑소와즈와 에띠엔에게 이 이야기를 하고 함께 그곳을 찾아가죠. 이들은 섬에서 거대한 마리화나 밭을 발견하고 좋아하지만, 그곳을 감시하던 태국인을 보고 도망갑니다. 폭포까지 간 이들은 어떻게 아래로 내려갈지 고민합니다.

Etienne	How do we get down?
Richard	How do we get down? **How am I supposed to know?** Do I have to decide everything now?
Francoise	We'll jump.
Etienne	Fuck, you wanted to be in command, Richard.
Richard	I only took command because you lost your nerve, French Boy!

에띠엔: 우리 어떻게 내려가지?
리차드: 어떻게 내려가냐고? 내가 어떻게 알아? 모든 걸 내가 정해야 돼?
프랑소와즈: 우리 점프하자.
에띠엔: 젠장, 네가 리더하고 싶어 했잖아.
리차드: 내가 리더를 한 건 네가 너무 겁쟁이라서 그런 거야, 프랑스 꼬맹아!

lose one's nerve 겁먹다, 기가 죽다

I knew you'd forget.
네가 까먹을 줄 알았어.

"네가 그 말 할 줄 알았어.", "네가 올 줄 알았어."처럼 '네가 ~할 줄 알았어'는 I knew you would ~라고 해요. 구어체에서는 you would를 you'd로 줄여서 I knew you'd ~라고 많이 하죠. 또 '네가 ~ 안 할 줄 알았어'는 I knew you wouldn't ~라고 합니다. ex) I knew you'd be here.(네가 여기 있을 줄 알았어.), I knew you'd say that.(네가 그 말 할 줄 알았어.), I knew you'd be late.(네가 늦을 줄 알았어.), I knew you wouldn't leave.(네가 떠나지 않을 줄 알았어.) 그리고 그냥 I knew you would.라고 하면 "네가 그럴 줄 알았어."란 말이고, I knew you wouldn't.는 "네가 안 그럴 줄 알았어."란 말이에요.

예스맨 Yes Man

은행에서 대출을 담당하는 칼(짐 캐리)은 아내와 이혼한 후로 매사에 의욕 없이 부정적으로 살아갑니다. 칼은 은행 앞에서 우연히 친구 닉(존 마이클 히긴즈)을 오랜만에 만나는데, 그가 칼에게 인생을 바꾸기 위해 예스맨 강의를 꼭 들어보라고 추천하죠. 칼은 강의를 들으러 갔다가 그곳에서 닉을 만납니다.

Nick	Carl, man! Hey, Carl.
Carl	Hey, Nick.
Nick	You made it, man.
Carl	Did you wanna…
Nick	Sure, let me sit down. **I knew you'd come.** I saw it in your eyes, man. You're gonna love this. Terrence is a genius.

닉: 칼, 이 친구! 왔구나.
칼: 안녕, 닉.
닉: 너 왔구나.
칼: 너…
닉: 물론, 여기 좀 앉을게. 네가 올 줄 알았어. 네 눈을 보고 알았어. 너 이거 정말 마음에 들 거야. 테런스는 천재야.

우리 사랑일까요? A Lot Like Love

올리버(애쉬튼 커쳐)가 퇴근하고 집에 와서 함께 사는 여자친구 브리짓(문 블러드굿)을 만나는 장면입니다.

Bridget	Did you remember the wine?
Oliver	The what?
Bridget	The wine.
Oliver	I forgot. You know what? I'll get it right now.
Bridget	Uh-uh. Don't bother, I already picked it up.
Oliver	Why'd you ask me if I got it in the first place?
Bridget	Because **I knew you wouldn't remember that I asked you. I knew you'd forget it.**

브리짓: 와인 사왔어?
올리버: 뭐?
브리짓: 와인.
올리버: 깜박했네. 지금 사올게.
브리짓: 아니. 됐어, 내가 사다 놨어.
올리버: 근데 왜 사왔냐고 물었어?
브리짓: 내가 부탁한 거 네가 기억 못할 줄 알았으니까. 네가 까먹을 줄 알았어.

How can you tell?
네가 어떻게 알아?

지금까지 tell을 '말하다'란 뜻으로만 알고 계셨나요? 구어체에서 can tell은 '알다', '알아보다', '구분하다'란 뜻으로 많이 사용합니다. can't tell은 '모르겠다'란 뜻이고요. 그래서 모를 것 같은 사실을 상대방이 안다고 하거나, 신기하게도 상대방이 어떤 사실을 알 때 "네가 (그걸) 어떻게 알아?"란 뜻으로 How can you tell?이라고 하죠. 근데 실제로 네이티브가 can tell과 can't tell을 말하는 걸 들어보면 't가 들어가는지 안 들어가는지 구분하기가 엄청 어렵답니다. ㅠ.ㅠ ex) Can you tell the difference?(너 차이를 알겠니?), I can't tell the difference.(나 차이를 모르겠어.), I can tell.(알아.), I can't tell.(모르겠어.)

코요테 어글리 *Coyote Ugly*

바이올렛(파이퍼 페라보)이 차를 몰고 와서 톨게이트에서 일하는 아빠 빌(존 굿맨)을 만나는 장면입니다.

Bill	Whose boat?
Violet	I borrowed it from a friend.
Bill	Yeah? Looks like a guy's car to me.
Violet	**How can you tell?**
Bill	I've been staring at cars every day for the last 16 years.

빌: 누구 차(배)냐?
바이올렛: 친구한테서 빌렸어요.
빌: 그래? 남자 차 같은데.
바이올렛: 그걸 어떻게 알아요?
빌: 나 16년 동안 매일 차만 봤어.

인셉션 *Inception*

코브(레오나르도 디카프리오)의 아내 맬(마리옹 꼬띠아르)은 꿈꾸게 해주는 기계인 드림머신을 너무 많이 사용해서 꿈과 현실을 구분 못하게 됩니다. 현실을 꿈이라고 생각한 맬은 현실로 돌아가기 위해 자살해야 된다고 하죠. 코브는 그 자살을 막기 위해 아내를 설득하지만 맬은 그의 말을 믿지 않습니다.

Mal	I'm their mother!
Cobb	Calm down.
Mal	**Don't you think I can tell the difference?**
Cobb	If this is my dream, why can't I control this?
Mal	Because you don't know you're dreaming!

맬: 난 얘들 엄마야!
코브: 진정해.
맬: 내가 (꿈과 현실의) 차이도 모를 것 같아?
코브: 만약 이게 내 꿈이면, 왜 내가 통제할 수 없는데?
맬: 네가 꿈꾸고 있다는 사실을 모르니까 그렇지!

Do you happen to know where YMCA is?

혹시 YMCA가 어디 있는지 아세요?

낯선 이에게 조심스럽게 길을 물어볼 때, 관심 있거나 궁금한 사람의 정보에 대해 조심스럽게 물어볼 때 등 '혹시 ~ 아세요?', '너 혹시 ~ 아니?'라고 물어볼 때는 Do you happen to know ~?라고 말해요. 같은 의미로 You wouldn't happen to know ~, would you?라고도 합니다. ex) Do you happen to know when she's coming?(혹시 걔가 언제 오는지 아니?), Do you happen to know where he lives?(혹시 걔가 어디 사는지 아니?), You wouldn't happen to know his number, would you?(혹시 그의 전화번호 아세요?)

소셜 네트워크 *Social Network*

마크(제시 아이젠버그)가 학교 컴퓨터실에 앉아 있는데, 친구 더스틴(조셉 마젤로)이 다가와서 어떤 여자애가 남자친구가 있는지 물어봅니다. 마크가 그런 걸 어떻게 아냐며 귀찮다는 듯이 대답하다가 순간 마크에게 번뜩 하고 아이디어가 떠오릅니다. 사람들은 주변 사람들의 신상 정보에 관해 궁금해한다는 사실을 말이죠.

Dustin	Mark. There is a girl in your art history class. Her name is Stephanie Attis. **Do you happen to know if she has a boyfriend?** Have you ever seen her with anyone? And, if not, **do you happen to know if she's looking to go out with anyone?**
Mark	Dustin. People don't walk around with a sign on them that says…

더스틴: 마크. 네가 듣는 미술사 수업에 스테파니 애티스라는 애 있잖아. 걔 혹시 남자친구 있는지 알아? 누구랑 같이 다니는 거 봤어? 아니면 혹시 남자친구 찾는 거 같지 않든?
마크: 더스틴. 사람들은 그런 걸 티 내고 다니지 않아…

칵테일 *Cocktail*

자메이카의 해변에서 바텐더를 하던 브라이언(톰 크루즈)은 그곳에 놀러온 조르단(엘리자베스 슈)과 가까워져 사귀게 됩니다. 브라이언은 친구와의 내기로 본의 아니게 여자 손님에게 작업을 거는데, 조르단이 이 모습을 보고 말 없이 떠나버리죠. 브라이언이 조르단의 집으로 찾아가서 문을 두드리지만 아무 대답이 없고, 옆집에서 이웃이 나와 어디로 갔는지 알려줍니다.

Woman	She's not hiding. She's not home. She's at her parents' place. Go bang down their door.
Brian	**You wouldn't happen to know where that is, would you?**
Woman	Sure. Park Avenue, corner of 67th.
Brian	Park Avenue?
Woman	Yeah. Park Avenue.

여자: 그녀는 숨은 게 아니라 집에 없어요. 부모님 집에 갔어요. 그쪽에 가서 두드려 보세요.
브라이언: 혹시 거기가 어딘지 아세요?
여자: 네. 파크 애비뉴 67번가 코너예요.
브라이언: 파크 애비뉴?
여자: 네, 파크 애비뉴.

I know what I'm doing.

내가 알아서 해. 나 이거 빠삭해.

I know what I'm doing.을 직역하면 '내가 지금 하고 있는 것에 대해 잘 알고 있다'인데요. 이 표현은 상대방이 내가 하는 일을 걱정하거나 내가 하는 일에 대해 간섭할 때 날 믿고 걱정하지 말란 뜻으로 하는 말이에요. 상황에 따라 "내가 알아서 해.", "나 이거 빠삭해." 등의 의미로 사용합니다.

인질 *A Life Less Ordinary*

아버지가 카드를 정지시켜 셀린느(카메론 디아즈)가 홧김에 은행을 털려고 하자, 로버트(이완 맥그리거)가 그녀를 말리는 장면입니다.

Robert   This is insane.
Celine   Stop worrying so much. It'll be my first time, too.
Robert   That's what I'm worrying about.
Celine   Trust me. **I know what I'm doing.**

로버트: 이건 미친 짓이야.
셀린느: 너무 걱정하지 마. 나도 처음 해보는 거야.
로버트: 그래서 걱정하는 거야.
셀린느: 날 믿어. 내가 알아서 해.

행오버 2 *The Hangover Part II*

결혼식 전날, 술을 먹고 필름이 끊긴 스투(에드 헬름스)와 그의 친구 필(브래들리 쿠퍼)과 앨런(자흐 갈리피아나키스)은 우여곡절 끝에 마침내 모터보트를 타고 결혼식장으로 갑니다.

Phil   You sure you know how to drive this thing?
Alan   Please. I was raised in yacht clubs. **I know what I'm doing.**

필: 너 이거 어떻게 운전하는지 확실히 아는 거야?
앨런: 좀. 나 요트 클럽에서 자랐어. 이런 거 빠삭해.

빈칸에 어울리는 영어문장을 말하고 적어보세요.

1. Harry   Hey, do I have any girlfriends?
   Peter   I don't know.
   Harry   You don't? Hey, Bernard. Do I have any girlfriends?
   Bernard _____, sir. 제가 알기론 없습니다.

2. Eddie   Vern, what happened?
   Vernon Don't worry about it. I'm fine. So, Eddie. You are interested after all.
   Eddie   That stuff's amazing.
   Vernon Works better if you're already smart.
   Eddie   Vern, who did this to you?
   Vernon Trust me, _____ 모르는 게 좋아요.

3. Redridge There'll be someone outside your room all night if you need anything.
   Eli   I don't need anything.
   Redridge _____ 그거야 알 수 없지.

4. Charlie So what really happened? Did you get caught up in the middle of some kind of North Pole-South Pole gang war thing?
   Cam   There are no penguins in the North Pole. That's polar bears.
   Charlie You really are a penguin freak, aren't you?
   Cam   Oh, _____ Obsessed is putting it mildly.
            상상도 못할 걸요.

5. Etienne How do we get down?
   Richard How do we get down? _____ Do I have to decide everything now? 내가 어떻게 알아?

177

6 1) 네가 까먹을 줄 알았어.　　　　　　　
　　 2) 네가 여기 있을 줄 알았어.　　　　　　　
　　 3) 네가 그 말 할 줄 알았어.　　　　　　　
　　 4) 네가 늦을 줄 알았어.　　　　　　　
　　 5) 네가 올 줄 알았어.　　　　　　　

7 1) 네가 어떻게 알아?　　　　　　　
　　 2) 너 차이를 알겠니?　　　　　　　
　　 3) 나 차이를 모르겠어.　　　　　　　
　　 4) 나 알겠어.　　　　　　　

8 1) 혹시 YMCA가 어디 있는지 아세요?　　　　　　　
　　 2) 혹시 걔한테 남자친구가 있는지 아니?　　　　　　　
　　 3) 혹시 그가 어디 사는지 아니?　　　　　　　
　　 4) 혹시 그의 전화번호 아세요?　　　　　　　

9 Phil　　You sure you know how to drive this thing?
　　 Alan　　Please. I was raised in yacht clubs.　　　　　　
　　　　　　　　　　　　　　　　　이런 거 빠삭해.

Answers

1 Not that I know of **2** you don't wanna know. **3** You never know. **4** you have no idea. **5** How am I supposed to know? **6** 1) I knew you'd forget. 2) I knew you'd be here. 3) I knew you'd say that. 4) I knew you'd be late. 5) I knew you'd come. **7** 1) How can you tell? 2) Can you tell the difference? 3) I can't tell the difference. 4) I can tell. **8** 1) Do you happen to know where YMCA is? 2) Do you happen to know if she has a boyfriend? 3) Do you happen to know where he lives? 4) You wouldn't happen to know his number, would you? **9** I know what I'm doing.

Chapter 12

궁금해, 기억해

Quiz 내가 영어로 할 수 있는 말은?

1 그냥 궁금해서 그러는데 _____ (curiosity)
2 나랑 데이트하지 않을래? _____ (wonder)
3 그러니 네가 친구가 없지. _____ (wonder)
4 내 기억이 맞다면 _____ (memory)
5 네가 뭘 모르나 본데, 한 가지 알려두자면
   _____ (information)
6 명심할게. 기억하고 있을게. _____ (keep)
7 깜박했어. _____ (slip)
8 그건 생각도 안 해봤어. _____ (cross)

Answers

1 Just out of curiosity   2 I was wondering if you'd like to go out with me.   3 No wonder you don't have any friends.   4 If my memory serves (me right)   5 For your information   6 I'll keep that in mind.
7 It slipped my mind.   8 It[The thought] never crossed my mind.

unit 117 Just out of curiosity

그냥 궁금해서 그러는데

상대방에게 질문을 할 때 Just out of curiosity 또는 Out of curiosity라는 말을 먼저 많이 하는데요. 갑자기 어떤 질문을 하면 뜬금없이 들릴 수도 있으니까, 질문에 앞서 "그냥 궁금해서 그러는데."란 뜻으로 잘 쓰는 말이에요. curiosity는 '호기심'이란 뜻이므로, out of curiosity라고 하면 '호기심으로', '궁금해서'란 뜻이 됩니다.

scene 1 디어 존 Dear John

존(채닝 테이텀)은 아버지가 돌아가시고 나서 아버지가 수집한 동전의 가격을 알아보려고 동전 수집상을 찾습니다.

John	I think you might've offered to buy his coin collection one time. Is that right?
Coin Dealer	Sure did. More than once.
John	**Just out of curiosity**, how much do you think a collection like his is worth?
Coin Dealer	A collection that big? I don't know, I'd have to see it.

존: 저희 아버지가 수집한 동전 사려고 하신 적 있지 않나요?
동전 수집상: 물론, 여러 번 그랬지.
존: 그냥 궁금해서 그러는데, 저희 아버지 동전 얼마나 할까요?
동전 수집상: 그렇게 많은 걸? 글쎄, 한 번 봐야 알겠네.

scene 2 데스 레이스 Death Race

살인 누명을 쓰고 감옥에 들어간 전직 레이싱 선수 젠슨(제이슨 스타뎀)은 교도소장 헤네시(조앤 알렌)로부터 '데스 레이스'의 출전을 제안 받습니다.

Hennessey	While looking over your record, I couldn't help noticing your occupational history. It seems you have some talent behind the wheel. **Out of curiosity**, when was the last time you raced?
Jensen	It's been a while. I lost my license.
Hennessey	What if I could help you?
Jensen	Get my license back?

헤네시: 당신 기록을 보다가 경력에서 눈을 뗄 수가 없더군. 운전에 재능이 있나 봐. 궁금해서 그러는데, 마지막으로 경주한 게 언제야?
젠슨: 좀 됐어요. 면허가 취소됐죠.
헤네시: 내가 도와주면 어때?
젠슨: 면허를 되찾아준다고요?

be behind the wheel 핸들을 잡다, 운전하다

I was wondering if you'd like to go out with me.

나랑 데이트하지 않을래?

I was wondering if ~를 직역하면 '~할지 궁금했어'이지만, 조심스럽게 상대방의 의향을 물어보거나 부탁할 때 '~하지 않을래?', '~할 수 있을까?'란 의미로 많이 사용해요. 특히 데이트 신청할 때 "나랑 데이트 하지 않을래?"란 뜻으로 I was wondering if you'd like to go out with me. 또는 I was wondering if you'd like to go on a date with me.라고 많이 하죠. ex) I was wondering if you'd like to see a movie.(영화 보러 가지 않을래?), I was wondering if you wanted to come over.(우리 집에 놀러 오지 않을래?), I was wondering if you could help me.(나 좀 도와줄 수 있어?), I was wondering when you'd call.(네가 언제 전화할지 궁금했어.)

노트북 *The Notebook*

야전병원에서 간호사를 하던 앨리(레이첼 맥아담스)에게 병원에 입원한 군인 론(제임스 마스던)이 데이트를 신청하는 장면 입니다.

Lon	Miss, can I ask you a question?
Allie	Hmm?
Lon	I noticed that you aren't wearing a ring. And **I was wondering if I could take you out.**
Allie	Excuse me?
Lon	On a date.

론: 아가씨, 질문 하나 해도 되요?
앨리: 네?
론: 보니까 반지 안 끼고 있던데, 저랑 데이트 하지 않을래요?
앨리: 뭐라고요?
론: 데이트요.

예스맨 *Yes Man*

이웃에 사는 틸리 아주머니(피오눌라 플래너건)가 칼(짐 캐리)을 찾아와서 선반을 달아달라고 부탁하는 장면입니다.

Carl	Okay. Tillie, there you are.
Tillie	Hi, Carl.
Carl	What can I do for you?
Tillie	Well, **I was wondering if you could help me put up some shelves.**
Carl	Oh, really?

칼: 틸리 아주머니. 오셨네요.
틸리: 안녕, 칼.
칼: 어쩐 일이세요?
틸리: 선반 다는 거 좀 도와줄 수 있을까 해서 말이야.
칼: 아, 그래요?

No wonder you don't have any friends.
그러니 네가 친구가 없지

"그러니 아직 결혼을 못하지.", "그러니 걔가 화났지.", "그러니 네 아내가 널 떠났지."처럼 '그러니 ~하지'라고 말할 때는 No wonder ~ 표현을 씁니다. 원래는 It's no wonder ~인데, 그냥 No wonder ~라고 쓸 때가 더 많아요. 직역하면 '~하는 게 당연하다'이지만, '그러니 ~하지'란 뜻으로 이해하는 게 더 자연스럽답니다. ex) No wonder she hasn't got any friends.(그러니 걔가 친구가 없지.), No wonder you stayed single.(그러니 네가 아직 싱글이지.), No wonder she left you.(그러니 그녀가 널 떠났지.), No wonder he's pissed.(그러니 그가 열받았지.)

슈렉 *Shrek*

숲에서 슈렉을 만난 당나귀가 귀찮게 계속 그를 따라다니며 옆에서 노래를 부르자 슈렉이 짜증을 냅니다.

Shrek	Stop singing! **It's no wonder you don't have any friends.**
Donkey	Wow! Only a true friend would be that cruelly honest.

슈렉: 노래 좀 그만 불러! 그러니 네가 친구가 없지.
동키: 와! 오직 진정한 친구만이 그렇게 솔직할 수 있대.

미스 에이전트 *Miss Congeniality*

미녀대회 후보들이 모여서 피자와 맥주를 먹는 장면입니다. 미스 로드 아일랜드인 쉐릴(헤더 번스)이 자신이 꿈꾸는 이상적인 남자에 관해 말하자 미스 뉴욕인 카렌이 한마디 합니다.

Cheryl	My idea of a perfect date would be a man… who takes me to a romantic dinner. And then we walk along the beach barefoot, discussing books… and music and movies!
Karen	**No wonder you're still a virgin.**

쉐릴: 내 이상의 데이트 상대는… 날 로맨틱한 저녁식사에 데려가서, 맨발로 함께 해변을 걸으며 책과 음악, 영화에 관해 얘기하는 남자야!
카렌: 그러니 네가 아직 처녀지.

date 데이트 상대

unit 120 If my memory serves me right
내 기억이 맞다면

'내 기억이 맞다면 ~야'라고 말할 때는 if my memory serves me right라고 해요. right 대신 correctly나 well을 넣어도 되고, 더 간단하게는 if memory serves라고 많이 합니다. ex) If memory serves, the pancakes here are really good.(내 기억이 맞다면 이 집 팬케이크 정말 맛있어.), She always liked Starbucks, if my memory serves me right.(내 기억이 맞다면 그녀는 항상 스타벅스를 좋아했어.) 이렇게 문장 앞에 먼저 나올 수도 있고, 뒤에 올 수도 있어요.

데자뷰 *Déjà vu*

폭파 테러 사건의 범인을 잡기 위해 경찰은 나흘 전의 과거를 다시 볼 수 있는 타임머신 같은 기계를 이용합니다. 이들은 폭발물 단속반 소속인 더그(덴젤 워싱턴)의 제안으로, 그 기계를 이용해 나흘 전의 더그에게 범인을 잡을 힌트를 적어 보내기로 하죠. 화면으로 나흘 전 사무실에 있던 자신의 모습을 지켜보던 더그는 화면 속 자신이 사무실을 나가기 전에 빨리 메모지를 전송해야 한다며 기계를 조작하는 사람들을 재촉합니다.

Doug	**If my memory serves me right**, we better hurry up, 'cause I think I'm about to leave.	더그: 내 기억이 맞다면, 우리 더 서둘러야 해요. 내가 곧 사무실에서 나갈 것 같아.

저지 걸 *Jersey Girl*

홀애비인 올리(벤 애플렉)는 딸 거티(라켈 카스트로)를 데리고 브로드웨이의 공연을 보러 갑니다. 그리고 지금 사는 뉴저지의 할아버지 집에 오기 전에는 원래 뉴욕에 살았었다고 얘기합니다.

Ollie	What do you think? You like the city?	올리: 어때? 뉴욕이 마음에 드니?
Gertie	It's okay. But I like Highlands better.	거티: 좋아요. 하지만 난 하일랜즈가 더 좋아요.
Ollie	You do?	올리: 그래?
Gertie	Yeah. My school's there, and my friends… And we can rent movies there.	거티: 네. 학교도 거기 있고, 친구들도 있고… 거기서 영화도 빌릴 수도 있으니까요.
Ollie	Well, **if memory serves**, you can rent movies here, too.	올리: 음, 내 기억이 맞다면, 여기서도 영화는 빌릴 수 있어.
Gerite	Yeah, but not from that pretty lady at the video store.	거티: 네, 하지만 비디오 가게의 그 예쁜 누나는 없잖아요.

Highlands 하일랜즈(뉴저지에 있는 동네 이름)

unit 121 For your information
네가 뭘 모르나 본데, 한 가지 알려두자면

상대방이 어떤 사실을 알지 못하거나 상황 파악도 못하고 딴소리를 할 때 For your information이라고 하면서 알려주는데요. "네가 뭘 모르나 본데", "한 가지 알려두자면"이란 뜻이에요. 줄여서 그냥 **FYI**(에프와이아이)라고 말할 때도 많아요.

업타운 걸스 Uptown Girls

철없는 유모 몰리(브리트니 머피)와 어른 같은 아이 레이(다코타 패닝)가 실랑이를 벌이다가 접시를 깨뜨립니다. 꼬마 레이가 몰리에게 빗자루를 가져오라고 시키자 몰리는 화를 내며 그냥 가버립니다.

Ray	Get a broom.
Molly	You get a frickin' broom.
Ray	When you work for me, you leave when I say you can leave.
Molly	**For your information**, I do not work for you. I am employed by your mother.

레이: 빗자루 가져와.
몰리: 망할 빗자루 네가 가져와.
레이: 날 위해 일할 땐 내가 가라고 해야 가는 거야.
몰리: 네가 뭘 모르나 본데, 난 널 위해 일하는 게 아니야. 난 너희 엄마한테 고용된 거라고.

신데렐라 스토리 A Cinderella Story

샘(힐러리 더프)이 파티에 갔다가 친구 카터(댄 버드)의 차를 얻어 타고 집으로 가는 장면입니다. 샘은 새엄마 몰래 파티에 갔었기 때문에 빨리 집에 돌아가야 하는데, 카터가 너무 천천히 운전하자 그를 재촉하죠.

Sam	Go, go. Carter, you could've totally made that light.
Carter	**FYI**, Sam, yellow means slow down, okay? Not speed up.
Sam	I need *The Fast and the Furious,* not *Driving Miss Daisy.*

샘: 가, 가. 카터, 너 저 신호에서 갈 수 있었잖아.
카터: 샘, 네가 뭘 모르나 본데, 노란불은 속도를 줄이라는 거야, 알겠어? 속도를 내라는 뜻이 아니고.
샘: 지금 나한테 필요한 건 〈분노의 질주〉지, 〈드라이빙 미스 데이지〉가 아니라고.

I'll keep that in mind.

명심할게. 기억하고 있을게.

keep st in mind는 'st을 명심하다', 'st을 기억해 두다'란 뜻이에요. 그래서 I'll keep that in mind.라고 하면 "명심할게.", "기억해둘게."란 의미가 되죠. 그리고 명령문으로 Keep that in mind.라고 하면 "명심해.", "기억해둬."란 말이고요. 또 Keep in mind ~라고 뒤에 문장이 오면 '~를 명심해', '~를 기억해둬'란 표현이 됩니다.

백 투 더 퓨쳐 Back to the Future

에밋 박사(크리스토퍼 로이드)는 마티(마이클 J. 폭스)에게 전화해서 엄청난 걸 발명했는데 도움이 필요하다며, 오늘밤 쇼핑몰 앞에서 만나자고 합니다.

Marty   You know, Doc., you left your equipment on all week.

Doc.   My equipment? That reminds me, Marty. You better not hook up to the amplifier. There's a slight possibility of overload.

Marty   Yeah, **I'll keep that in mind.**

Doc.   Good. I'll see you tonight. Don't forget. 1:15 a.m., *Twin Pines Mall*.

마티: 박사님, 일주일 내내 장비를 켜놓으셨어요.
박사: 내 장비? 그러고 보니, 마티. 앰프에 연결하지 마. 과부하가 걸릴 가능성이 좀 있어.
마티: 네, 명심할게요.
박사: 좋아. 오늘밤에 보자. 잊지 마. 1시 15분 '트윈 파인스 몰'이야.

그는 당신에게 반하지 않았다 He's Just Not That Into You

베스(제니퍼 애니스톤)의 여동생 페이지가 결혼하기 전, 일가친척들이 모여서 함께 식사하는 장면입니다. 사촌 제이가 일어서서 축사를 말하며 아직 싱글인 그녀의 언니 베스를 언급합니다.

Jay   Now, I know I don't need to tell any of you… that my cousin Paige is hot. In high school, if I told the popular guys that Paige was my cousin… it'd keep me from getting my ass kicked… because no one wanted to blow their chances with her.

And when she gets up there and says those marriage vows to Devon… there will be hearts breaking all over the world. But you know, **keep in mind that her sister Beth is still on the market.** Yeah, sure, she may be an older model… but she got a lot of good miles left in that tank.

제이: 여러분께 굳이 제 사촌 페이지가 섹시하다는 건 말할 필요가 없겠죠… 고등학교 때 잘나가는 애들한테 페이지가 내 사촌이라고 말했으면… 제가 괴롭힘 당하는 일은 없었을 거예요… 아무도 그녀와의 기회를 날리고 싶지 않으니까요.

그녀가 예식장에서 데본과의 결혼을 맹세할 때면… 온세상 남자들의 가슴이 찢어질 거예요. 하지만 여러분, 그녀의 언니 베스가 아직 유효하다는 걸 명심하세요. 네, 물론, 연식은 좀 더 됐지만… 아직도 쌩쌩 달릴 수 있거든요.

It slipped my mind.
깜빡했어.

"미안, 깜빡했어.", "깜빡했어. 지금 할게."처럼 "깜빡했어."라고 할 때는 It slipped my mind.라고 해요. 직역하면 '그게 내 정신(mind)에서 빠져나갔다(slipped)'니까 '깜빡했어'란 의미가 되죠. 주로 깜빡하고 어떤 일을 하지 않아 핑계 댈 때 많이 씁니다.

 에비에이터 *The Aviator*

TWA항공사의 사장인 하워드(레오나르도 디카프리오)는 록히드 항공기 제작회사로부터 대형 항공기 40대를 1800만 달러에 사기로 계약합니다. 하워드의 자금을 관리하는 노아(존 C.레일리)는 갑자기 록히드로부터 1800만 달러의 청구서가 날아오자 깜짝 놀라 하워드에게 전화합니다.

Noah   You have just placed the largest order for airplanes in the history of the damn planet, Howard. *Lockheed* just sent us a bill for 18 million dollars.

Howard   Don't you get all hysterical on me, Noah. It isn't good for you.

Noah   This is a lot of money for some planes, Howard.

Howard   Yes, yes, I know it's a lot of money.

Noah   It's too damn much. You think I just got 18 million dollars in petty cash?

Howard   I should've told you earlier. **It slipped my mind.**

노아: 역사상 최고액 항공기 주문이에요, 하워드. '록히드'에서 방금 1800만 달러 청구서를 보내왔어요.
하워드: 너무 히스테리 부리지 마세요. 당신한테 좋지 않아요.
노아: 이건 비행기값 치고 너무 비싸요, 하워드.
하워드: 네, 네, 나도 큰 돈이란 건 알아요.
노아: 이건 그냥 큰 정도가 아니에요. 1800만 달러를 현금으로 가지고 있는 줄 아세요?
하워드: 미리 얘기했어야 하는데. 깜빡했어요.

파고 Fargo

빚에 쪼들린 자동차 세일즈맨 제리(윌리엄 H. 머시)는 자기 아내를 유괴해 돈 많은 장인으로부터 몸값을 받아낼 계획을 세웁니다. 제리는 이 일을 칼(스티브 부세미)과 게이어(피터 스토메어)에게 시키고 나중에 몸값을 함께 나누어 갖기로 하죠. 칼과 게이어는 계획대로 제리의 아내를 유괴해서 가는데, 차에 번호판을 달지 않아 도로에서 경찰에게 검문을 받습니다. 참고로 이 영화는 실화를 바탕으로 만들어졌어요.

Officer	This is a new car, then, sir?
Carl	It certainly is, Officer. Still got that smell.
Officer	You're required to display temporary tags, either in the plate area or taped to the inside of the back window.
Carl	Certainly.
Officer	Can I see your license and registration, please?
Carl	Certainly. Yeah, I was gonna tape up those… the tag. You know, to be in full compliance, but the… it must have… **It must have slipped my mind.**

경찰: 새 차군요, 선생님?
칼: 네, 경관님. 아직 새 차 냄새가 나죠?
경찰: 임시번호판을 달아야 하는데, 번호판 자리나 아니면 뒷유리창에라도 붙여야 해요.
칼: 네.
경찰: 면허증과 등록증을 보여주시겠어요?
칼: 네. 저도 번호판을 달려고 했는데… 의무니까요. 근데… 그만… 깜박했어요.

> **petty cash** 적은 비용을 지불하기 위해 사무실에 보관하는 현금

unit 124 It never crossed my mind.

그건 생각도 안 해봤어.

st cross one's mind를 직역하면 '어떤 생각이 머릿속(mind)을 가로지르다'인데요. 이 말은 그러니까 '(잠시) 어떤 생각이 들다'란 뜻이에요. 그래서 It crossed my mind.나 The thought crossed my mind.라고 하면 "그 생각 했었어."란 말이 되죠. 그리고 It never crossed my mind.나 The thought never crossed my mind.라고 하면 "그건 생각도 안 해봤어."란 뜻입니다.

 미션 임파서블 2 *Mission Impossible 2*

스페인의 저택에서 니아(탠디 뉴턴)가 보석을 훔치려고 하다가 경보가 울리자 그곳의 보안을 담당하던 이단(톰 크루즈)이 자기 동료라며 그녀를 구해줍니다. 근데 니아가 보석을 가진 채 그대로 가려고 하자, 이단이 그녀에게 보석을 꺼내 놓으라는 눈치를 주고 그제야 보석을 꺼내놓습니다.

Ethan	Miss Hall.
Nyah	Hmm?
Ethan	Haven't you forgotten something?
Owner	What are you trying to do, senorita? Rob me?
Nyah	**The thought had crossed my mind.**

이단: 홀 양.
니아: 네?
이단: 뭐 잊은 거 없나요?
주인: 뭐 하는 거요, 아가씨? 정말 훔치려는 거야?
니아: 생각은 했었죠.

 인질 *A Life Less Ordinary*

대기업 빌딩의 청소부인 로버트(이완 맥그리거)는 자신을 해고한 사장에게 따지러 갔다가 얼떨결에 사장의 딸 셀린느(카메론 디아즈)를 납치합니다. 그리고 시골의 빈 집에 들어가서 셀린느가 도망가지 못하도록 의자에 묶죠.

Celine	Are you gonna try to have sex with me?
Robert	No.
Celine	Isn't that what you brought me up here for?
Robert	No, it's not.
Celine	**It didn't even cross your mind?**
Robert	No. Well… no.
Celine	Do you have a problem with sex?
Robert	No.

셀린느: 너 나랑 섹스하려는 거야?
로버트: 아니.
셀린느: 그래서 날 여기로 데려온 거 아니었어?
로버트: 아니야.
셀린느: 그런 생각이 잠시도 들지 않았어?
로버트: 아니. 음… 안 들었어.
셀린느: 너 섹스하는 데 무슨 문제 있니?
로버트: 아니야.

rob 도둑질하다, 털다

빈칸에 어울리는 영어문장을 말하고 적어보세요.

1 John   I think you might've offered to buy his coin collection one time. Is that right?
   Coin Dealer   Sure did. More than once.
   John   _____, how much do you think a collection like his is worth? 그냥 궁금해서 그러는데
   Coin Dealer   A collection that big? I don't know, I'd have to see it.

2 1) 나랑 데이트하지 않을래? _____
   2) 영화 보러 가지 않을래? _____
   3) 나 좀 도와줄 수 있어? _____
   4) 네가 언제 전화할지 궁금했어. _____

3 1) 그러니 네가 친구가 없지. _____
   2) 그러니 네가 아직 싱글이지. _____
   3) 그러니 그녀가 널 떠났지. _____
   4) 그러니 그가 열받았지. _____

4 Ollie   What do you think? You like the city?
   Gertie   It's okay. But I like Highlands better.
   Ollie   You do?
   Gertie   Yeah. My school's there, and my friends… And we can rent movies there.
   Ollie   Well, _____, you can rent movies here, too.
            내 기억이 맞다면.
   Gertie   Yeah, but not from that pretty lady at the video store.

5 Ray   Get a broom.
   Molly You get a frickin' broom.
   Ray   When you work for me, you leave when I say you can leave.
   Molly _____ I do not work for you. I am employed by your mother. 네가 뭘 모르나 본데

6 1) 명심할게. 기억하고 있을게.
    2) 명심해. 기억해둬.

7 Noah   This is a lot of money for some planes, Howard.
    Howard   Yes, yes, I know it's a lot of money.
    Noah   It's too damn much. You think I just got 18 million dollars in petty cash?
    Howard   I should've told you earlier.   깜박했어요.

8 1) 그 생각 했었어.
    2) 그건 생각도 안 해봤어.

Answers

1 Just out of curiosity   **2** 1) I was wondering if you'd like to go out with me.   2) I was wondering if you'd like to see a movie.   3) I was wondering if you could help me.   4) I was wondering when you'd call.   **3** 1) No wonder you don't have any friends.   2) No wonder you stayed single.   3) No wonder she left you.   4) No wonder he's pissed.   **4** if memory serves (me right)   **5** For your information   **6** 1) I'll keep that in mind.   2) Keep that in mind.   **7** It slipped my mind.   **8** 1) It[The thought] crossed my mind.   2) It[The thought] never crossed my mind.

Chapter 13

생각

Quiz 내가 영어로 할 수 있는 말은?

1 무슨 생각해?   (mind)
2 네 생각은 어때?   (say)
3 왜 그렇게 생각하는 거야?   (make)
4 잘 생각해봐.   (over)
5 누가 생각이나 했겠어? 누가 알았겠어?   (would)
6 꿈도 꾸지 마.   (think)
7 그건 꿈도 안 꿔.   (dream)
8 생각해보니, 그러고 보니   (come)
9 말이 나와서 말인데, 그러고 보니   (which)
10 그러고 보니 생각났다.   (remind)
11 널 보면 10년 전 내 모습이 떠올라.   (remind)
12 자꾸 생각나게 하지 마.   (remind)
13 긍정적으로 생각해.   (bright)

Answers

1 What's on your mind?　2 What do you say?　3 What makes you think that?　4 Think it over.
5 Who would have thought?　6 Don't even think about it.　7 I wouldn't dream of it.　8 Come to think of it　9 Speaking of which　10 That reminds me.　11 You remind me of myself 10 years ago.
12 Don't remind me.　13 Look on the bright side.

What's on your mind?
무슨 생각해?

"너 무슨 생각해?"라고 물어볼 때는 What are you thinking?이라고 해도 되지만, What's on your mind?라고 할 수도 있어요. st is on sb's mind는 'sb의 마음(머리) 속에 st이 있다'란 뜻이에요. What's on your mind?를 직역하면 '네 마음 속에 뭐가 있니?'이지만, 보통은 "무슨 생각해?"라는 의미로 쓰이고, 상황에 따라 "무슨 생각 있어?", "어쩔 생각이야?"란 의미가 되기도 합니다. 그리고 I have a lot on my mind.는 "생각할 게 좀 많아.", "머리 속이 좀 복잡해."란 뜻입니다.

 신데렐라 스토리 *A Cinderella Story*

고등학생 샘(힐러리 더프)이 온라인으로 알게 된 친구 오스틴(채드 마이클 머레이)과 문자를 주고받는 장면입니다. 아직 이름도 모르고 만난 적이 없는 두 사람은 상대방이 누군지 궁금해하죠.

Austin	Where have you been? We haven't talked in ages.
Sam	We talked this morning.
Austin	I can't stop thinking about you. **What's on your mind right now?**
Sam	You first.
Austin	Well, I'm thinking that Professor Rothman's dissected one too many frogs.

오스틴: 어디 갔었어? 우리 얘기 안 한 지 너무 오래 됐잖아.
샘: 우리 아침에도 얘기 했잖아.
오스틴: 계속 네 생각이 나. 너 지금 무슨 생각하니?
샘: 네가 먼저 말해봐.
오스틴: 로스만 선생님이 개구리를 너무 많이 해부한 것 같아.

 10일 안에 남자 친구에게 차이는 법 *How to Lose a Guy in 10 Days*

앤디(케이트 허드슨)는 벤(매튜 맥커너히)이 싫어하게 하려고 일부러 남자들이 계집애 영화 같다고 싫어하는 로맨틱코미디를 함께 보러 갑니다. 근데 의외로 벤이 로맨틱코미디를 좋아하는 듯 하네요.

Andie	What are you thinking about?
Ben	Nothing. I'm watching the movie.
Andie	Yeah, but **what's on your mind?**
Ben	I like this movie.
Andie	Oh, so I suppose your mind is complete blank.

앤디: 무슨 생각해?
벤: 아무 생각도 안 해. 영화 보고 있어.
앤디: 그래, 그래도 무슨 생각할 거 아냐?
벤: 나 이 영화 좋아해.
앤디: 아, 아무 생각도 없는 모양이네.

dissect 해부하다

What do you say?

네 생각은 어때?

상대방에게 어떤 제안을 하고 나서 "어때?"나 "네 생각은 어때?"라고 상대의 의견을 물어볼 때 What do you say?라고 해요. 같은 의미로 What do you think?가 있는데, What are you thinking?(무슨 생각하니?)과 헷갈리진 마세요. What do you say to that?이라고 말하기도 하는데, 이건 "그거 어때?", "그거 어떻게 생각해?"라는 의미예요. 그리고 What do you say we ~? 형식으로도 많이 쓰는데요. 이건 '우리 ~하는 게 어때?'라는 뜻이에요. ex) What do you say we go home?(우리 집에 가는 게 어때?)

황당한 외계인: 폴 Paul

외계인 오타쿠인 그림(사이먼 페그)과 클리브(닉 프로스트)는 코믹콘 행사 관람 후 우연히 진짜 외계인 폴을 만나고, 캠핑카 야영지에서 루스(크리스틴 위그)를 만나 이렇게 넷이서 함께 캠핑카를 타고 여행하게 됩니다.

Clive	What should we do now?
Graeme	How about a hot chocolate and bed?
Paul	What are you, my grandma?
Ruth	Oh, I couldn't sleep. I'm too pumped.
Paul	Yeah, me, too. Let's get some beers. Find somewhere to chill. **What do you say?**

클리브: 우리 이제 뭐 하지?
그림: 핫초콜릿 먹고 자는 건 어때?
폴: 너 뭐야, 우리 할머니야?
루스: 오, 나 잠이 안 와. 너무 떨려.
폴: 맞아, 나도 그래. 우리 맥주 사서, 느긋하게 쉴 장소 찾아보자. 어때?

덤 앤 더머 Dumb & Dumber

해리(제프 다니엘스)와 로이드(짐 캐리)가 함께 차를 타고 가다가 해리가 피곤하다며 로이드에게 바꿔서 운전하자고 얘기합니다.

Harry	Hey, look. We're almost in Colorado. **What do you say we change seats?** I've been driving for nine straight hours. I don't have the energy to start a new state.
Lloyd	Why should I do you any favors?
Harry	I'll let you kiss me.

해리: 야, 봐봐. 콜로라도에 거의 다 왔어. 우리 자리 좀 바꾸는 게 어때? 나 9시간이나 계속 운전했어. 더 이상 운전할 기운이 없어.
로이드: 내가 왜 네 부탁을 들어줘야 하는데?
해리: 나한테 키스하게 해줄게.

pumped (어떤 일에 대해) 매우 들뜬
chill 느긋하게 쉬다

What makes you think that?
왜 그렇게 생각하는 거야?

What makes you think ~?를 직역하면 '뭐가 널 ~라고 생각하게 만들었니?'니까 이건 '왜 ~라고 생각하는 거야?'란 뜻이에요. 그래서 What makes you think that?이라고 하면 "너 왜 그렇게 생각하는 거야?"란 말이 되죠. 비슷한 표현으로는 What makes you say that?(왜 그런 얘기 하는 거야?)가 있어요. ex) What makes you think I care?(왜 내가 신경 쓸 거라고 생각하는 거야?), What makes you think you can do that?(왜 네가 그래도 된다고 생각하는 거야?), What makes you think she'd listen?(왜 그녀가 말을 들을 거라고 생각하는 거야?), What makes you think I'm a lawyer?(왜 내가 변호사라고 생각하는 거야?), What makes you think I have a girlfriend?(왜 내가 여자친구가 있다고 생각하는 거야?), What makes you think I'll lose?(왜 내가 질 거라고 생각하는 거야?), What makes you think I'll help you?(왜 내가 널 도와줄 거라고 생각하는 거야?)

 식스 센스 *The Sixth Sense*

심리학자인 말콤(브루스 윌리스)은 꼬마 콜(헤일리 조엘 오스먼드)의 정신상담을 맡습니다. 콜이 다른 아이들로부터 괴롭힘을 당해 병원에 왔을 때 말콤이 콜을 찾아와 잠잘 때 듣는 동화를 들려주겠다고 합니다.

Cole	Tell me the story about why you're sad.	콜: 박사님이 왜 슬픈지 얘기해주세요.
Malcom	You think I'm sad? **What makes you think that?**	말콤: 내가 슬픈 것 같니? 왜 그렇게 생각하는 거야?
Cole	Your eyes told me.	콜: 박사님 눈이 그렇게 보여요.
Malcom	Not supposed to talk about stuff like that.	말콤: 그런 얘기 할 생각은 없었는데.

 맨 오브 스틸 *Man of Steel*

외계인이 지구를 찾아와 슈퍼맨(헨리 카빌)이 나타나지 않으면 지구인이 다칠 것이라고 위협합니다. 미국 정부는 슈퍼맨에 대해 알고 있는 기자 로이스 레인(에이미 아담스)을 긴급 수배하고, 이 사실을 안 슈퍼맨은 미국 군대 앞에 나타나서 자기가 항복할 테니 로이스 레인을 풀어주라고 말합니다.

General Swanwik	All right, you've got our attention. What is it you want?	스완윅 장군: 좋아, 자네가 우리 관심은 끌었는데, 원하는 게 뭔가?
Superman	I would like to speak to Lois Lane.	슈퍼맨: 로이스 레인과 이야기하고 싶소.
General Swanwik	**What makes you think she's here?**	스완윅 장군: 왜 그녀가 여기 있다고 생각하지?
Superman	Don't play games with me, general. I'll surrender, but only if you guarantee Lois's freedom.	슈퍼맨: 장난은 그만두시죠, 장군. 제가 투항하겠습니다. 로이스 레인의 자유를 보장한다는 조건으로.

Think it over.

잘 생각해봐.

think st over는 '(결정을 하기 위해) st에 대해 잘 생각해보다'란 뜻이에요. 그래서 Think it over.라고 하면 "잘 생각해봐."란 말이 됩니다. ex) I'll think it over.(잘 생각해볼게.), Let me think it over.(생각 좀 해볼게.)

퀸카로 살아남는 법 *Mean Girls*

동물학자인 아버지를 따라 아프리카에서 자란 케이디(린제이 로한)는 미국의 고등학교로 전학옵니다. 케이디는 사무엘이란 학생에게 반해서 말을 걸려고 하는데, 갑자기 수학 동아리의 케빈이 끼어들어 자기 동아리에 들어오라는 얘기를 하고 옆에 있던 티나 선생님까지 그를 거듭니다.

Kevin	Hey, you're the Africa girl, right?
Cady	Yeah.
Kevin	I'm Kevin Gnapoor, captain of the North Shore Mathletes. We participate in math challenges against other high schools around the state, and we can get twice as much funding if we've got a girl. So you should think about joining.
Tina	Oh, you'd be perfect for it.
Cady	Yeah, definitely.
Kevin	Great, great. Let me give you my card. Okay, so **think it over.** Because we'd like to get jackets.

케빈: 야, 너 아프리카에서 온 애 맞지?
케이디: 응.
케빈: 난 노스 쇼어 수학대표팀의 주장 케빈 나푸어야. 우리 수학경시대회에 나가서 다른 학교와 겨룰 건데, 여자 팀원이 있으면 기금을 두 배로 받을 수 있어. 너 우리 팀에 들어오는 게 어때?
티나: 오, 너한테 딱이네.
케이디: 네, 그러네요.
케빈: 좋아, 좋아. 여기 내 명함이야. 그럼 잘 생각해봐. 우승해서 재킷 받고 싶거든.

러브 어페어 Love Affair

풋볼 쿼터백 출신의 플레이보이로 유명한 중년의 마이크(워렌 비티)는 호주행 비행기에서 테리(아네트 베닝)를 만납니다. 근데 비행기가 갑작스런 고장으로 근처의 작은 섬에 착륙하게 되죠. 이들은 어쩔 수 없이 호주 대신 타히티를 여행하는데 그러면서 둘은 사랑에 빠집니다. 애인이 있던 두 사람은 3개월 후 엠파이어 스테이트 빌딩에서 만나기로 합니다.

Mike	Where are you gonna be… on May 8th at 5:02 p.m.?
Terry	Ahh… we're gonna be on the ground in a few minutes.
Mike	**Want time to think it over?**
Terry	**Do you want time to think it over?**
Mike	Absolutely not.
Terry	Top of the Empire State Building? It's not the biggest building in the world anymore, but you can't miss it.

마이크: 5월 8일 오후 5시 2분에 어디 있을 거예요?
테리: 아… 우리 곧 착륙할 거예요.
마이크: 생각할 시간이 필요해요?
테리: 당신은 생각할 시간이 필요해요?
마이크: 전혀.
테리: 엠파이어 스테이트 빌딩 전망대 어때요? 이제 세계에서 가장 높은 빌딩은 아니지만, 못 찾을 리 없잖아요.

Who would have thought?
누가 생각이나 했겠어? 누가 알았겠어?

아무도 예상하지 못한, 생각지도 못한 일이 일어났을 때 Who would have thought?라고 하는데요. "누가 생각이나 했겠어?", "누가 알았겠어?', "누가 예상이나 했겠어?'란 뜻이에요. 같은 의미로 Who'd have thought? 또는 Who would've thought?라고 해도 됩니다. ex) Who would have thought it?(누가 그걸 예상이나 했겠어?), Who'd have thought she'd do something like that?(걔가 그런 짓을 할지 누가 알았겠어?), Who would've thought we'd spend Christmas together?(우리가 크리스마스를 함께 보내게 될 거라고 누가 생각이나 했겠어?)

 윔블던 *Wimbledon*

윔블던 테니스 대회에서 한물간 프로 테니스 선수 피터(폴 베타니)가 연승행진을 하더니 결승까지 올라갑니다. 결승전 당일 라디오에서 윔블던 결승에 관한 방송이 나오는 장면입니다.

| Radio | Good morning. It's Radio 1 at 7:00. I'm Chris Moyles. So today's the day, it's the big finals. Peter Colt, what an amazing man. **Who would have thought?** I didn't think he was gonna do it. Now, I'm starting to think he could do it. |

라디오: 안녕하세요. 7시 라디오1의 크리스 모일입니다. 오늘은 결전의 그 날 바로 결승전입니다. 피터 콜트, 정말 대단합니다. 누가 예상이나 했겠어요? 저도 생각도 못했습니다. 지금은 그가 할 수 있다고 생각합니다.

 마이 블루베리 나이츠 *My Blueberry Nights*

수(레이첼 와이즈)는 남편과 헤어지려고 하지만 남편은 그녀를 놔주질 않고, 그러다 남편이 교통사고로 죽습니다. 수가 엄청 취해서 술집에서 나가자 종업원 엘리자베스가 괜찮은지 보러 나갑니다. 수가 엘리자베스에게 남편을 만났던 얘기를 해주죠.

| Elizabeth | Hey, Sue Lynne? Sue Lynne? It's late. Come on, let me take you home. |
| Sue | I was seventeen when he pulled me over. High as a kite. "You been drinking, Miss?" So I smiled. Bat my eyes. **Who'd have thought we'd be married?** |

엘리자베스: 저기요, 수 린? 수 린? 늦었어요. 자, 제가 집에 데려다 줄게요.
수: 그이가 내 차를 세웠을 때 난 17살이었어. 엄청 취해 있었지. "술 마셨어요, 아가씨?"라고 묻길래, 난 웃으면서 눈만 깜박였어. 우리가 결혼하게 될지 누가 알았겠어?

high as a kite 술에 완전히 취한
bat one's eye 눈을 깜박깜박하다

Don't even think about it.
꿈도 꾸지 마.

Don't even think about it.을 직역하면 '그건 생각도 하지 마'인데요. 이건 상대방이 당치도 않은 일을 하려고 할 때 "꿈도 꾸지 마."라며 미리 못하게 하는 표현이에요. 그리고 Don't even think about -ing ~ 형태로도 쓰는데, 이건 '~할 생각은 하지도 마'란 뜻이에요. ex) Don't even think about reading my journal.(내 일기 읽을 생각은 하지도 마.), Don't even think about not going.(안 갈 생각은 하지도 마.)

청바지 돌려입기 *The Sisterhood of the Traveling Pants*

고등학생인 브리짓(블레이크 라이블리)은 여름방학 때 스포츠 캠프에 가서 훈남 코치를 보고 관심을 가집니다.

Bridget   Hey, who's that?
Olivia   **Don't even think about it.** It's against the rules to have flings with the coaches.

브리짓: 야, 저 사람 누구야?
올리비아: 꿈도 꾸지 마. 코치와 놀아나는 건 규칙 위반이야.

분노의 질주 2 *2 Fast 2 Furious*

범죄자 베론을 감시하고 있던 FBI는 그가 레이서를 구한다는 얘길 듣고, 브라이언(폴 워커)과 로먼(타이리즈 깁슨)에게 레이서로 그곳에 잠입할 것을 요구합니다. 요구를 들어주면 그동안의 범죄 기록을 없애주겠다고 말이죠. FBI요원 모니카가 이들이 몰 차 두 대를 보여주자 로먼이 먼저 컨버터블을 마음에 들어 하며 자기가 몰려고 합니다.

Monica   Verone's looking for drivers. I arranged for both of you two to join. I also hired some thugs, you know, to make it legit.
Roman   When do we start?
Monica   Right now.
Brian   What are we driving?
Roman   **Don't even think about taking the convertible.** It might loosen your mousse.
Brian   That's cool. Too much chrome for me anyways.

모니카: 베론이 운전자를 구하고 있어요. 내가 당신 둘이 참가하도록 주선해 놨어요. 제대로 하는 것처럼 보이게 다른 건달들도 준비해놨고요.
로먼: 언제 시작하죠?
모니카: 지금요.
브라이언: 우리가 몰 차는 뭐죠?
로먼: 컨버터블 가져갈 생각은 하지도 마. 네 머리 모양 망칠 거야.
브라이언: 좋아. 어차피 크롬 도금이 너무 많은 차는 싫어.

have a fling (with sb) (sb와) 잠깐 섹스를 하며 즐기다
thug 건달, 깡패
mousse 무스(왁스나 젤처럼 머리에 바르는 제품)

unit 131　I wouldn't dream of it.
그건 꿈도 안 꿔.

앞에 나온 Don't even think about it.(꿈도 꾸지 마.)와 딱 반대되는 표현이 I wouldn't dream of it.이에요. "그건 꿈도 안 꿔."란 뜻이죠. 상대방의 말을 강하게 부정할 때 쓰는 표현이라 상황에 따라 "그럴 리가 있겠어.", "말이라고 해."라는 뜻이 되기도 합니다. "여기 눌러 살 생각은 아니지?" "그건 꿈도 안 꿔.", "날 속일 작정이었어?" "그럴 리가 있겠어." 등등의 상황에서 쓸 수 있어요.

scene 1 윔블던 *Wimbledon*

촉망받는 어린 여자 테니스 선수인 리지(커스틴 던스트)가 남자 테니스 선수 피터(폴 베타니)에게 빠져 테니스에 집중하지 못하자, 리지의 아버지인 데니스 브래드버리(샘 닐)는 이들의 관계를 못마땅스러워 합니다. 리지가 피터의 집에 머물면서 즐거운 시간을 보내고 있을 때 갑자기 리지의 아버지가 이곳에 찾아오자 리지가 숨는 장면입니다.

Peter	Oh, hello, Mr. Bradbury.
Bradbury	Where's my daughter?
Peter	She… gone, sadly, sadly, gone. She had to go and work on that first serve. I expect she meant to meet you at the practice courts.
Bradbury	Are you bullshitting me?
Peter	Absolutely not. I'd never bullshit you. **I wouldn't dream of it.**

피터: 아, 안녕하세요, 브래드버리 씨.
브래드버리: 내 딸 어디 있나?
피터: 그녀는… 갔습니다. 유감이지만 갔어요. 서브 연습하러요. 연습장에서 아버님을 만난다고 하던데요.
브래드버리: 나한테 거짓말하는 거야?
피터: 절대 아닙니다. 절대 거짓말하는 것 아닙니다. 꿈도 못 꿀 일이죠.

scene 2 007 카지노 로얄 *Casino Royale*

카지노에서 독극물이 들어간 칵테일을 마신 제임스 본드(다니엘 크레이그)는 거의 죽을 뻔하다가 전기충격으로 간신히 깨어납니다. 본부의 의사가 바로 병원으로 가라고 얘기하지만, 본드는 카지노로 돌아가서 임무를 완수하려고 하죠. 베스퍼(에바 그린)가 본드에게 정말 카지노에 다시 갈 거냐고 묻자, 대답은 안 간다고 하면서 다시 그곳으로 갑니다.

Bond	Thank you.
Doctor	You're welcome. Now get yourself off to a hospital.
Bond	I will do. As soon as I've won this game.
Vesper	You're not seriously going back there?
Bond	**I wouldn't dream of it.**

본드: 고마워.
박사: 천만에. 이제 병원으로 가.
본드: 그래야지. 이 게임에서 이기고 나서.
베스퍼: 정말 거기 돌아가려는 건 아니죠?
본드: 그럴 리가 있겠어.

> **bullshit** 허튼소리; 허튼소리하다

Come to think of it

생각해보니, 그러고 보니

대화 중 갑자기 어떤 사실이 떠올라서 그걸 얘기하려고 할 때는 Come to think of it이라고 해요. "생각해보니", "그러고 보니"란 뜻이에요. ex) Come to think of it, there's a twenty-four-hour coffee shop near the station.(생각해보니, 역 근처에 24시간 커피숍이 있어.), Come to think of it, did we get a souvenir for Linda?(그러고 보니, 우리 린다한테 줄 기념품 샀어?)

대통령의 연인 The American President

미국 대통령 앤드류 쉐퍼드(마이클 더클라스)가 백악관 만찬에 초대하려고 환경문제 로비스트인 시드니 웨이드(아네트 베닝)에게 전화합니다. 근데 시드니는 누가 장난전화를 하는 줄 알고 대통령에게 실수를 하는데, 결국 진짜 대통령이라는 걸 알고 사과하죠.

Andrew: What did you mean when you said that you didn't have a phone?
Sydney: I just moved to Washington over the weekend, and my apartment isn't ready yet. This is my sister's apartment. **Come to think of it**, how did you get this number?
Andrew: How did I get the number? That's a good question. I don't know, probably the FBI.

앤드류: 아까 전화가 없다고 했는데 그게 무슨 말이죠?
시드니: 주말에 워싱턴으로 막 이사했는데, 아직 제 아파트가 준비가 안 됐거든요. 여긴 언니 아파트예요. 그러고 보니, 이 번호는 어떻게 아신 거예요?
앤드류: 어떻게 번호를 알았냐고요? 좋은 질문이에요. 글쎄요, 아마 FBI.

에린 브로코비치 Erin Brockovich

변호사 사무실에 근무하는 에린(줄리아 로버츠)이 소송 건에 관해 조사하며 돌아다니는 동안 남자친구인 조지(아론 에크하트)가 에린의 아이들을 돌봐줍니다. 운전하고 가던 에린이 조지에게 전화하는 장면입니다.

Erin: I'm about to drive off the road, I'm so tired. Keep me awake, will ya?
George: What do you want, a joke?
Erin: No, I don't want a joke. Tell me about your day, what went on back there.
George: **Come to think of it**, we had a pretty big event around here. Beth started talking.
Erin: What? Beth? My Beth?

에린: 나 방금 도로 밖으로 탈선할 뻔했어. 너무 피곤해. 잠 좀 깨워줘.
조지: 아니, 농담이라도 해줄까?
에린: 농담은 싫어. 오늘 하루 어땠는지 말해봐. 무슨 일이 있었는지.
조지: 생각해보니, 오늘 큰 사건이 있었어. 베스가 말을 시작했어.
에린: 뭐라고? 베스가? 우리 베스가?

Speaking of which

말이 나와서 말인데, 그러고 보니

대화를 하다가 주제와 관련된 또 다른 얘기를 하려고 할 때는 Speaking of which라고 하는데요. "말이 나와서 말인데", "그러고 보니"란 뜻이에요. 꼭 주제와 관련된 이야기가 아니더라도 상대방과 대화를 나누는 김에 다른 얘기도 하려고 할 때에도 많이 씁니다. 그리고 좀 더 구체적으로 'st 얘기가 나와서 말인데'라고 할 때는 speaking of st이라고 해요. ex) Speaking of friends, how's Lucy?(친구 얘기가 나와서 말인데, 루시는 어떻게 지내?), Speaking of Sean, I haven't seen him lately.(션 얘기가 나와서 말인데, 최근에 걔를 못 봤어.)

 킬 빌 2 *Kill Bill 2*

브라이드(우마 서먼)가 마침내 자신의 원수인 빌(데이빗 캐러딘)을 만나 대화하는 장면입니다. 한조가 만들어준 검에 관해 얘기합니다.

Bill	I was just admiring your sword. Quite a piece of work. **Speaking of which**, how is Hanzo san?
The Bride	He's good.
Bill	Has his sushi gotten any better? You know, I couldn't believe it. You got him to make you a sword.
The Bride	It was easy. I just dropped your name, Bill.
Bill	That'd do it.

빌: 네 검에 감탄하던 참이야. 대단한 물건이군. 그러고 보니, 한조 씨는 좀 어때?
브라이드: 잘 지내.
빌: 초밥 솜씨는 더 나아졌어? 믿기지가 않아. 그가 너에게 검을 만들어주도록 하다니 말이야.
브라이드: 쉬웠어. 그냥 당신 이름을 댔거든, 빌.
빌: 알만하군.

장난감 주인인 앤디가 자라 대학에 가면서 카우보이 장난감 우디만 빼고 나머지 장난감들은 모두 탁아소로 가게 됩니다. 탁아소에서 나머지 장난감들이 하는 대화입니다.

Buzz	Woody's going to college with Andy. It's what he's always wanted.
Mr. Potato Head	He's crazy. College is no place for a toy.
Mrs. Potato Head	Toys are for playtime.
Hamm	Oh, **speaking of playtime,** they're lining up out there!
Rex	How many?
Hamm	There must be dozens.

버즈: 우디는 앤디와 함께 대학에 갈 거야. 그가 항상 원하던 거지.
미스터 포테이토 헤드: 그는 미쳤어. 대학은 장난감을 위한 곳이 아니야.
미시즈 포테이토 헤드: 장난감은 놀이 시간을 위해 있는 거야.
햄: 놀이 시간 얘기가 나와서 말인데, 밖에 애들이 줄을 섰어!
렉스: 얼마나 돼?
햄: 수십 명은 되는 것 같아.

playtime 놀이 시간, 쉬는 시간
line up 줄을 서다
dozens 많은 수의 사람이나 물건

unit 134 That reminds me.

그러고 보니 생각났다.

remind는 '상기시키다', '생각나게 하다'란 뜻인데요. 대화 중 상대방에게 말하려고 했던 이야기가 갑자기 떠올랐을 때는 That reminds me.라고 하며 그 이야기를 꺼냅니다. "그러고 보니 생각났다."란 뜻이에요.

왓 어 걸 원츠 What a Girl Wants

영국의 귀족 헨리(콜린 퍼스)를 찾아 뉴욕에서 온 딸 데프니(아만다 바인즈)가 아버지와 대화하는 장면입니다.

Daphne Morning, Henry! Off to work?
Henry   I was just… Well, yes. Oh, **that reminds me.** We must get a dress sorted out for you for Saturday.
Daphne What's happening on Saturday?
Henry   The ball at the Orwoods. Lots of hands to shake, I'm afraid.

데프니: 좋은 아침이에요, 헨리! 일하러 가요?
헨리: 난 그냥… 그래. 아, 그러고 보니 생각났다. 너 토요일에 입을 드레스 마련해야 하는데.
데프니: 토요일에 뭐가 있는데요?
헨리: 오우드에서 무도회가 있어. 악수할 일이 많을 거야.

소셜 네트워크 The Social Network

페이스북을 만든 마크(제시 아이젠버그)와 친구 에두아도(앤드류 가필드)가 대학 기숙사에서 대화하는 장면입니다.

Dustin   993. We are so close.
Mark   Oh, yeah, **that reminds me**, we're gonna need more money, Wardo.
Eduardo Yeah, I agree. More servers, more help.
Mark   I'm interviewing two interns to come to Palo Alto and we're gonna have to pay them something.
Eduardo Sorry, what?
Mark   I already found a house for rent on a street two blocks from the Stanford campus. It is perfect and it's got a pool.
Eduardo When did you decide to go to California for the summer?

더스틴: 993명. 거의 다 됐어.
마크: 아, 그래, 그러고 보니 생각났는데, 우리 자금이 더 필요해, 워도(에두아도의 애칭).
에두아도: 그래, 서버랑 지원이 더 필요해.
마크: 팔로 알토에서 일할 인턴을 두 명 면접 볼 거야. 그 사람들에게 돈도 줘야 하고.
에두아도: 미안, 뭐라고?
마크: 스탠퍼드 대학 캠퍼스에서 두 블록 떨어진 곳에 렌트할 집도 찾아놨어. 수영장도 있고 완벽해.
에두아도: 여름에 캘리포니아 간다고 언제 결정한 거야?

Palo Alto 팔로 알토(스탠퍼드 대학과 실리콘밸리가 있는 샌프란시스코 근처의 도시)

You remind me of myself 10 years ago.
널 보면 10년 전 내 모습이 떠올라.

야심 찬 신입사원을 보면 옛날 자기 모습이 떠오를 때, 무뚝뚝하지만 배려심 많은 선배를 보면 아버지가 떠오를 때 등 이렇게 누군가를 보면서 다른 어떤 사람이 떠오를 때는 sb/st remind me of ~를 사용합니다. 'sb/st을 보면 ~이 떠오른다'란 뜻이에요. ex) You remind me of my father.(당신을 보면 우리 아버지가 떠올라요.), You remind me of your mother.(널 보면 네 엄마가 떠오르는구나.), You remind me of me as a boy.(널 보면 내 어릴 때가 떠오르는구나.), You remind me of someone I used to know.(당신을 보면 전에 알던 어떤 사람이 떠올라요.)

21 21

MIT 학생 벤(짐 스터게스)에게 교수 미키(케빈 스페이시)가 자신이 이끄는 도박 팀에 들어올 것을 권하는 장면입니다.

Micky	Look, I've been teaching for more than 14 years, and I've never had a student as impressive as you. Your brain is like a goddamn Pentium chip. You're gonna do great. You know how I know that? 'Cause **you remind me of myself 25 years ago.** You in?
Ben	Yeah. Yeah, I'm in.
Micky	Good. Good. There's one more thing, Ben, and this is important. We're counting cards, we're not gambling.

미키: 내가 14년 이상 가르치고 있지만 너만큼 뛰어난 학생은 처음이야. 네 머리는 꼭 펜티엄 수준 같아. 넌 잘할 거야. 어떻게 아냐고? 널 보면 25년 전의 날 보는 것 같거든. 같이 할 거지?
벤: 그럼요. 네, 할게요.
미키: 좋아, 좋아. 한 가지 알아둘 게 있어, 벤, 중요한 거야. 우리 카드를 세는 거지 도박을 하는 게 아니야.

밀리언 달러 베이비 *Million Dollar Baby*

여자 권투선수 매기(힐러리 스웽크)는 챔피언 빌리와의 시합에서 큰 부상을 입고 병원에 입원합니다. 그녀의 코치인 프랭키(클린트 이스트우드)가 옆에 앉아서 대화하는 장면입니다.

Frankie	You need anything?
Maggie	Need to know what "Mo cuishle" means.
Frankie	Oh. Well, you didn't win. I don't have to tell you.
Maggie	You're the meanest man I ever met. No wonder no-one loves you. **You remind me of my daddy.**
Frankie	Well, he must've been a... very intelligent, handsome man.

프랭키: 필요한 거 있어?
매기: '모쿠슈라'가 무슨 뜻이죠?
프랭키: 오. 시합에 졌으니 말해줄 필요 없잖아.
매기: 코치는 내가 만난 사람 중 가장 짓궂은 사람이에요. 그러니 아무도 좋아하지 않죠. 코치님 보면 우리 아빠 생각이 나요.
프랭키: 그럼, 아버지가 아주 똑똑하고 잘 생기셨겠네.

Don't remind me.
자꾸 생각나게 하지 마.

얼마 남지 않은 시험 날짜나 더 이상 세고 싶지 않은 나이 등 떠올리고 싶지 않은 사실을 상대방이 상기시킬 때는 Don't remind me.라고 하는데요. "상기시키지 마.", "자꾸 생각나게 하지 마."란 뜻이에요. 그리고 상대방이 어떤 사실을 상기시켜줄 때 "알려줘서 고맙다."란 뜻으로 Thanks for reminding me.라고 하는데요, 이건 정말 고마울 때도 쓰지만, 굳이 알려주지 않아도 되는 사실을 알려줄 때 비꼬아서 말하기도 합니다.

뉴문 *New Moon*

학교에서 벨라(크리스틴 스튜어트)와 에드워드(로버트 패틴슨)가 만나 인사하는 장면입니다.

Edward	Happy birthday.
Bella	**Don't remind me.**
Edward	Mmm, Bella, your birth is definitely something to celebrate.
Bella	Yeah, but my aging's not.
Edward	Your aging? I think 18 is a little young to start worrying about that.
Bella	It's one year older than you.
Edward	No, it isn't. I'm 109.
Bella	Well, maybe I shouldn't be dating such an old man.

에드워드: 생일 축하해.
벨라: 자꾸 생각나게 하지 마.
에드워드: 음, 벨라, 네 생일은 꼭 축하해야지.
벨라: 응, 하지만 늙는 건 말고.
에드워드: 늙는 거? 18살에 그런 걱정하기엔 좀 이른 것 같은데.
벨라: 너보다 한 살 많잖아.
에드워드: 아냐. 난 109살이야.
벨라: 그럼 그렇게 나이 많은 노인이랑 데이트하면 안되겠네.

허트 로커 *The Hurt Locker*

하사 매트(가이 피어스)가 무거운 보호장비를 착용하고 폭발물을 제거하러 걸어가는 장면입니다. 매트가 멀리서 엄호하고 있는 병장 샌본(안소니 마키)에게 25미터까지 다가갔다고 통신으로 말합니다.

Matt	25.
Sanborn	25 meters, roger that. You are now in the kill zone.
Matt	**Thanks for reminding me.**
Sanborn	That's what I'm here for, baby.

매트: 25미터.
샌본: 25미터. 알았다 오바. 이제 살상지역에 들어섰습니다.
매트: 알려줘서 고맙군.
샌본: 이러라고 제가 있지 않습니까.

Look on the bright side.
긍정적으로 생각해.

"새로 이사한 집 3층인데 엘리베이터가 없어 불편해." "뭐, 긍정적으로 생각해. 운동도 되고 좋잖아." 이렇게 "긍정적으로 생각해."라고 할 때는 Look on the bright side. 또는 Look at the bright side.라고 해요. 그냥 on the bright side라고 하면 "긍정적으로 생각하면", "좋게 생각하면"이란 뜻이 됩니다.

브링 잇 온 *Bring It On*

고등학교 치어리딩 팀에 새로 들어온 미시(엘리자 더쉬쿠)는 자기 팀의 응원 안무를 보더니 다른 학교의 안무를 베낀 거라고 얘기합니다. 주장인 토랜스(커스틴 던스트)가 그 말을 믿지 않자 미시는 그녀를 데리고 가서 다른 고등학교 응원팀이 연습하는 모습을 보여주죠. 자기 팀의 안무가 다른 학교의 것을 도용했다는 사실에 토랜스는 큰 충격을 받습니다.

Missy   You really had no idea, did you?
Torrance   Do you know what this means? My entire cheerleading career has been a lie.
Missy   Well, **look on the bright side.** It's only cheerleading.
Torrance   I am only cheerleading.

미시: 너 정말로 몰랐구나, 그렇지?
토랜스: 너 이게 무슨 의미인지 아니? 내 치어리딩 경력이 모두 거짓이었다는 거야.
미시: 뭐, 긍정적으로 생각해. 단지 치어리딩일 뿐이잖아.
토랜스: 내가 유일하게 하는 게 치어리딩이란 말이야.

쇼퍼홀릭 *Confessions of a Shopaholic*

원예 잡지사에서 일하던 레베카(아일라 피셔)는 회사가 문을 닫아 하루아침에 백수가 됩니다. 좋아하던 직장은 아니었지만 쇼핑중독인 그녀에게 일자리는 꼭 필요했죠. 레베카는 룸메이트 수지(크리스틴 리터)에게 이 일을 얘기합니다.

Suze   Well, you know, **on the bright side**, you always hated working for that magazine.
Rebecca   It was my income, Suze. I need my income!
Suze   Okay, Bex, the most important thing is not to panic.

수지: 뭐, 긍정적으로 생각하면, 너 그 잡지사에서 일하는 거 항상 싫어했잖아.
레베카: 내 밥줄이었단 말이야, 수지. 나 수입이 필요해!
수지: 좋아, 벡스, 지금 가장 중요한 건 당황하지 않는 거야.

빈칸에 어울리는 영어문장을 말하고 적어보세요.

1 Austin   Where have you been? We haven't talked in ages.
    Sam   We talked this morning.
    Austin   I can't stop thinking about you. _____
                                         너 지금 무슨 생각하니?
    Sam   You first.
    Austin   Well, I'm thinking that Professor Rothman's dissected one too many frogs.

2 Clive   What should we do now?
    Graeme   How about a hot chocolate and bed?
    Paul   What are you, my grandma?
    Ruth   Oh, I couldn't sleep. I'm too pumped.
    Paul   Yeah, me, too. Let's get some beers. Find somewhere to chill.
        _____ (네 생각은) 어때?

3 1) 왜 그렇게 생각하는 거야? _____
    2) 왜 네가 그래도 된다고 생각하는 거야? _____
    3) 왜 그녀가 말을 들을 거라고 생각하는 거야? _____
    4) 왜 내가 변호사라고 생각하는 거야? _____
    5) 왜 내가 여자친구가 있을 거라고 생각하는 거야? _____

4 1) 잘 생각해봐. _____
    2) 잘 생각해볼게. _____
    3) 생각 좀 해볼게. _____

5 1) 누가 생각이나 했겠어? _____
    2) 누가 그걸 예상이나 했겠어? _____
    3) 그녀가 그런 짓을 할지 누가 알았겠어? _____
    4) 우리가 결혼하게 될지 누가 알았겠어? _____

6 Bridget　Hey, who's that?

　　Olivia　　　　　　　　　　　　　　　　It's against the rules to have flings with the coaches. 꿈도 꾸지 마.

7 Peter　　Oh, hello, Mr. Bradbury.

　　Bradbury　Where's my daughter?

　　Peter　　She… gone, sadly, sadly, gone. She had to go and work on that first serve. I expect she meant to meet you at the practice courts.

　　Bradbury　Are you bullshitting me?

　　Peter　　Absolutely not. I'd never bullshit you.
　　　　　　　　　　　　　　　　　　　　　　　　　꿈도 못 꿀 일이죠.

8 Andrew　What did you mean when you said that you didn't have a phone?

　　Sydney　I just moved to Washington over the weekend, and my apartment isn't ready yet. This is my sister's apartment.
　　　　　　　　　　　　　　　　　, how did you get this number?
　　　　　　그러고 보니(생각해보니)

　　Andrew　How did I get the number? That's a good question. I don't know, probably the FBI.

9 1) 　　　　　　　　　　　　　　, how is your brother? 그러고 보니(말이 나와서 말인데)

　　2) 　　　　　　　　　　　　　, how's Lucy? 친구 얘기가 나와서 말인데

　　3) 　　　　　　　　　　　　　, I haven't seen him lately. 션 얘기가 나와서 말인데

10 Daphne　Morning, Henry! Off to work?

　　Henry　I was just… Well, yes. Oh,　　　　　　　　　　　　　　　We must get a dress sorted out for you for Saturday. 그러고 보니 생각났다.

　　Daphne　What's happening on Saturday?

　　Henry　The ball at the Orwoods. Lots of hands to shake, I'm afraid.

11 1) 널 보면 10년 전 내 모습이 떠올라.

　　2) 당신을 보면 우리 아버지가 떠올라요.

　　3) 널 보면 네 엄마가 떠오르는구나.

　　4) 널 보면 내 어릴 때가 떠오르는구나.

　　5) 당신을 보면 전에 알던 어떤 사람이 떠올라요.

12 1) 자꾸 생각나게 하지 마.

2) 알려줘서 고맙네.

13 Missy   You really had no idea, did you?

Torrance   Do you know what this means? My entire cheerleading career has been a lie.

Missy   Well,   It's only cheerleading.

긍정적으로 생각해.

Torrance   I am only cheerleading.

Answers

1 What's on your mind right now?   **2** What do you say?   **3** 1) What makes you think that?   2) What makes you think you can do that?   3) What makes you think she'd listen?   4) What makes you think I'm a lawyer?   5) What makes you think I have a girlfriend?   **4** 1) Think it over.   2) I'll think it over.   3) Let me think it over.   **5** 1) Who would have thought?   2) Who would have thought it?   3) Who would have thought she'd do something like that?   4) Who would have thought we'd be married?   **6** Don't even think about it.   **7** I wouldn't dream of it.   **8** Come to think of it   **9** 1) Speaking of which   2) Speaking of friends   3) Speaking of Sean   **10** that reminds me.   **11** 1) You remind me of myself 10 years ago.   2) You remind me of my father.   3) You remind me of your mother.   4) You remind me of me as a boy.   5) You remind me of someone I used to know.   **12** 1) Don't remind me.   2) Thanks for reminding me.   **13** look on[at] the bright side.

Chapter 14

말 말 말

Quiz 내가 영어로 할 수 있는 말은?

1 뭐라고? 다시 한 번 말해줄래? _____ (come)
2 우리 어디까지 얘기했어? 우리 무슨 얘기했었지?
   _____ (where)
3 사돈 남 말 하네. 누가 할 소리. _____ (look)
4 너나 그렇지. _____ (speak)
5 호랑이도 제 말하면 온다더니. _____ (devil)
6 이제야 말이 통하네. 진작 그렇게 나와야지. _____ (talk)
7 너야 쉽게 말하지. _____ (say)
8 내가 방금 크게 말했니? _____ (loud)
9 말해봐. 뱉어. _____ (spit)
10 자세히 얘기해봐. _____ (fill)
11 너한테 툭 터놓고 말할게. _____ (level)
12 너한테 솔직히 말하면 _____ (honest)
13 그 얘기는 꺼내지 마. _____ (bring)
14 말이 잘못 나왔어. _____ (come)

Answers

1 Come again? 2 Where were we? 3 Look who's talking. 4 Speak for yourself. 5 Speak of the devil.
6 Now you're talking. 7 That's easy for you to say. 8 Did I just say that out loud? 9 Spit it out.
10 Fill me in. 11 I'm gonna level with you. 12 To be honest (with you) 13 Don't bring it up.
14 That came out wrong.

Come again?
뭐라고? 다시 한 번 말해줄래?

상대방의 말을 제대로 못 들어서 다시 한 번 말해달라고 하거나, 방금 들은 말이 믿기지 않아 다시 확인할 때는 Come again?이라고 해요. "뭐라고?", "다시 한 번 말해줄래?"란 뜻이죠. 같은 의미로 Sorry?와 Pardon?, Excuse me?도 있어요.

저스트 고 위드 잇 *Just Go with It*

대니(아담 샌들러)의 부탁으로 그와 부부 행세를 했던 캐서린(제니퍼 애니스턴)이 대학 동창 데블린(니콜 키드먼)에게 사실을 말하는 장면입니다.

Devlin	Where's Danny?
Katherine	Devlin… Danny is… Danny's at his wedding.
Devlin	**Come again?**
Katherine	I was never married to him. All a big lie that I made up.
Devlin	Why?
Katherine	'Cause I couldn't stand the thought of you knowing the truth.

데블린: 대니는 어딨어?
캐서린: 데블린… 대니는… 대니는 자기 결혼식에 갔어.
데블린: 뭐라고?
캐서린: 나 그와 결혼한 적 없어. 다 내가 꾸며낸 거짓말이야.
데블린: 왜 그런 거야?
캐서린: 너한테 사실대로 말하기가 죽기보다 싫었거든.

나쵸 리브레 *Nacho Libre*

레슬러를 동경하는 수도사 나쵸(잭 블랙)는 길거리 낭인 에스퀘리토(헥터 지메네즈)와 함께 프로 레슬링을 시작합니다. 나쵸가 에스퀘리토와 말싸움하는 장면입니다.

Nacho	The orphans, they need me, and I have forsaken them. I got no groceries for breakfast because of you!
Esqueleto	I'm sick of hearing about your stupid orphans.
Nacho	What did you just say?
Esqueleto	I hate orphans.
Nacho	Say it again to my face.
Esqueleto	I hate them!
Nacho	**Come again?**
Esqueleto	I hate all the orphans in the whole world.

나쵸: 고아들은 내가 필요한데, 내가 걔들을 저버렸어. 너 때문에 아침식사에 쓸 재료도 못 구했잖아!
에스퀘리토: 네 멍청한 고아들 얘기 듣는 거 지긋지긋해.
나쵸: 너 방금 뭐라고 했어?
에스퀘리토: 난 고아들이 싫어.
나쵸: 내 얼굴에 대고 다시 말해봐.
에스퀘리토: 난 걔들이 싫어!
나쵸: 뭐라고?
에스퀘리토: 난 세상의 모든 고아들이 싫어.

make st up st을(이야기를) 지어내다, 꾸며내다
forsake (책임져야 할 것을) 저버리다

unit 139 Where were we?

우리 어디까지 얘기했어? 우리 무슨 얘기했었지?

잠시 대화가 중단되었다가 다시 시작하려고 하는데 어디까지 얘기했는지, 무슨 얘기를 했었는지 기억나지 않을 때는 Where were we?라고 해요. "우리 어디까지 얘기했어?", "우리 무슨 얘기 했었지?"란 뜻이죠. 또 Where was I?라고도 많이 하는데요. 이건 "내가 어디까지 얘기했어?", "내가 무슨 얘기 했었지?"란 뜻이랍니다. 참고로 길을 잃었을 때 쓰는 Where am I?는 "여기가 어디에요?"란 뜻이에요.

 하늘에서 음식이 내린다면 *Cloudy with a Chance of Meatballs*

영화의 마지막 부분 플린트가 물을 음식으로 바꾸는 기계를 파괴하는 데 성공하고 돌아옵니다. 플린트와 샘이 서로 이름을 부르며 가까이 다가가는데 플린트의 아버지가 끼어들어 플린트와 먼저 얘기하죠. 아버지와의 대화가 끝난 플린트가 다시 샘과 마주보며 얘기하는 장면입니다.

Flint	**So where were we?**
Sam	You were about to kiss me.
Flint	Were you gonna kiss me back?
Sam	Why don't you find out?

플린트: 우리 어디까지 했었죠?
샘: 당신이 내게 키스하려고 했었죠.
플린트: 당신도 내게 키스할 참이었나요?
샘: 직접 확인해보는 게 어때요?

 클루리스 *Clueless*

쇼핑몰에서 어떤 남자애들이 타이(브리트니 머피)를 고층에서 아래로 떨어뜨리려는 장난을 쳤는데, 이 일이 학교에선 갱들이 타이를 죽이려 했다고 소문이 납니다. 학교 아이들은 어떻게 된 일인지 궁금해서 타이에게 모여들어 이야기를 듣죠.

Amber	Tell me more. Tell me more.
Tai	**Where was I?**
Amber	You were thinking about what was really important.
Tai	Oh, right, right. Right before you die, your mind just sort of gets very clear. It's a very intense spiritual thing.

앰버: 더 얘기해봐. 더.
타이: 내가 어디까지 얘기했지?
앰버: 정말 중요한 게 뭔지 생각했다고.
타이: 아, 그래, 맞아. 죽을 상황이 되니까 정신이 아주 또렷해지더라고. 아주 강렬한 정신적 힘 같은 거야.

intense 강렬한
spiritual 정신의, 정신적인

unit 140 Look who's talking.
사돈 남 말 하네. 누가 할 소리.

옥동자처럼 생긴 친구가 날 보고 못생겼다고 하거나, 모태솔로인 언니가 내 연애에 대해 왈가불가 할 때 우리는 "사돈 남 말 하네.", "누가 할 소리."라고 하잖아요. 여기에 해당하는 말이 바로 Look who's talking.이에요. 직역하면 "말하는 사람 좀 봐"인데요. 이것은 나와 만만치 않거나 나보다 더 못한 사람이 내게 이러쿵저러쿵 할 때 쓰는 표현입니다.

scene 1 클릭 Click

마이클(아담 샌들러)은 상점에서 사온 만능 리모컨이 실생활을 빨리 감고, 되돌리는 등 원하는 대로 이루어준다는 것을 알고 마음껏 리모컨을 이용합니다. 근데 가끔 실수로 내뱉은 말이 이루어져 곤란을 겪기도 하죠. 회사 CEO가 되면 좋겠다고 말했다가 10년 후 CEO가 된 모습으로 변하는데, 자신은 물론 아들 벤까지 엄청난 뚱보가 되어 있습니다.

Ben	Hey, Dad.
Michael	"Hey, Dad"? Ben? That's you? Look how big you got. You're enormous.
Ben	**Look who's talking.** Captain Twinkie of the S.S. Fat-Ass!

벤: 아빠, 왔어요?
마이클: "아빠, 왔어요"? 벤? 네가 벤이냐? 살찐 것 좀 봐. 덩치가 산만 하네.
벤: 사돈 남 말 하시네. 뚱보 캡틴 트윙키!

scene 2 토탈 리콜 Total Recall 1990

2084년 밤마다 화성에 관한 꿈을 꾸는 퀘이드(아놀드 슈왈제네거)는 자신이 원래 화성의 독재자인 코헤이건(로니 콕스)의 오른팔이었다는 사실을 알게 됩니다. 예전의 이름은 하우저로 전에는 악의의 편에 있었지만 이젠 정의의 편에 서서 코헤이건에게 맞서기로 하죠. 퀘이드가 화성에 있는 술집에 들어서자 그를 예전의 악당으로 생각한 반군 토니(딘 노리스)가 그에게 시비를 겁니다. 토니는 얼굴이 기형적으로 생긴 돌연변이입니다.

Tony	You got a lot of nerve showing your face around here, Hauser.
Quaid	**Look who's talking.**
George	Hey, Tony, give the big guy a break.
Quaid	Relax. You'll live longer.

토니: 여기에 얼굴을 내밀다니 정말 뻔뻔하군, 하우저.
퀘이드: 누가 할 소리.
조지: 야, 토니, 그만 참아.
퀘이드: 진정해. 그래야 오래 살지.

enormous 거대한

Speak for yourself.
너나 그렇지.

"우리 더 늦기 전에 통일교에 가입해서 국제결혼이라도 해야겠다." "너나 그렇지. 나 여자친구 생겼어." 이렇게 "너나 그렇지."라고 말할 때는 Speak for yourself.라고 해요. 직역하면 "너 자신을 말해."인데요. 이것은 상대방이 한 말이 그 사람에게는 해당하더라도 나는 그렇지 않을 때 쓰는 표현이에요.

내겐 너무 가벼운 그녀 *Shallow Hal*

할(잭 블랙)과 친구 모리시오(제이슨 알렉산더)가 클럽에서 춤을 추며 여자들에게 들이대지만 아무도 호응해주지 않습니다. 결국 둘은 바에서 맥주를 마시며 자기들끼리 얘기하죠.

Mauricio   I'm starting to think we're jinxed here.
Hal   **Speak for yourself**, my friend.
Mauricio   What, you got the promotion?
Hal   No, no, I don't hear about that till tomorrow, but guess who is now officially going out with Jill.
Mauricio   Jill? Your neighbor, Jill? You're going out with Jill, your neighbor?
Hal   And she doesn't exactly hate me.

모리시오: 우린 여기서 운이 없는 거 같아.
할: 너나 그렇지, 친구.
모리시오: 뭐, 승진이라도 한 거야?
할: 그건 내일 알 수 있고, 누가 질이랑 데이트하는지 맞춰봐.
모리시오: 질? 네 이웃, 질? 너 질이랑 데이트하는 거야?
할: 그녀가 날 싫어하지 않는 거 같아.

웨딩 싱어 *The Wedding Singer*

줄리아(드루 베리모어)와 곧 결혼할 글렌(매튜 그레이브)이 미니스커트를 입은 종업원의 뒷모습을 빤히 쳐다보자, 로비(아담 샌들러)가 글렌에게 여자 얘기를 꺼냅니다.

Robbie   But we can't get chicks like that anymore, you know? We're too old.
Glenn   **Speak for yourself.** I'm not too old. I can still get chicks like that.
Robbie   Not that hot, though, right?
Glenn   I've gotten hotter.
Robbie   Ten years ago.
Glenn   Try ten days ago.

로비: 근데 우린 이제 저런 여자 가질 수 없어요. 그러기엔 너무 늙었죠.
글렌: 당신이나 그렇지. 난 늙지 않았어요. 난 아직도 저런 여자 가질 수 있어요.
로비: 그래도 저만큼 섹시하진 않겠죠?
글렌: 더 섹시한 여자도 만났어요.
로비: 10년 전 얘기겠죠.
글렌: 10일 전 얘기예요.

jinxed 불운이 따라다니는
chick 젊은 여자의 속어, 계집애

Speak of the devil.
호랑이도 제 말하면 온다더니.

어떤 사람 얘기를 하고 있는데 마침 그 사람이 나타날 때 우리는 "호랑이도 제 말하면 온다더니."라고 하잖아요. 네이티브는 이 표현에 호랑이가 아닌 악마를 넣어 Speak of the devil.이라고 해요. 호랑이처럼 보기 드문 동물도 얘기하면 나타난다고 한 우리말처럼 악마도 마찬가지로 생각하면 될 것 같아요.

쇼퍼홀릭 *Confessions of a Shopaholic*

원예 잡지사에 근무하는 레베카(아이라 피셔)는 몰래 패션 잡지사인 '알렛'에 면접을 보러 갑니다. 레베카는 잡지사 빌딩에 가서 리셉셔니스트인 알론에게 면접을 보러 왔다고 말합니다.

Rebecca I'm here for the interview at *Alette* magazine.
Allon *Alette*... Oh, filled, internally, yesterday. They did post it on the Web. Let's see, who got the job?
Oh... **Speak of the devil.** Alicia Billington.
Rebecca She has the longest legs in the world.

레베카: 저 '알렛' 잡지사에 면접 보러 왔는데요.
알론: '알렛'... 아, 내부에서 구했네요, 어제요. 홈페이지에 공고했을 텐데, 한 번 볼까, 누가 뽑혔는지? 오, 호랑이도 제 말하면 온다더니. 알리샤 빌링턴이에요.
레베카: 세상에서 가장 긴 다리를 가졌네요.

스파이더맨 *Spider-Man*

악당 그린 고블린(윌렘 데포)이 신문사 사장 제임슨의 사무실에 들이닥쳐서 스파이더맨(토비 맥과이어)의 사진을 찍은 사람이 누구냐고 묻습니다. 제임슨이 모른다고 답하는데 이때 스파이더맨이 나타나죠.

Green Goblin Jameson, you slime. Who's the photographer who takes the pictures of Spider-Man?
Jameson I don't know who he is. His stuff comes in the mail.
Green Goblin You're lying!
Jameson I swear.
Green Goblin He's the one who can bring me to him.
Jameson I don't know who he is.
Green Goblin You are useless.
Spider-Man Set him down, tough guy.
Green Goblin **Speak of the devil.**

그린 고블린: 제임슨, 이 비열한 자식. 스파이더맨을 찍는 사진사가 누구야?
제임슨: 누군지 나도 몰라. 그의 사진은 우편으로 와.
그린 고블린: 거짓말!
제임슨: 정말이야.
그린 고블린: 그자만이 날 스파이더맨에게 데려갈 수 있어.
제임슨: 난 그가 누군지 몰라.
그린 고블린: 쓸모 없는 놈이군.
스파이더맨: 그를 놓아줘, 터프가이.
그린 고블린: 호랑이도 제 말하면 온다더니.

slime 비열한 사람; 물때, 점액

unit 143 Now you're talking.

이제야 말이 통하네. 진작 그렇게 나와야지.

상대방이 내가 바라는 말이나 제안을 계속 하지 않다가 마침내 내가 원하는 말이나 더 나은 제안을 했을 때는 Now you're talking.이라고 하는데요. "이제야 말이 통하네.", "진작 그렇게 나와야지."란 뜻입니다.

scene 1 리얼 스틸 *Real Steel*

가까운 미래에, 인간이 조종하는 로봇 복싱이 인기를 모읍니다. 가지고 있던 로봇이 망가진 찰리(휴 잭맨)는 '노이지 보이'라는 1세대 챔피언 모델을 사서 언더그라운드 복싱 경기장으로 갑니다. 경기를 주선하는 핀(안소니 마키)이 찰리에게 오프닝 경기에 참가하라고 하지만, 찰리는 메인 경기를 시켜달라고 하죠.

Finn	You can have any undercard you want. Five thousand guaranteed. A thousand every round your bot survives. Fight till the death!
Charlie	No. Give me the main event.
Finn	Come on, Charlie.
Charlie	This is Noisy Boy. An original Tak Mashido bot. He was a World Robot League boxer. Come on!
Finn	You want to fight Midas? Fifty thousand guaranteed, winner takes all.
Charlie	Fifty? Really, Fifty? **Now you're talking.**

핀: 원하는 어떤 오프닝 경기든 참가해도 좋아. 5천 달러 걸고, 로봇이 살아남으면 매 경기마다 천 달러씩 올라가. 죽을 때까지 싸우는 거야!
찰리: 아니. 메인 경기에 세워 줘.
핀: 이러지마. 찰리.
찰리: 얘는 탁 마시도가 만든 '노이지 보이'야. 월드로봇리그 선수라고!
핀: 너 마이더스와 싸우고 싶어? 5만 달러 걸고, 이긴 쪽이 다 가져간다.
찰리: 5만? 정말, 5만? 이제야 말이 통하네.

scene 2 말리와 나 *Marley & Me*

신문기자인 존(오웬 윌슨)은 편집장 어니(앨런 아킨)로부터 칼럼을 쓰라는 얘기를 듣습니다. 하지만 존은 칼럼을 써본 적이 없다며 망설이죠. 어니가 월급도 올라가고 승진하는 건데 망설일 게 뭐가 있냐며 계속 설득하자, 존은 마지못해 승낙합니다.

Arnie	Are you okay with this?
John	Yes.
Arnie	You don't seem very thrilled.
John	No, it's a promotion.
Arnie	We could take away the raise in pay if you like.
John	No, no. I'm… Thank you.
Arnie	All right. **Now you're talking.**

어니: 그렇게 하는 거지?
존: 네.
어니: 별로 기쁘지 않은 것 같은데.
존: 아니에요, 승진이잖아요.
어니: 원하면 월급 인상은 없던 걸로 하고.
존: 아뇨, 아뇨. 전… 감사합니다.
어니: 좋아. 진작 그렇게 나와야지.

undercard 주 경기에 앞선 경기
thrilled 매우 기뻐하는, 아주 신이 난

That's easy for you to say.
너야 쉽게 말하지.

나와 처지가 다른 상대방이 내 상황을 이해 못하고 쉽게 말할 때가 있지 않나요? 예를 들어, 모델처럼 생긴 친구가 억울하게 생긴 나에게 "발에 걸어차이는 게 남잔데 뭐가 걱정이야?"라고 한다든지, 컴퓨터공학과를 다니는 오빠가 기계치인 나에게 "컴퓨터 포맷하는 거 엄청 쉬워. 아무나 할 수 있어."라고 한다든가 말이에요. 이럴 때는 That's easy for you to say.라고 해주세요. "너야 쉽게 말하지."란 뜻이에요.

베스트 엑조틱 메리골드 호텔 The Best Exotic Marigold Hotel

병원에 누워있는 뮤리엘 도넬리 부인(매기 스미스)에게 의사가 검사 결과를 말해주는 장면입니다.

Doctor	You need a new hip, Mrs. Donnelly. It's not a difficult operation.
Muriel	**That's easy for you to say.** You're not having it.
Doctor	Regardless, you do need a new hip.
Muriel	I'm not getting it from you.
Doctor	Not me personally, no.

의사: 새 고관절이 필요합니다, 도넬리 부인. 어려운 수술은 아니에요.
뮤리엘: 당신이야 쉽게 말하지. 댁이 수술 받는 거 아니니까.
의사: 어쨌든, 새 고관절은 꼭 필요합니다.
뮤리엘: 댁한테서는 안 받을 거예요.
의사: 저는 아닙니다.

라푼젤 Tangled

플린이 스타빙턴 형제와 함께 보석왕관을 훔쳐서 도망가다가 나무에 붙은 현상수배 포스터의 자기 얼굴을 보고 기분 나빠하는 장면입니다.

Flynn	No, no, no, no, no. This is bad, this is very, very bad, this is really bad. They just can't get my nose right.
Stabbington	Who cares.
Flynn	Well, **it's easy for you to say.** You guys look amazing.

플린: 안 돼, 안 돼. 이건 옳지 않아, 정말 너무 형편없어. 내 코를 삐딱하게 그려놨어.
스타빙턴: 뭔 상관이야.
플린: 그래, 너야 쉽게 말하지. 너희들 얼굴은 이렇게 멋지게 나왔으니까.

---

hip 고관절
regardless 여하튼, 개의치 않고

Did I just say that out loud?
내가 방금 크게 말했니?

out loud는 '(소리 내어) 크게'란 뜻인데요. Did I just say that out loud?라고 하면 "내가 방금 그거 크게 말했니?"란 말이 됩니다. 자기도 모르게 머릿속 생각을 실수로 말해버렸을 때나 조용해야 하는 곳에서 크게 말했을 때 자주 쓰는 표현이에요. 방금이란 뜻의 just를 빼고 그냥 Did I say that out loud?라고 해도 됩니다. ex) Laugh out loud.(소리 내서 크게 웃어.), Say it out loud.(소리 내서 크게 말해.), Read it out loud.(소리 내서 크게 읽어.)

뉴욕 미니트 *New York Minute*

제인(애슐리 올슨)이 기차에서 내리고, 짐(라일리 스미스)이 자전거를 가지고 기차를 타려는 상황에서 제인의 치마가 짐의 자전거 페달에 끼이는 일이 일어납니다. 짐이 페달에 끼인 치마를 빼려고 하다가 그만 옷이 찢어지죠.

Jim	God, I'm sorry.	짐: 이런, 미안해요.
Jane	It's okay.	제인: 괜찮아요.
Jim	Sorry.	짐: 미안해요.
Jane	It's okay.	제인: 괜찮아요.
Jim	Here, just give me a sec, okay? One sec.	짐: 저기, 잠깐. 잠깐이면 돼요.
Jane	Okay. If you can't get it out, I'll just take my skirt off. **Did I just say that out loud?**	제인: 괜찮아요. 못 빼면 그냥 치마를 벗을게요. 제가 방금 크게 말했나요?
Jim	Yeah, you did.	짐: 네, 그랬어요.

25살의 키스 *Never Been Kissed*

학교에서 잘나가는 여학생 키어스튼(제시카 알바), 크리스틴(마리 쉘톤), 기비(조던 래드) 이렇게 3명이 바비인형 분장을 하고 졸업 댄스파티에 참가해서 한 테이블에 앉아있습니다. 갑자기 공부만 하고 놀 줄 모르는 공부벌레들이 이상한 복장으로 나타나자 기비가 짜증난다는 듯이 한마디 합니다.

Gibby	You guys, what is the one thing that could ruin my senior prom?	기비: 얘들아, 내 졸업파티를 망치는 게 한 가지 있다면 그게 뭔지 아니?
Kristin	That you would trip on your Barbie heels and I'd be named prom queen. **Did I just say that out loud?**	크리스틴: 너는 높은 바비 구두 때문에 넘어지고, 댄스파티 퀸으로 내 이름이 불려지는 것. 내가 방금 크게 말했니?

trip on ~에 발이 걸려 넘어지다

unit 146 Spit it out.

말해봐. 뱉어.

spit은 원래 입에 든 것을 뱉는 것을 뜻하지만, '말을 내뱉다'라고 할 때도 사용해요. 그래서 상대방이 말하기 꺼리거나 망설이는 것을 말해보라고 할 때 Spit it out.이라고 하죠. 물론 입에 든 것을 뱉으라는 의미도 됩니다. 그리고 '쏘다'란 뜻의 shoot도 같은 의미로 쓰이는 데요. 상대방이 할 말이 있다고 하거나, 물어볼 게 있다고 할 때 Shoot.이라고 답하면 "말해봐."란 의미가 됩니다.

 스타트렉 다크니스 *Star Trek Into Darkness*

테러 사건에 대해 논의하는 자리에서 의장인 마커스(피터 웰러)가 말하는데 커크(크리스 파인)와 파이크(브루스 그린우드)가 둘이 속닥이자 마커스가 무슨 일이냐고 묻습니다.

Marcus	Chris? Everything okay there?
Pike	Yes, sir. Mr. Kirk is just acclimating to his new position as First Officer.
Marcus	You got something to say, Kirk, say it. Tomorrow's too late.
Kirk	I'm fine, sir. My apologies.
Marcus	**Spit it out**, son. Don't be shy.

마커스: 크리스, 거기 괜찮나?
파이크: 네, 커크가 일등 항해사로서의 새로운 직책에 적응하고 있습니다.
마커스: 할 말이 있나, 커크, 말해봐. 내일이면 늦어.
커크: 괜찮습니다. 죄송합니다.
마커스: 말해봐. 부끄러워 말고.

 뉴욕 미니트 *New York Minute*

강아지 리날도가 마이크로칩을 삼켜서 제인(애슐리 올슨)이 강아지에게 뱉으라고 하는 장면입니다.

Trey	But you might have a little trouble swapping the chip.
Jane	Why?
Trey	Because Reinaldo just ate it.
Jane	No, no, no, no, no, no, he didn't. Are you serious?
Trey	The little green thing, he just ate it.
Jane	**Spit it out!** Come on!

트레이: 근데 칩을 교환하는 데 문제가 좀 있겠는데.
제인: 왜?
트레이: 방금 리날도가 그걸 삼켰거든.
제인: 안 돼, 안 돼, 설마. 정말이야?
트레이: 그 초록색 작은 거. 방금 강아지가 먹었어.
제인: 뱉어! 어서!

swap 바꾸다, 교환하다
acclimate 순응하다, 적응하다, 익히다

Fill me in.

자세히 얘기해봐.

fill sb in은 'sb에게 무엇에 대한 더 자세한 정보를 주다'란 뜻인데요. 그래서 잘 모르는 어떤 이야기에 관해 나한테 말해보라고 할 때 Fill me in.이라고 해요. 보통 "얘기해봐."란 의미로 많이 쓰이지만, 원래 내포된 의미는 '나한테 자세히 얘기해봐'란 뜻이에요.

아이언맨 3 Iron Man 3

토니(로버트 다우니 주니어)를 떠나 페퍼(기네스 펠트로)를 지키는 보디가드 해피 호건(존 파브로)으로부터 토니에게 전화가 옵니다. 해피는 어떤 과학자가 페퍼를 만나러 왔는데 뭔가 수상하다고 토니에게 말하죠.

Happy	You know what happened when I told people I was Iron Man's bodyguard? They would laugh in my face. I had to leave while I still had a shred of dignity. Now I got a real job. I'm watching Pepper.
Tony	What's going on? **Fill me in.**
Happy	For real?
Tony	Yeah.
Happy	Alright, so she's meeting up with this scientist rich guy, handsome.

해피: 내가 아이언맨의 보디가드라고 하면 사람들이 뭐라는지 알아? 대놓고 날 비웃어. 눈곱만한 체면이라도 남아 있을 때 떠나야 했어. 지금은 제대로 된 일을 구했지. 페퍼를 보고 있어.
토니: 무슨 일 있어? 얘기해봐.
해피: 정말?
토니: 응.
해피: 좋아, 지금 그녀가 돈 많고 잘생긴 과학자와 함께 있어.

나비 효과 The Butterfly Effect

에반(애쉬튼 커쳐)이 오랜만에 어릴 적 친구 케일리(에이미 스마트)를 만나 인사하는 장면입니다.

Evan	Hey.
Kayleigh	Evan. Oh my God! It's been a long time. How you been?
Evan	Same old, same old, you know?
Kayleigh	No, I don't know. **Fill me in.**
Evan	Uhh, well… I'm going to State now. It's going good. My mom's good.

에반: 안녕.
케일리: 에반. 세상에! 정말 오랜만이다. 어떻게 지냈어?
에반: 옛날이랑 똑같지 뭐, 알잖아.
케일리: 아니, 몰라. 자세히 얘기해봐.
에반: 어, 음... 주립대학 다니면서 잘 지내. 엄마도 잘 계시고.

> **shred** 조각, 아주 조금, 티끌
> **dignity** 품위, 자존감

I'm gonna level with you.
너한테 툭 터놓고 말할게.

level with sb는 '(어떤 사실을) sb에게 숨기지 않고 사실대로 말하다'란 뜻인데요. 우리말로는 '툭 터놓고 말하다', '솔직히 털어놓다'에 해당합니다. 그래서 "너한테 툭 터놓고 말할게."라고 할 때는 I'm gonna level with you. 또는 I'll level with you.라고 합니다.

내겐 너무 가벼운 그녀 *Shallow Hal*

회사 사장님인 스티브가 딸 로즈메리(기네스 펠트로)와 사귀는 그의 부하 직원 할(잭 블랙)을 불러 얘기하는 장면입니다. 스티브가 할의 배짱이 필요하다고 말하는데 할은 다른 걸 뜻하는 줄 알고 깜짝 놀라죠.

Steve	I think me, daughter is lucky to have you.
Hal	No, sir. I'm the lucky one.
Steve	Indeed. Well, now, as to your meeting in there, sure, it was first-rate.
Hal	Yeah?
Steve	Oh, yes. Hal, **I'm gonna level with you.** I need your balls.
Hal	Sir?
Steve	I need a man around that can give it to me straight, you know? Whether the news be good or bad. So I've decided, from now on, you'll be working directly for me.

스티브: 나와 내 딸이 자네를 만난 건 행운인 것 같아.
할: 아닙니다. 제가 행운이죠.
스티브: 그런가? 아까 회의에서 자네 발표 훌륭했네.
할: 정말요?
스티브: 물론이지. 할, 자네한테 툭 터놓고 말할게. 자네의 배짱(고환)이 필요하네.
할: 네?
스티브: 내 주위에 바른말을 해줄 사람이 필요해. 좋은 소리든 쓴 소리든 상관없이. 그래서 결정했네. 지금부터 자네가 내 직속 부하로 일하게 될 거야.

메리에겐 뭔가 특별한 것이 있다 There's Something About Mary

테드(벤 스틸러)가 사립탐정 팻(맷 딜런)을 찾아가 첫사랑 메리(카메론 디아즈)를 찾아달라고 하자, 팻은 테드를 스토커로 의심합니다.

Pat	Ted, I'm the kind of guy who likes to shoot from the hip. **I want you to level with me.** Come on, let's talk. Did you knock this skirt up?
Ted	No.
Pat	Is she blackmailing you, right?
Ted	Blackmailing me? No.
Pat	You want her dead, don't you?
Ted	Dead? Are you… You're not serious, are you?
Pat	You expect me to believe this is a straight stalker case? Come on!

팻: 테드, 난 직설적인 걸 좋아하는 사람이에요. 나한테 솔직히 털어놓으면 좋겠어요. 자, 말해봐요. 이 여자 임신시켰죠?
테드: 아니요.
팻: 그녀가 당신을 협박하고 있죠?
테드: 날 협박한다고요? 아니요.
팻: 그녀가 죽길 바라는 거죠?
테드: 죽어요? 당신… 진심으로 하는 말 아니죠?
팻: 나한테 지금 100% 스토커 케이스를 믿으라는 거야? 왜 이래요!

first-rate 일류의, 최고의
balls 배짱, 고환
shoot from the hip (결과에 개의치 않고) 직설적으로 솔직히 말하다
blackmail 협박하다, 갈취하다

To be honest with you
너한테 솔직히 말하면

honest는 '정직한', '솔직한'이란 뜻이잖아요. 그래서 To be honest with you라고 말하면 "너한테 솔직히 말하면"이란 뜻이 되고요. 더 간단하게 To be honest라고 하면 "솔직히 말하면"이란 뜻이 됩니다. 자신의 생각이나 감정, 이야기 등을 솔직히 말할 때 사용합니다. ex) I need you to be honest with me.(나한테 솔직히 말해줬으면 좋겠어.), You want me to be honest with you?(너한테 솔직히 말해주길 원하니?), I'm going to be honest with you.(너한테 솔직히 말하려고 해.), I'm asking you to be honest with yourself.(네 자신에게 솔직했으면 좋겠어.)

 화이트 하우스 다운 *White House Down*

케일(채닝 테이텀)은 딸을 데리고 대통령 경호원 면접을 보러 가는데, 이날 백악관에 테러가 일어납니다. 딸은 테러범들에게 인질로 잡히고 케일은 대통령 제임스(제이미 폭스)를 보호하며 딸을 구하기 위해 테러범들과 맞서 싸웁니다. 케일이 부상당한 대통령 제임스를 치료하며 하는 대화입니다.

James Your daughter's smart. You should listen to her.

Cale She was like three when I enlisted. And **to be honest with you**… I was probably just running from my marriage. Right after I deployed, Emily was watching TV… and there was coverage on the troops in Afghanistan. She swears to me that she saw me. After that point, she became obsessed with politics.

제임스: 자네 딸은 똑똑해. 그 애 말 잘 들어.

케일: 제가 입대했을 때 걔가 3살쯤 됐어요. 솔직히 말하면… 전 단지 결혼 생활로부터 도망친 것 같아요. 제가 배치되고 나서, 에밀리가 TV에서… 아프가니스탄에 있는 부대에 관한 보도를 봤어요. 걔가 절 봤다고 하더라고요. 그때부터 에밀리가 정치에 집착하기 시작했죠.

어바웃 타임 About Time

제대로 연애 한 번 해본 적 없는 팀(돔놀 글리슨)은 성인이 되자 아버지로부터 놀라운 얘기를 듣습니다. 팀의 가문 대대로 남자들은 자신의 과거로 시간여행을 할 수 있다는 것이죠. 아버지가 그 능력으로 무엇을 하겠냐고 팀에게 묻습니다.

Dad	You have to use it for things that you really think will make your life the way you want it to be. Come on, really think about this.
Tim	Well, **to be honest,** I suppose, at the moment, it would be just great if it could help me get a girlfriend.
Dad	Wow. Massive.

아버지: 네가 정말로 원하는 인생을 살 수 있게 해주는 일들에 그 능력을 써야 해. 자, 잘 생각해봐.
팀: 음, 솔직히 말하면, 지금은 여자친구를 구하는 데 도움이 되면 좋을 것 같아요.
아버지: 와우. 엄청난데.

---

enlist 입대하다
deploy (군대, 무기를) 배치하다
coverage 보도, 방송
troop 군대, 병력, 부대
obsess with ~ ~에 집착하다
massive 거대한, 엄청난

Don't bring it up.
그 얘기는 꺼내지 마.

친구에게 소개팅을 시켜줬더니 그 친구가 이성 앞에서 찌질한 얘기를 하려고 할 때, 회사에서 짤려서 우울해 있는 사람에게 눈치 없는 친구가 왜 그만뒀냐고 물어보려고 할 때 등 이런 상황에서는 "그 얘긴 꺼내지 마."라고 하잖아요. 이때 쓰는 표현이 Don't bring it up.이에요. bring st up은 '얘기를 꺼내다'란 뜻이거든요. 그리고 You brought it up.이라고 하면 "네가 얘기 꺼냈잖아."란 말이 됩니다. ex) You're the one who brought it up.(얘기 꺼낸 사람은 너잖아.) I shouldn't have brought it up.(그 얘기 꺼내는 게 아닌데.), I'm glad you brought that up.(네가 얘기 꺼내서 기뻐.), Don't bring it up again.(다시는 그 얘기 꺼내지 마.)

실버라이닝 플레이북 *Silver Linings Playbook*

저녁식사에 초대되어 친구 로니(존 오티즈) 집에 간 팻(브래들리 쿠퍼)이 로니와 대화하는 장면입니다. 로니가 처제 티파니(제니퍼 로렌스)의 남편 토미가 죽었다고 하자, 팻이 어쩌다 죽었냐며 캐묻는데 그때 마침 티파니가 들어옵니다.

Pat	Tommy died?
Ronnie	Cops die.
Pat	How did he die?
Ronnie	Please. **Don't bring it up.**
Pat	No, how did he die?
Ronnie	I just said…
Tiffany	How did who die?
Ronnie	Hey, Tiffany. This is Pat.

팻: 토미가 죽었다고?
로니: 경찰들은 일하다 죽기도 하잖아.
팻: 어쩌다 죽었는데?
로니: 제발. 그 얘긴 꺼내지 마.
팻: 아니, 어쩌다 죽었는데?
로니: 내가 방금…
티파니: 어쩌다 누가 죽어요?
로니: 안녕, 티파니. 여긴 팻이야.

이보다 더 좋을 순 없다 As Good as It Gets

멜빈(잭 니콜슨)이 즐겨 가는 레스토랑에서 웨이트리스 캐롤(헬렌 헌트)과 대화하는 장면입니다. 멜빈이 캐롤의 다크서클을 보고 나이를 물어봅니다.

Melvin   How old are you? If I guessed by your eyes, I'd say you were 50.

Carol   If I went by your eyes, I'd say you were kind. So… So much for eyes. But as long as you bring up age, how old are you? **You brought it up.** No, I'm curious. **You brought it up.**

Melvin   Not that you're ugly.

멜빈: 몇 살이요? 눈만 보면 50은 되어 보이는데.
캐롤: 당신은 눈만 보면 친절한 것 같네요. 그럼… 눈 얘기는 그만하고. 나이 얘길 꺼냈으니까, 당신은 몇 살이죠? 먼저 얘기 꺼냈잖아요. 아니, 궁금해서 그래요. 얘기 꺼냈으니까.
멜빈: 못생겼다는 뜻은 아니에요.

go by st st에 의해서 판단하다
so much for st st에 대해서는 그쯤 해 두고

That came out wrong.

말이 잘못 나왔어.

'책이 나오다', '사진이 잘 나오다', '말이 잘못 나오다', '말이 안 나오다'처럼 우리말의 '나오다'라는 말은 여러 상황에서 쓰이는데요. 같은 뜻의 영어 come out도 마찬가지로 다양하게 쓸 수 있어요. 그 중에서도 "말이 잘못 나왔어." 또는 "말이 헛나왔어."란 말은 좀 전에 자기가 한 말을 가리켜 That came out wrong.이라고 해요. ex) I didn't mean to be mean, it just came out like that.(못되게 굴려고 한 건 아닌데, 말이 그렇게 나와버렸어.), I tried to say "I'm sorry", but the words wouldn't come out.(미안하다고 하려고 했는데, 말이 안 나왔어.), I tried to tell him the truth, but it came out all wrong.(그에게 사실대로 말하려고 했는데, 완전 엉뚱한 얘기를 해버렸어.)

 클로이 Chloe

캐서린(줄리앤 무어)을 좋아하는 클로이(아만다 사이프리드)는 캐서린의 남편 데이빗(리암 니슨)이 자기와 바람을 폈다고 거짓말을 하며 캐서린에게 접근합니다. 그리고 클로이는 캐서린을 유혹해 부적절한 관계를 가지죠.

Chloe	Do you want to see me again?
Catherine	I don't know. I... We work in the same neighborhood. I'll see you on the street, right?
Chloe	You'll see me on the street?
Catherine	I didn't mean it that way. I mean, it just... **That came out wrong.**

클로이: 다시 절 볼 건가요?
캐서린: 글쎄. 난... 우린 같은 동네에서 일하니까. 길에서 보게 되지 않을까?
클로이: 길에서 보겠다고요?
캐서린: 그런 뜻으로 한 말이 아니야. 그러니까... 말이 잘못 나왔어.

 쉬즈 더 맨 She's the Man

학교 축구코치와 남학생들이 여자는 축구를 못 한다고 하자, 바이올라(아만다 바인즈)는 여자도 잘 할 수 있다는 것을 증명하기로 결심합니다. 바이올라는 축구팀에서 뛰기 위해 미용사 친구 폴의 도움을 받아 남장을 하죠. 정말 남자처럼 보이는 바이올라의 모습을 보고 폴이 뿌듯해서 바이올라를 껴안습니다.

Paul	I'm so proud!
Viola	Get off me!
Paul	Remember, inside every girl, there's a boy. **That came out wrong.** But you know what I mean. Vi, be a good boy.

폴: 정말 자랑스러워!
바이올라: 떨어져!
폴: 기억해, 모든 여자 속에는 남자가 있어. 잘못 말했어. 하지만 내가 무슨 말하려는지는 알겠지. 바이(바이올라의 애칭), 착한 남자가 돼.

mean 짓궂은, 못된

빈칸에 어울리는 영어문장을 말하고 적어보세요.

1
Devlin   Where's Danny?
Katherine   Devlin... Danny is... Danny's at his wedding.
Devlin   _____ 뭐라고?
Katherine   I was never married to him. All a big lie that I made up.

2
1) 우리 어디까지 얘기했어? 우리 무슨 얘기 했었어? _____
2) 내가 어디까지 얘기했어? 내가 무슨 얘기 했었어? _____

3
Ben   Hey, Dad.
Michael   "Hey, Dad"? Ben? That's you? Look how big you got. You're enormous.
Ben   _____ Captain Twinkie of the S.S. Fat-Ass!
사돈 남 말 하시네.

4
Robbie   But we can't get chicks like that anymore, you know? We're too old.
Glenn   _____ I'm not too old. I can still get chicks like that. 당신이나 그렇지.

5
Rebecca   I'm here for the interview at *Alette* magazine.
Allon   *Alette*... Oh, filled, internally, yesterday. They did post it on the Web. Let's see, who got the job? Oh... _____ Alicia Billington. 호랑이도 제 말하면 온다더니.
Rebecca   She has the longest legs in the world.

6
Charlie   No. Give me the main event.
Finn   Come on, Charlie.
Charlie   This is Noisy Boy. An original Tak Mashido bot. He was a World Robot League boxer. Come on!
Finn   You want to fight Midas? Fifty thousand guaranteed, winner takes all.
Charlie   Fifty? Really, Fifty? _____ 이제야 말이 통하네.

7 Doctor　You need a new hip, Mrs. Donnelly. It's not a difficult operation.
　　Muriel　▆▆▆▆▆▆▆▆▆▆▆▆▆▆▆▆ You're not having it.
　　　　　　당신이야 쉽게 말하지.

8 1) 내가 방금 크게 말했니? ▆▆▆▆▆▆▆▆▆▆
　　2) 소리 내서 크게 웃어. ▆▆▆▆▆▆▆▆
　　3) 소리 내서 크게 말해. ▆▆▆▆▆▆▆▆
　　4) 소리 내서 크게 읽어. ▆▆▆▆▆▆▆▆

9 Marcus　You got something to say, Kirk, say it. Tomorrow's too late.
　　Kirk　　I'm fine, sir. My apologies.
　　Marcus　▆▆▆▆▆▆▆▆▆▆▆▆▆▆, son. Don't be shy. 말해봐.

10 Kayleigh　Evan. Oh my God! It's been a long time. How you been?
　　Evan　　Same old, same old, you know?
　　Kayleigh　No, I don't know. ▆▆▆▆▆▆▆▆▆▆▆ 자세히 얘기해봐.
　　Evan　　Uhh, well… I'm going to State now. It's going good. My mom's good.

11 1) 너한테 툭 터놓고 말할게. ▆▆▆▆▆▆▆▆▆▆▆▆▆
　　2) 나한테 솔직히 털어놓으면 좋겠어. ▆▆▆▆▆▆▆▆▆▆

12 1) 솔직히 말하면 ▆▆▆▆▆▆▆▆
　　2) 나한테 솔직히 말해줬으면 좋겠어. ▆▆▆▆▆▆▆
　　3) 너한테 솔직히 말해주길 원하니? ▆▆▆▆▆▆▆▆
　　4) 너 자신에게 솔직했으면 좋겠어. ▆▆▆▆▆▆▆▆▆

13 1) 그 얘기는 꺼내지 마. ▆▆▆▆▆▆▆▆▆
　　2) 네가 얘기 꺼냈잖아. ▆▆▆▆▆▆▆▆
　　3) 얘기 꺼낸 사람은 너잖아. ▆▆▆▆▆▆▆▆▆▆
　　4) 네가 얘기 꺼내서 기뻐. ▆▆▆▆▆▆▆▆▆

14 Chloe　　Do you want to see me again?
　　　Catherine　I don't know. I... We work in the same neighborhood. I'll see you on the street, right?
　　　Chloe　　You'll see me on the street?
　　　Catherine　I didn't mean it that way. I mean, it just…

　　　　　　　　　　　　　　　　　　　　　　　　　　　말이 잘못 나왔어.

Answers

1 Come again?　**2** 1) Where were we?　2) Where was I?　**3** Look who's talking.　**4** Speak for yourself.
5 Speak of the devil.　**6** Now you're talking.　**7** That's easy for you to say.　**8** 1) Did I just say that out loud?
2) Laugh out loud.　3) Say it out loud.　4) Read it out loud.　**9** Spit it out.　**10** Fill me in.　**11** 1) I'm gonna level with you.[=I'll level with you.]　2) I want you to level with me.　**12** 1) To be honest (with you)　2) I need you to be honest with me.　3) You want me to be honest with you?　4) I'm asking you to be honest with yourself.
13 1) Don't bring it up.　2) You brought it up.　3) You're the one who brought it up.　4) I'm glad you brought that up.　**14** That came out wrong.

Chapter 15

요점, 이해

Quiz 내가 영어로 할 수 있는 말은?

1 그게 무슨 뜻으로 하는 말이야? _____ (suppose)

2 문제는 그게 아니잖아. 중요한 건 그게 아니잖아.
   _____ (point)

3 딴데로 말 돌리지 마. _____ (subject)

4 긴 얘긴데 간단히 말하면 _____ (story)

5 중요한 건, 문제는, 실은 _____ (thing)

6 그건 말이 안 돼. _____ (sense)

7 이게 무슨 의미가 있어? 이게 무슨 소용이 있어?
   _____ (point)

8 바로 본론으로 들어갈게. _____ (chase)

9 본격적으로 시작하자. 본론으로 들어가자.
   _____ (business)

10 쓸데없는 얘기는 집어치워. _____ (crap)

11 그러니까 네 말을 정리하면 _____ (straight)

Answers

1 What's that supposed to mean? 2 That's not the point. 3 Don't change the subject. 4 Long story short 5 The thing is 6 It doesn't make sense. 7 What's the point of this? 8 I'll cut to the chase. 9 Let's get down to business. 10 Cut the crap. 11 Let me get this straight.

unit 152 What's that supposed to mean?

그게 무슨 뜻으로 하는 말이야?

상대방이 직설적으로 말하지 않고 돌려서 말하거나 또는 비꼬아서 얘기할 때 What's that supposed to mean?이라고 물어보는데요. 이건 "그게 무슨 뜻으로 하는 말이야?", "그게 무슨 뜻이야?"란 의미예요. 화가 나서 물어볼 때는 What the hell is that supposed to mean?이라고 하기도 하죠. 비슷한 표현으로는 What do you mean by that?이 있어요.

노트북 *The Notebook*

사랑하던 노아(라이언 고슬링)와 앨리(레이첼 맥아담스)는 신분 차이 때문에 집안의 반대로 헤어지고, 전쟁 때문에 더 확실히 멀어집니다. 7년 후 앨리는 다른 사람과 약혼하지만, 우연히 노아가 있는 곳을 알게 되어 그를 찾아와 다시 열렬한 사랑을 나누죠. 그러면서도 사랑을 확인하는 노아의 질문에 앨리는 약혼자와의 약속을 어길 수 없다고 대답합니다. 화가 난 노아는 며칠 동안 함께 나눈 사랑은 뭐냐며 앨리를 몰아붙입니다.

Noah	This is not about keeping your promise, and it's not about following your heart, it's about security.	노아: 이건 약속을 지키는 문제도 아니고, 네 마음을 따르는 것도 아니고, 미래의 보장 때문이야.
Allie	**What is that supposed to mean?**	앨리스: 그게 무슨 뜻으로 하는 말이야?
Noah	Money!	노아: 돈 때문이잖아!
Allie	What are you ta…	앨리스: 무슨 소리…
Noah	He's got a lot of money.	노아: 그는 돈이 엄청 많잖아.

어느날 그녀에게 생긴 일 *Life or Something Like It*

시애틀 방송국의 잘나가는 리포터 레이니(안젤리나 졸리)는 마침내 꿈꾸던 전국 방송의 리포터가 되어 뉴욕으로 가게 됩니다. 레이니는 이 사실을 아버지에게 얘기합니다.

Lanie	I got the job, A.M. USA. I'm going to New York.	레이니: 저 A.M. USA에서 일하게 됐어요. 뉴욕으로 가요.
Dad	When are you coming back?	아버지: 언제 돌아오니?
Lanie	Oh, come on, Dad. It's not like you're gonna miss me. You have Gwen.	레이니: 참, 아빠도. 설마 제가 그리울 거라는 건 아니죠? 아빠에겐 그웬이 있잖아요.
Dad	**What's that supposed to mean?**	아버지: 그게 무슨 뜻이냐?
Lanie	It's not supposed to mean anything. It means that… you've always kind of favored Gwen.	레이니: 아무 뜻도 아니에요. 그냥… 아빠는 항상 그웬을 더 예뻐했잖아요.
Dad	What kind of crap is that? I favored Gwen? I love both my girls just the same.	아버지: 무슨 거지 같은 소리야! 내가 그웬을 더 예뻐했다고? 난 두 딸을 똑같이 사랑한다.

That's not the point.
문제는 그게 아니잖아. 중요한 건 그게 아니잖아.

상대방이 논쟁의 요점을 파악하지 못할 때 우리는 "문제는 그게 아니야.", "중요한 건 그게 아니야."라고 하잖아요. 이때 쓰는 표현이 That's not the point.예요. 그리고 자신이 한 말이 요점과 상관없을 때 "문제는 그게 아니지.", "중요한 건 그게 아니지."라고 할 때도 사용합니다. 비슷한 표현으로는 That's beside the point.와 You're missing the point.가 있어요.

소셜 네트워크 *Social Network*

하버드대의 학생 카메론(아미 해머)과 타일러(조쉬 펜스) 형제는 대학 총장 래리를 찾아와서 하버드 인맥 프로그램에 관한 자신들의 아이디어를 마크 주커버그(제시 아이젠버그)가 훔쳐갔다고 얘기합니다. 이것은 학교 규정을 어긴 것이니 그를 징계해달라고 말하죠. 하지만 총장은 학교가 관여할 문제가 아니니 학생들끼리 해결하고, 새로운 아이디어나 구상하라고 합니다.

Larry	Everyone at Harvard's inventing something. Harvard undergraduates believe that inventing a job is better than finding a job. So I'll suggest again that the two of you come up with a new new project.
Cameron	I'm sorry, sir, but **that's not the point.**
Larry	Please, arrive at the point.
Cameron	You don't have to be an intellectual property expert to understand the difference between right and wrong.

래리: 하버드의 모든 학생들은 뭔가를 개발하지 않나. 하버드 학부생들은 취업하는 것보다 창업하는 게 낫다고 믿고 있어. 그러니 다시 한 번 얘기하는데 새로운 프로젝트를 생각해봐.
카메론: 죄송하지만 총장님, 문제는 그게 아닙니다.
래리: 그럼 뭐가 문제인가?
카메론: 지적재산권 전문가가 아니어도 무엇이 옳고 그른지는 알 수 있습니다.

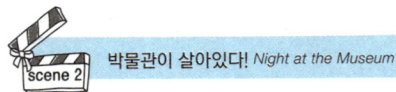

박물관이 살아있다! Night at the Museum

아내와 이혼한 래리(벤 스틸러)는 아들 닉(제이크 체리)이 출전하는 하키 경기에 함께 갑니다. 경기 후, 래리가 닉에게 프로 선수를 해도 될 만큼 잘 했다고 칭찬하자 닉은 하키 선수가 될 생각은 없다고 하죠. 그러면서 엄마의 새 남자친구 돈처럼 돈을 잘 버는 채권 딜러가 되겠다고 합니다.

Larry	All right. What do you wanna be?
Nick	A bond trader.
Larry	A bond trader?
Nick	Yeah, it's what Don does. He took me to his office last week.
Larry	Uh-huh, that's cool. So you wanna dress up in a monkey suit and tie every day? Like an automaton robot? Trust me, you can't play hockey in a cubicle. Kind of awkward.
Nick	Well, he's got a pretty big office.
Larry	**That's not the point.** Come on, you love hockey.
Nick	I still like it, but bond trading's my fallback.

래리: 좋아. 그럼 뭐가 되고 싶은데?
닉: 채권 딜러요.
래리: 채권 딜러?
닉: 네, 돈이 하는 일이에요. 그가 저번 주에 자기 사무실에 데려가 줬어요.
래리: 허, 그거 멋지네. 그래서 매일 시커먼 양복에 넥타이 매게? 로봇처럼? 장담하는데, 콧구멍만한 사무실에선 하키 못할 거야. 이상하지.
닉: 그 사람 사무실은 꽤 크던데요.
래리: 그게 중요한 게 아니잖아. 왜 그래, 너 하키 좋아하잖아.
닉: 아직도 하키 좋아해요. 하지만 채권 거래는 제 밥줄이 될 거예요.

automaton 로봇 같은 사람
cubicle 좁은 방, 칸막이 사무실
awkward 어색한
fallback (만일을 위한) 대비책

Don't change the subject.

딴데로 말 돌리지 마.

내가 한창 어떤 얘길 하는데 상대방이 갑자기 다른 얘길 꺼내면 화가 나겠죠? 이럴 때 쓰는 말이 Don't change the subject.예요. 주제를 바꾸지 말란 말은 곧 "딴데로 말 돌리지 마."란 말이니까요. 그리고 분위기와 맞지 않게 상대방이 너무 심각한 얘기나 불편한 얘기 혹은 우울한 얘기를 할 때는 Can we change the subject?라고 하는데요. 이건 "우리 다른 얘기 하면 안 돼?"란 뜻이에요. ex) Why don't we change the subject?(우리 다른 얘기 하는 게 어때?), We should change the subject.(우리 다른 얘기 하는 게 좋겠다.), Let's change the subject.(우리 다른 얘기 하자.)

인크레더블 *The Incredibles*

보험회사에서 일하는 밥 파가 상사 미스터 헙으로부터 잔소리를 듣고 있는데 창 밖으로 어떤 사람이 강도를 당하는 모습이 보입니다.

Mr. Huph	Bob? Bob? Look at me when I'm talking to you, Parr.
Bob	That man out there, he needs help.
Mr. Huph	**Do not change the subject,** Bob. We're discussing your attitude.
Bob	He is getting mugged!
Mr. Huph	Well, let's hope we don't cover him.
Bob	I'll be right back.
Mr. Huph	Stop right now or you're fired!

헙: 밥? 밥? 내가 얘기할 땐 나를 봐, 파.
밥: 밖에 있는 남자가 도움이 필요해요.
헙: 딴 데로 말 돌리지 마. 자네 태도에 대해 얘기 중이잖아.
밥: 그가 강도를 당하고 있어요!
헙: 우리가 보상해주지 않아도 되길 빌자고.
밥: 금방 돌아올게요.
헙: 당장 서지 않으면 해고될 줄 알아!

당신이 사랑하는 동안에 *Wicker Park*

식당에서 매튜(조쉬 하트넷)와 알렉스(로즈 번)가 갑자기 언쟁을 하자 중간에서 입장이 난처해진 루크(매튜 릴라드)가 다른 얘길 하자고 합니다.

Luke	Jesus Christ! Lighten up, you guys. This woman... she's a nut. She's psycho. She's cuckoo-bananas, all right? End of story. **Can we change the subject?**

루크: 세상에! 너무 심각하게 그러지 마. 그 여자는 미쳤어. 사이코에 미치광이야, 알았어? 얘기 끝. 다른 얘기 하면 안 돼?

> **mug** 강도질을 하다(**get mugged** 강도를 당하다)
> **lighten up** 너무 심각해지지 않다
> **nut** 미친 사람(**nuts** 미친)
> **cuckoo-bananas** 미치광이

Long story short
긴 얘긴데 간단히 말하면

설명하자면 긴 얘기라 요점만 간단히 얘기할 때, 미국에서는 To make a long story short.라고 하고, 영국에서는 To cut a long story short.라고 해요. 근데 이걸 줄여서 그냥 Long story short.라고 할 때가 더 많답니다. 미국, 영국 구분할 필요 없으니 이게 더 편하죠.

 버킷 리스트 *The Bucket List*

병원에 입원한 재벌 사업가 에드워드(잭 니콜슨)는 같은 병실에 있는 카터(모건 프리먼)의 버킷 리스트를 우연히 보고, 그것을 실행하기 위해 함께 여행을 떠납니다. 둘이 바다가 내려다보이는 프랑스의 근사한 레스토랑에서 식사하는 장면입니다.

Carter   Who's Emily?
Edward   My little, ah... Well, she's not so little anymore.
Carter   You have a daughter? I thought you said...
Edward   Yeah... well... I didn't know you then. **Make a long story short,** I don't see her.

카터: 에밀리가 누구야?
에드워드: 내 어린, 아... 이젠 더 이상 어리지 않지.
카터: 딸이 있었나? 없다고 하지...
에드워드: 그랬었지... 뭐... 그땐 자넬 잘 몰랐으니까. 간단히 얘기하면 이젠 걔를 안 보네.

 저스트 프렌드 *Just Friends*

음반사 매니저 크리스(라이언 레이놀즈)는 어릴 때 짝사랑한 친구 제이미(에이미 스마트)를 만나기 위해 함께 다니던 철부지 가수 사만다(안나 페리스)를 동생 마이크에게 맡깁니다. 근데 집에 돌아오자 제이미가 머리에 붕대를 감고 정신 나간 사람처럼 치약을 먹고 있습니다. 마이크의 실수로 사만다가 쇼핑몰에서 떨어져서 머리를 다친 거죠.

Chris   Oh my God! What the hell happened to her?
Mike   **Long story short,** she fell.
Chris   Samantha, are you okay?
Samantha I'm gonna make bubble.

크리스: 이런 세상에! 도대체 얘한테 무슨 일이 있었던 거야?
마이크: 긴 얘긴데 간단히 말하면, 떨어졌어.
크리스: 사만다, 너 괜찮니?
사만다: 나 거품 만들 거야.

The thing is
중요한 건, 문제는, 실은

"많은 사람이 대학을 가. 중요한 건 거기서 뭘 얻느냐는 거야.", "나도 자동차 사고 싶어. 문제는 나 아직 면허가 없어.", "실은 나 몇 군데 고쳤어. 네가 싫어할까봐 말 못했어." 이렇게 대화 중에 이야기의 핵심이나 문제점, 중요한 사실을 말할 때는 The thing is라고 해요. 문맥에 따라 "중요한 건", "문제는", "실은"이란 뜻이 됩니다.

오블리비언 *Oblivion*

영화의 마지막 부분에 잭(톰 크루즈)이 외계인 샐리를 파괴하는 장면입니다.

Jack	I don't know what you are, or where you're from, but I'd like to tell you about something I read. A story from Rome, a city you destroyed. It's a classic. There was a guy, Horatius, held the bridge alone against a whole army. And what Horatius said was, "How can a man die better…"
Sally	You don't have to die, Jack. She doesn't have to die.
Jack	Everybody dies, Sally. **The thing is**, to die well.

잭: 네 정체가 뭔지 어디서 왔는진 몰라도 내가 읽은 책 얘길 해주지. 네가 파괴한 도시인 로마 이야기야. 고전 작품이지. 호레이셔스라는 남자가 있었어. 다리에서 홀로 적군과 맞선 그가 이렇게 말해. "사람이 어떻게 더 고귀하게 죽을 수 있는가..."
샐리: 넌 죽을 필요 없어, 잭. 그녀도 마찬가지고.
잭: 모든 사람은 죽어, 샐리. 중요한 건, 잘 죽는 거야.

악마는 프라다를 입는다 *The Devil Wears Prada*

패션 잡지사에 취업한 앤디(앤 해서웨이)가 친구들과 모여 술을 마시며 축하하는 장면입니다.

Doug	Miranda Priestly is famous for being unpredictable.
Andy	Okay, Doug. How is it that you know who she is and I didn't?
Doug	I'm actually a girl.
Lily	That would explain so much.
Doug	Look, seriously, Miranda Priestly is a huge deal. A million girls would kill for that job.
Andy	Yeah, great. **The thing is,** I'm not one of them.

더그: 미란다 프레슬리는 변덕스럽기로 유명해.
앤디: 좋아, 더그. 넌 어떻게 나보다 그녀에 대해 더 잘 아는 거야?
더그: 사실 나 여자거든.
릴리: 이제서야 많은 게 해명되네.
더그: 진지하게 들어봐. 미란다 프레슬리는 정말 거물이야. 수많은 여자들이 그 일자리 얻으려고 환장을 해.
앤디: 그래, 좋아. 문제는, 난 걔들이 아니란 거야.

kill for st st이 갖고 싶어 사족을 못 쓰다

It doesn't make sense.
그건 말이 안 돼.

어떤 상황이 '말이 된다/안 된다'고 할 때는 make sense를 사용해요. make sense는 '이치에 맞다', '말이 되다'란 뜻이어서, It makes sense.라고 하면 "그거 말이 돼.", 또 It doesn't make sense.나 It makes no sense.라고 하면 "그건 말이 안 돼."란 뜻이 되죠. 중간에 any를 넣어서 It doesn't make any sense.라고 하면 "그건 전혀 말이 안 돼."라고 더 강조하는 문장이 됩니다. 주어인 It 자리에는 This나 That 등 여러 형태의 주어가 올 수 있어요. ex) Does that make sense?(그게 말이 되니?), Does that make any sense?(그게 도대체 말이 되니?), It makes perfect sense.(완전 말이 되네.)

 500일의 썸머 *500 Days of Summer*

구속받는 게 싫어서 사귀면서도 연인관계를 인정하지 않던 썸머(주이 디샤넬)가 갑자기 누군가의 아내가 되어서 나타나자 톰(조셉 고든 레빗)은 도저히 썸머를 이해할 수 없다고 합니다.

Tom　　You never wanted to be anybody's girlfriend, and now you're somebody's wife.

Summer　Surprised me, too.

Tom　　I don't think I'll ever understand that. I mean, **it doesn't make sense.**

Summer　It just happened.

Tom　　Right, but that's what I don't understand. What just happened?

Summer　I just… I just woke up one day, and I knew.

Tom　　Knew what?

Summer　What I was never sure of with you.

톰: 누구의 여자친구도 되기 싫다더니, 지금은 누군가의 아내네.
썸머: 나도 놀랐어.
톰: 난 결코 이해 못할 거야. 그건 말이 안 돼.
썸머: 그냥 그렇게 됐어.
톰: 그래, 그걸 이해 못하겠다는 거야. 무슨 일이 있었는데?
썸머: 그냥… 어느 날 자고 일어났더니 알게 됐어.
톰: 뭘 알게 돼?
썸머: 너와 함께 있었을 땐 결코 확신하지 못했던 것을.

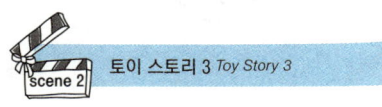
토이 스토리 3 *Toy Story 3*

앤디가 대학에 입학해 집을 떠나게 되면서 장난감들을 다락에 올려놓으려고 합니다. 근데 앤디의 엄마가 그것을 쓰레기인 줄 알고 실수로 버리게 되죠. 이들은 간신히 쓰레기차를 피해 도망가지만, 앤디가 자기들을 버리려 했다고 오해합니다.

Slinky Dog	Andy threw us out.
Hamm	Like we were garbage.
Mr. Potato Head	Junk. He called us junk.
Mrs. Potato Head	How could he?
Buzz	**This doesn't make any sense.**

슬링키 도그: 앤디가 우릴 버렸어.
햄: 우리가 쓰레기인 것처럼.
미스터 포테이토 헤드: 고물. 앤디가 우릴 고물이라고 했어.
미시즈 포테이토 헤드: 어떻게 그럴 수 있지?
버즈: 이건 정말 말이 안 돼.

What's the point of this?

이게 무슨 의미가 있어? 이게 무슨 소용이 있어?

"미래가 다 정해져 있다면 노력하는 게 무슨 의미가 있어?", "아무도 신경도 안 쓸텐데 이게 무슨 소용이 있어?"처럼 "~가 무슨 의미가 있어?", "~가 무슨 소용이야?"라고 할 때는 What's the point of ~?라고 해요. of 뒤에는 명사나 명사 역할을 하는 동명사가 옵니다. ex) What's the point of that?(그게 무슨 의미가 있어?), What's the point of waiting?(기다리는 게 무슨 의미가 있어?), What's the point of all this?(이게 다 무슨 소용이야?)

프렌즈 위드 베네핏 *Friends with Benefits*

아트디렉터인 딜런(저스틴 팀버레이크)이 헤드헌터 제이미(밀라 쿠니스)가 알선해준 회사의 고용계약서에 사인하는 장면입니다.

Jamie	Do me a favor. Don't quit or get fired before the year's up, because otherwise I don't get my bonus.
Dylan	Wait, I can leave whenever I want? **What's the point of this contract?**
Jamie	Just sign the damn thing.

제이미: 부탁이 있어요. 1년 안에 그만두거나 잘리지 마세요. 그러면 저 보너스 못 받거든요.
딜런: 잠깐만요, 제가 원하면 언제라도 그만둘 수 있는 거예요? 그럼 이 계약서는 무슨 의미가 있는 거죠?
제이미: 그냥 사인이나 해요.

세렌디피티 *Serendipity*

운명을 믿는 사라(케이트 베킨세일)와 그의 친구 이브(몰리 샤논)가 카페 세렌디피티에 앉아 대화하는 장면입니다.

Sara	Eve, thanks so much for coming with me.
Eve	You're welcome. Sara, you know, it's a wonderful thought. The idea that all of life, that every single event is all part of some master plan designed to lead us to our universal soul mate. But if that's really true, then **what's the point of living?** Or making decisions? Hell, why should we even get out of bed in the morning?

사라: 이브, 나와 함께 와줘서 고마워.
이브: 천만에. 사라, 그 생각 멋지긴 해. 인생의 모든 일들이 이미 정해져 있고, 우린 운명의 짝을 만나게 된다는 얘기. 근데 정말 그렇다면, 사는 게 무슨 의미가 있어? 의사 결정을 하는 의미는? 아침에 침대에서 일어날 필요도 없잖아.

I'll cut to the chase.
바로 본론으로 들어갈게.

cut to the chase는 '바로 본론으로 들어가다'란 뜻인데요. 대화를 시작하자마자 바로 본론을 말하려고 할 때 I'll cut to the chase. 또는 Let's cut to the chase.라고 합니다. "바로 본론으로 들어갈게."란 뜻이죠. 그리고 상대방에게 본론으로 들어가주길 바랄 때는 Can we cut to the chase?라고 하는데요, "우리 바로 본론으로 들어가지?"란 뜻이에요.

블레이즈 오브 글로리 *Blades of Glory*

피겨 스케이팅 선수 지미(존 헤더)는 세계 선수권 대회에서 라이벌 선수와 싸운 처벌로 스케이팅 연맹으로부터 영구출전금지 명령을 받습니다. 이후 지미는 스포츠샵에서 일하는데, 그의 스토커인 헥터(닉 스워드슨)가 찾아와서 다시 대회에 나갈 방법을 알려주려고 합니다.

Jimmy	Yeah, listen, it's great to see you, Hector, but I'm really busy right now.
Hector	Okay, all right, I'm sorry. **I'll cut to the chase.** You gotta start skating again, Jimmy.
Jimmy	What?
Hector	It's embarrassing stalking a has-been, you know what I mean?

지미: 그래, 다시 봐서 반가워, 헥터. 근데 나 지금 정말 바빠.
헥터: 그래, 좋아, 미안. 바로 본론으로 들어갈게. 너 스케이팅 다시 시작해야 해, 지미.
지미: 뭐?
헥터: 한물간 사람을 스토킹하는 것도 창피하단 말이야, 무슨 말 하는지 알지?

황혼에서 새벽까지 *From Dusk Till Dawn*

악당 세스(조지 클루니)와 리치(쿠엔틴 타란티노) 형제는 탈옥 후 은행을 털고 여직원 글로리아를 인질로 잡아 모텔로 돌아옵니다.

Seth	We need to have a talk. What's your name?
Gloria	Gloria.
Seth	Hello, Gloria. I'm Seth. That's my brother, Richie. **Let's cut to the chase.** I'm gonna ask you one question and all I want is a yes or no answer. Do you wanna live through this?
Gloria	Yes.
Seth	Good.

세스: 얘기 좀 해야겠군. 이름이 뭐요?
글로리아: 글로리아.
세스: 안녕, 글로리아. 난 세스고 저긴 내 동생 리치. 바로 본론으로 들어가지. 내가 질문 하나 할 건데, 내가 원하는 건 '네', '아니요'로 답하는 거야. 여기서 살아남고 싶나?
글로리아: 네.
세스: 좋아.

stalk 스토킹하다
a has-been 한물간 사람

Let's get down to business.
본격적으로 시작하자. 본론으로 들어가자.

대화 중 화제를 바꾸어 논의해야 할 주제에 관해 얘기하자고 하거나, 해야 할 일을 착수하자고 할 때는 Let's get down to business.라고 해요. "본격적으로 시작하자." 또는 "본론으로 들어가자."란 의미예요. cut to the chase는 대화를 시작하자마자 바로 자신의 본론을 말하려고 할 때 주로 쓰는 반면, get down to business는 다른 대화를 나누다가 화제를 바꾸어 함께 논의해야 할 이야기나 본업무를 시작하자고 할 때 쓰는 것이 차이점이에요.

윔블던 *Wimbledon*

한물 간 프로 테니스 선수 피터(폴 베타니)는 갑자기 윔블던 테니스 대회에서 연승을 하며 사람들의 주목을 받습니다. 그러자, 그동안 연락해도 답도 없던 스포츠 에이전트 론(존 파브로)이 스스로 피터를 찾아와 자기와 계약하자고 합니다.

Peter	You'd have to cut your commission.
Ron	Okay, look, unfortunately that's a no-go area. Everybody pays 10%.
Peter	Say five percent, or the next offer's four.
Ron	You know, success has really changed you. And I'm loving it. Screw it. You got a deal. Besides, I have a funny feeling that Cavendish is going down. Tea?
Peter	Yes, I'd love some.
Ron	Now **let's get down to business.** Slazenger's having a cocktail party this evening, and everybody's dying to meet you for the very first time… all over again.

피터: 수수료를 줄여야 할 것 같은데.
론: 이봐, 안타깝지만 그건 어쩔 수 없는 거야. 모두 10%는 내.
피터: 5%에 하던지, 아니면 다음은 4%를 제안하지.
론: 뜨더니 많이 변했군. 그거 마음에 들어. 그렇게 계약하지. 그리고 캐번디시가 너한테 질 것 같은 예감이 드네. 차 마실래?
피터: 그래, 좋지.
론: 자, 본격적으로 시작하자. 오늘 저녁 슬레진저에서 칵테일 파티를 여는데, 모든 사람들이 네가 보고 싶어 안달이야.

에비에이터 The Aviator

영화 제작자이자 세계적인 항공사 TWA를 운영하는 재벌 사업가 하워드 휴즈(레오나르도 디카프리오)는 브루스터 상원의원이 낸 민간항공 독점 법안에 강경하게 반대합니다. 그 법안이 통과되면 TWA항공사를 팬암항공사에 넘겨야 하고, 미국에서 한 항공사만이 국제선을 독점하게 되니까요. 법안을 반대한다는 이유로 하워드는 모함을 받게 되고, 브루스터 상원의원이 그를 집으로 초대합니다. 브루스터는 불미한 일을 해결해줄 테니 법안에 찬성하라고 하죠.

Brewster It's brook trout. Hope you like fish.

Howard I love it. Thanks.

Brewster I know you're not a drinking man, so I hope... hope water's okay.

Howard Thanks.

Brewster All right, **let's get down to business.** Let's talk turkey. My investigators have turned up a lot of dirt. It could be really embarrassing if this stuff got out. I'd like to save you from that embarrassment.

브루스터: 송어예요. 마음에 들면 좋겠네요.

하워드: 좋아합니다. 감사합니다.

브루스터: 술을 안 하는 것 같으니, 물은... 괜찮았으면 합니다.

하워드: 고맙습니다.

브루스터: 자, 본론으로 들어가죠. 솔직하게 얘기해봅시다. 내 수사원들이 많은 부패 정보를 찾아냈어요. 이것들이 공개되면 정말 곤란할 거요. 내가 당신을 그 곤경에서 구해주고 싶소.

> **no-go area** 접근금지구역
> **be dying to** ~ ~하고 싶어 죽겠다, ~하고 싶어 안달이다
> **talk turkey** 진지하고 솔직하게 얘기하다

Cut the crap.
쓸데없는 얘기는 집어치워.

시험 성적을 물어보는데 아들이 계속 딴 얘기를 하거나, 여자친구와 진도 좀 뺐냐고 물었더니 친구가 중간 과정만 몇 분 동안 얘기할 때 등, 이렇게 상대방이 불필요한 얘기를 장황하게 할 때는 Cut the crap.이라 고 해요. 여기서 crap은 '허튼소리'를 뜻하기 때문에 Cut the crap.이라고 하면 "헛소리 그만해.", "쓸데없 는 얘기 집어치워."란 말이 됩니다. Let's cut the crap.(쓸데없는 얘기는 집어치우자.)이라고도 합니다.

인질 *A Life Less Ordinary*

빌딩 청소부 로버트(이완 맥그리거)는 자신을 해고한 사장의 딸 셀린느(카메론 디아즈)를 납치합니다. 차에 기름을 넣기 위해 주유소에 들렀는데, 주유소 직원이 장황하게 서비스에 대해 설명하자 로버트가 화를 냅니다.

Robert	Is this a gas station, Walt?
Walt	It sure is, sir.
Robert	Then fill it up with gas and **cut the crap**.
Celine	The guy was just doing his job. You know, he was trying to be helpful.

로버트: 여기 주유소 맞나, 월트?
월트: 물론이죠, 선생님.
로버트: 그럼 기름이나 넣고, 쓸데없는 얘기는 집어치워.
셀린느: 저 사람은 단지 자기 일을 하고 있는 거야. 도움을 주려고 말이야.

메리에겐 뭔가 특별한 것이 있다 *There's Something About Mary*

메리와 친구들이 차를 마시며 최근에 메리(카메론 디아즈)가 찬 남자 브렛에 관해 얘기하는 장면입니다.

Joanie	Come off it, Mary. Remember that gorgeous corn-fed white boy, honey, that you just dumped like yesterday's garbage? What was his name? Packman.
Mary	Okay, we had fun for a while.
Lisa	Mary, **cut the crap.** What really happened with Brett?
Joanie	Yeah. Brett seemed so sweet.
Mary	You know what Tucker said Brett told him? He said that if Warren wasn't in my life… that he would have popped the question a long time ago.

조니: 그만해, 메리. 그 멋지고 건장한 백인 남자 있잖아. 네가 어제 나온 쓰레기처럼 버린 사람. 그 사람 이름이 뭐더라? 팩맨이지.
메리: 좋아, 우리 한동안 즐거웠어.
리사: 메리, 쓸데없는 얘기는 집어치워. 브렛과 정말 무슨 일이 있었던 거야?
조니: 그래, 브렛 참 다정해 보이던데.
메리: 브렛이 터커한테 뭐라고 했는지 아니? 워렌만 없었어도… 벌써 옛날에 나한테 청혼했을 거래.

Come off it. 그만해. 집어치워. 말도 안 돼.(상대방이 터무니없거나 믿을 수 없는 말을 할 때 강하게 부정하는 표현)
gorgeous 멋진, 아름다운
corn-fed 건장한, 튼튼하고 기운이 센

unit 162 Let me get this straight.

그러니까 네 말을 정리하면

상대방의 얘기가 복잡하거나 믿기 어려울 경우, 듣는 사람이 Let me get this straight.라고 하며 상대방이 언급한 내용을 다시 한 번 확인하는데요. 우리말로는 "그러니까 네 말을 정리하면", "정리 좀 해볼게."란 뜻이에요.

은밀한 유혹 Indecent Proposal

억만장자 존(로버트 레드포드)으로부터 백만 달러 거래를 제안 받은 데이빗(우디 해럴슨)은 변호사 친구 제레미(올리버 플랫)에게 전화해서 계약하는 걸 도와달라고 합니다.

David	He offered us a million dollars.
Jeremy	A million dollars? For what? Your kidneys?
David	For one night with Diana.
Jeremy	What do you mean? One night, like…
David	Yes.
Jeremy	**Let me get this straight.** He offered you a million dollars for a night with your wife? As in your wife, Diana? And you agreed to it? I don't know what to say, man. How could you do something like that? How could you negotiate without me? Never negotiate without your lawyer! Never! For a woman like Diana, I could have got you at least two million!

데이빗: 그가 우리에게 백만 달러를 제안했어.
제레미: 백만 달러? 뭐에? 네 신장에?
데이빗: 다이애나와의 하룻밤에.
제레미: 무슨 말이야? 그 하룻밤?
데이빗: 그래.
제레미: 그러니까 네 말을 정리하면, 그가 네 아내와의 하룻밤에 백만 달러를 제안했다고? 네 아내 다이애나? 그리고 넌 거기에 동의를 했고? 뭐라고 해야 할지 모르겠네. 너 어떻게 그런 일을 할 수가 있어? 어떻게 날 빼고 협상을 할 수 있어? 변호사 없인 절대로 협상하지 마! 절대! 다이애나 같은 여자는 내가 이백만 달러라도 받게 해줄 수 있단 말이야!

P.S 아이 러브 유 P.S. I Love You

항상 엄한 남자와 인연이 있던 드니스(리사 쿠드로)가 마침내 멀쩡하고 능력도 있는 남자를 만나게 됩니다. 드니스는 믿을 수가 없어서 그 남자에게 다시 한 번 확인하죠.

Denise	Okay, **let me get this straight.** You're straight, you're single, and you own your own business?
Tom	It's my own club. I'm doing a big renovation right now. It's gonna open in the spring. I could show it to you if you want. It's over on Tenth Avenue. Wanna go?
Denise	Great.

드니스: 그러니까 당신 말을 정리하면, 당신은 게이도 아니고, 싱글이고, 사업을 한다고요?
톰: 클럽을 하고 있어요. 지금 내부 수리 중인데 봄에 열죠. 원하면 보여 줄게요. 10번가인데 가볼래요?
드니스: 좋죠.

빈칸에 어울리는 영어문장을 말하고 적어보세요.

1 Lanie I got the job, A.M. USA. I'm going to New York.
   Dad   When are you coming back?
   Lanie Oh, come on, Dad. It's not like you're gonna miss me. You have Gwen.
   Dad   _____ 그게 무슨 뜻으로 하는 말이야?
   Lanie It's not supposed to mean anything. It means that... you've always kind of favored Gwen.
   Dad   What kind of crap is that? I favored Gwen? I love both my girls just the same.

2 Larry All right. What do you wanna be?
   Nick   A bond trader.
   Larry A bond trader?
   Nick   Yeah, it's what Don does. He took me to his office last week.
   Larry Uh-huh, that's cool. So you wanna dress up in a monkey suit and tie every day? Like an automaton robot? Trust me, you can't play hockey in a cubicle. Kind of awkward.
   Nick   Well, he's got a pretty big office.
   Larry _____ Come on, you love hockey.
          그게 중요한 게 아니잖아.
   Nick   I still like it, but bond trading's my fallback.

3 1) 딴데로 말 돌리지 마. _____
   2) 우리 다른 얘기 하면 안 돼? _____
   3) 우리 다른 얘기 하는 게 좋겠다. _____
   4) 우리 다른 얘기 하자. _____

4 Chris Oh my God! What the hell happened to her?
   Mike   _____, she fell. 긴 얘긴데 간단히 말하면
   Chris Samantha, are you okay?

5 Sally   You don't have to die, Jack. She doesn't have to die.
　Jack   Everybody dies, Sally. _____, to die well.
　　　　　　　　　　　　　　　　중요한 건

6 Tom   You never wanted to be anybody's girlfriend, and now you're somebody's wife.
　Summer Surprised me, too.
　Tom   I don't think I'll ever understand that. I mean, _____
　　　　　　　　　　　　　　　　　　　　　　　　　그건 말이 안 돼.

7 1) 기다리는 게 무슨 의미가 있어? _____
　　2) 사는 게 무슨 의미가 있어? _____
　　3) 그게 무슨 의미가 있어? _____
　　4) 이게 다 무슨 소용이야? _____

8 Jimmy   Yeah, listen, it's great to see you, Hector, but I'm really busy right now.
　Hector Okay, all right, I'm sorry. _____ You gotta start skating again, Jimmy. 바로 본론으로 들어갈게.

9 Peter   You'd have to cut your commission.
　Ron   Okay, look, unfortunately that's a no-go area. Everybody pays 10%.
　Peter   Say five percent, or the next offer's four.
　Ron   You know, success has really changed you. And I'm loving it. Screw it. You got a deal. Besides, I have a funny feeling that Cavendish is going down. Tea?
　Peter   Yes, I'd love some.
　Ron   Now _____ 본격적으로 시작하자.
　　　　　Slazenger's having a cocktail party this evening, and everybody's dying to meet you for the very first time… all over again.

10 Joanie Come off it, Mary. Remember that gorgeous corn-fed white boy, honey… that you just dumped like yesterday's garbage? What was his name? Packman.
　Mary   Okay, we had fun for a while.
　Lisa   Mary, _____ What really happened with Brett?
　　　　　　　쓸데없는 얘기는 집어치워.
　Joanie Yeah. Brett seemed so sweet.

11 David　He offered us a million dollars.

Jeremy　A million dollars? For what? Your kidneys?

David　For one night with Diana.

Jeremy　What do you mean? One night, like…

David　Yes.

Jeremy　⬛⬛⬛⬛⬛⬛⬛⬛⬛⬛⬛ He offered you a million dollars for a night with your wife? 그러니까 네 말을 정리하면

Answers

1) What's that supposed to mean?　**2)** That's not the point.　**3) 1)** Don't change the subject.　**2)** Can we change the subject?　**3)** We should change the subject.　**4)** Let's change the subject.　**4)** Long story short　**5)** The thing is　**6)** it doesn't make sense.　**7) 1)** What's the point of waiting?　**2)** What's the point of living?　**3)** What's the point of that?　**4)** What's the point of all this?　**8)** I'll cut to the chase.　**9)** let's get down to business.　**10)** cut the crap.　**11)** Let me get this straight.

Chapter 16

들어봐, 보면 알아

Quiz 내가 영어로 할 수 있는 말은?

1 내 말 끝까지 들어봐. _____ (hear)
2 잘 들어봐. _____ (listen)
3 잘 듣고 있으니까 말해봐. _____ (ear)
4 그런 말 많이 들어요. _____ (a lot)
5 처음 들어봐. _____ (hear)
6 그래, 그렇게 보이네. 그래, 그런 것 같네. _____ (see)
7 네 눈을 보면 알아. 눈에 쓰여 있어. _____ (see)
8 네 얼굴에 다 써있어. _____ (write)
9 보면 알아. 가보면 알아. 열어보면 알아. _____ (see)
10 두고 봐. _____ (wait)

Answers

1 Hear me out. 2 Listen up. 3 I'm all ears. 4 I get that a lot. 5 Never heard of it. 6 Yeah, I can see that. 7 I can see it in your eyes. 8 It's written all over your face. 9 You'll see. 10 You wait and see.

unit 163 Hear me out.

내 말 끝까지 들어봐.

Hear me out.은 "(방해하지 말고) 내 말 끝까지 들어봐."란 뜻인데요. 특히 상대방이 나와 의견이 다르거나 내 말에 관심이 없을 때 많이 사용합니다. ex) Just hear me out, all right?(그냥 내 말 끝까지 들어봐, 알겠지?), Hear me out on this.(이 얘기 끝까지 들어봐.)

 굿모닝 에브리원 *Morning Glory*

방송국 PD인 베키(레이첼 맥아담스)는 자신이 맡은 시청률 최저 프로그램 〈데이브레이크〉의 시청률을 올리기 위해 전설의 앵커인 마이크 포메로이(해리슨 포드)를 영입하러 그를 찾아갑니다.

Becky	I'm the producer of *Daybreak* and we're actually looking for a new anchor.
Mike	Then why are you here?
Becky	Well, it's funny that you should ask.
Mike	Go away.
Becky	Okay, **just hear me out**, because the show actually has a lot of potential. We're starting over basically…

베키: 전 〈데이브레이크〉의 PD인데요. 지금 새로운 앵커를 찾고 있어요.
마이크: 근데 왜 여기 왔냐고?
베키: 그렇게 물어보니 웃기네요.
마이크: 그만 가봐.
베키: 좋아요, 그냥 제 말만 끝까지 들어주세요. 이 쇼가 가능성이 아주 많거든요. 우리 처음부터 다시 시작해요…

내가 널 사랑할 수 없는 10가지 이유 *10 Things I Hate About You*

고등학생 카메론(조셉 고든 레빗)은 같은 학교의 비앙카(라리사 오레이닉)와 데이트하려고 하지만 그녀의 아버지가 만든 규칙 때문에 언니 캣(줄리아 스타일즈)이 데이트하기 전에는 데이트를 못합니다. 카메론의 친구 마이클은 돈 많고 멍청한 조이를 이용하자고 하죠. 조이 역시 비앙카를 좋아하거든요. 마이클은 조이에게 가서 비앙카와 데이트하고 싶으면 캣과 데이트할 남자를 고용하면 된다고 말합니다.

Michael   Well, actually, I thought… that I'd run an idea by you, just to see if you're interested.

Joey   I'm not.

Michael   Well, **hear me out.** Now, you want Bianca, right? But the… she can't go out with you because her sister… this insane headcase, and no one will go out with her, right?

Joey   Does this conversation have a purpose?

Michael   What I think you need to do, is you need to hire a guy who'll go out with her. Someone who doesn't scare so easily.

마이클: 실은… 네 의견을 듣고 싶은 게 하나 있는데, 네가 관심 있지 않을까 해서.
조이: 난 관심 없어.
마이클: 음, 내 말 끝까지 들어봐. 너 비앙카를 원하지? 근데… 이상한 걔 언니랑 데이트하려는 사람이 아무도 없어서 비앙카가 너와 데이트 못하잖아.
조이: 말하는 목적이 뭐야?
마이클: 내 생각에 너한테 필요한 것은, 캣과 데이트할 남자를 고용하는 거야. 겁 없는 녀석으로.

run st by sb st에 관한 sb의 생각을 듣기 위해 sb에게 st을 얘기하다
headcase 미친 사람

Listen up.
잘 들어봐.

Listen up.은 뭔가 중요한 얘기를 하려고 할 때 상대방이 내 말에 귀를 기울이도록 주의를 집중시키는 표현이에요. 주로 여러 사람들 앞에서 모두가 나에게 주목하도록 할 때 많이 쓰지만, 한 사람에게 말할 때도 사용합니다.

 프리덤 라이터스 *Freedom Writers*

신임 영어교사인 에린(힐러리 스웽크)은 인종에 구분 없이 함께 공부하는 통합 프로그램에 의해, 문제아가 가득한 반을 가르치게 됩니다. 이 영화는 한 열혈교사 에린과 학생들의 감동적인 실화를 바탕으로 만들어졌어요. 에린이 학생들 앞에서 과제를 설명하는 장면입니다.

Erin   Okay, **listen up.** Marcus has given me an idea. Instead of doing a book report on *The Diary of Anne Frank*, for our assignment I want you to write a letter to Miep Gies, the woman who helped shelter the Franks. She's still alive and she lives in Europe.

In the letter, I want you to tell her how you feel about the book. Tell her about your own experiences. Tell her anything you like. But I want the letters to be perfect, so be prepared to do more than one draft, okay?

Marcus   Is she gonna read the letters?

Erin   Well, right now it's a writing assignment. I'll read them.

에린: 자, 잘 들어봐. 마커스가 내게 좋은 생각을 말해줬어. 〈안네의 일기〉 독후감을 쓰는 대신 과제로 미프 히스 씨에게 편지를 쓰는 거야. 안네에게 은신처를 제공한 사람 말이야. 그녀는 아직 살아 있고, 유럽에 있어.
편지에 그 책을 읽고 느낀 점을 적는 거야. 네 경험도 적고, 하고 싶은 얘기 뭐든 써도 좋아. 하지만 편지는 신경 써서 잘 쓰길 바래. 그러니 한 번에 쓰지 말고 여러 번 연습해, 알겠지?
마커스: 그녀가 우리 편지를 읽나요?
에린: 음, 일단은 작문 과제니까 내가 읽을 거야.

 머니볼 *Moneyball*

만년 최하위 프로야구팀 오클랜드 애슬레틱스의 단장 빌리(브래드 피트)는 빠듯한 구단 재정으로 선수 채용에 어려움을 겪습니다. 그러다 경제학을 전공한 피터로부터 머니볼 이론에 관해 얘기 듣고 바로 그를 고용하죠. 그때부터 빌리는 하자가 있어서 몸값은 싸지만 팀의 승리에 기여할 수 있는 실용적인 선수들을 데려오기 시작합니다. 빌리가 경기 전 선수들의 사기를 북돋기 위해 대기실에서 선수들에게 한마디 하는 장면입니다.

Billy   Everybody, **listen up!** You may not look like a winning team… but you are one. So… play like one tonight.

빌리: 모두, 주목! 너희가 우승팀처럼 보이진 않겠지만… 너희는 승리의 팀이다. 그러니… 승리자답게 싸워.

draft 원고, 초안

252

I'm all ears.

잘 듣고 있으니까 말해봐.

상대방이 나에게 할 말이 있다고 할 때 I'm all ears.라고 답하는 경우가 있는데요. 이것은 상대방에게 얘기를 잘 들어줄 테니 말해보라는 뜻으로 하는 말이에요. "잘 듣고 있으니까 말해봐.", "잘 듣고 있어."란 의미예요.

나잇 & 데이 *Knight and Day*

준(카메론 디아즈)은 비행기 안에서 만난 로이(톰 크루즈)에게 반해서 먼저 키스를 합니다. 근데 로이가 머뭇거리며 할 말이 있다고 하자, 준은 임자 있는 사람에게 실수를 했나 싶어 바로 사과하죠.

Roy	There's something I've gotta tell you.
June	What? Oh my God, you're in a relationship. I'm so sorry.
Roy	No, no, no. That's not it.
June	Okay, **I'm all ears.** What is it?

로이: 당신에게 할 말이 있어요.
준: 네? 맙소사, 결혼하셨군요. 정말 미안해요.
로이: 아니, 아니, 아뇨, 그게 아니에요.
준: 좋아요, 잘 듣고 있으니까 말해보세요. 뭐죠?

허비 *Herbie: Fully Loaded*

딸 매기(린제이 로한)가 길거리 레이싱을 한 것을 알게 된 아빠 레이(마이클 키튼)가 딸을 꾸짖는 장면입니다.

Ray	You promised me, no more street race. Listen to me. I almost lost you once. I'm not gonna let that happen again.
Maggie	Dad, at least let me explain first.
Ray	Okay, go ahead. **I'm all ears.**

레이: 너 나한테 약속했잖아. 더 이상 길거리 레이싱은 하지 않기로. 나 하마터면 널 잃을 뻔했어. 다신 그런 일이 일어나게 하지 않을 거야.
매기: 아빠, 우선 제 설명부터 들어보세요.
레이: 그래, 해봐. 잘 듣고 있으니까 말해봐.

I get that a lot.
그런 말 많이 들어요.

"어머, 따님이랑 자매라고 해도 믿겠어요." "하하, 그런 말 많이 들어요.", "사진보다 훨씬 미인이세요." "그런 말 많이 들어요." 이렇게 "그런 말 많이 들어요."라고 할 때는 I get that a lot.이나 I hear that a lot.이라고 해요. 그리고 I hear that all the time.이라고 하면 "그런 말 항상 들어요."가 되고, I get that sometimes.는 "그런 말 가끔 들어요."가 됩니다. 여기서 I get은 I hear과 같은 의미로 둘 중 아무거나 써도 됩니다.

 아이언맨 *Iron Man*

파티장에서 정부기관 쉴드(S.H.I.E.L.D.)의 콜슨 요원이 토니 스타크(로버트 다우니 주니어)에게 다가와 말을 겁니다.

Coulson Mr. Stark?
Tony   Yeah?
Coulson Agent Coulson.
Tony   Oh yeah, yeah, the guy from the…
Coulson Strategic Homeland Intervention Enforcement and Logistics Division.
Tony   God, you got… you need a new name for that.
Coulson Yeah, **I hear that a lot.**

콜슨: 스타크 씨.
토니: 네?
콜슨: 콜슨 요원입니다.
토니: 아, 네, 네, 거기…
콜슨: 국가전술중재집행병참국.
토니: 휴… 이름 하나 새로 지어야겠네요.
콜슨: 네, 그런 말 많이 듣죠.

 캐치 미 이프 유 캔 *Catch Me If You Can*

항공사의 수표를 위조한 프랭크(레오나르도 디카프리오)가 항공기 조종사 복장을 하고 은행에 가서 수표를 현금으로 바꾸는 장면입니다. 은행원이 수표를 유심히 살펴보려고 하자 프랭크가 바로 그녀의 외모를 칭찬하며 주위를 딴곳으로 돌리죠. 엄하던 은행원의 표정은 바로 환하게 바뀌며 수표를 바꿔줍니다.

Frank   I have a payroll check here I'd like to cash.
Teller Certainly.
Frank   Thank you. Excuse me, I'm sure you hear this all the time but you have the most beautiful eyes I have ever seen.
Teller Yeah, **I do get that all the time.** How would you like it?

프랭크: 여기 월급 수표를 현금으로 바꾸고 싶은데요.
은행원: 그러죠.
프랭크: 감사합니다. 실례지만, 이런 얘기 많이 들으셨겠지만, 지금껏 본 사람 중에 가장 예쁜 눈을 가지셨네요.
은행원: 네, 그런 말 정말 많이 들어요. 돈은 어떻게 드릴까요?

Never heard of it.
처음 들어봐.

have heard of sb/st는 'sb/st에 대해 들어봤다'란 뜻인데요. 그래서 I have never heard of it.이라고 하면 "그거 들어본 적 없어."란 말이 됩니다. 구어체에서는 이걸 줄여서 그냥 Never heard of it.이라고 할 때가 많아요. 들어본 적 없다는 말은 처음 듣는다는 거니 "처음 들어봐."란 의미로 사용하죠.

인질 *A Life Less Ordinary*

대기업 빌딩의 청소부인 로버트(이완 맥그리거)는 자신을 해고한 사장에게 따지러 갔다가 얼떨결에 사장의 딸 셀린느(카메론 디아즈)를 납치합니다. 사실 납치라고는 하지만, 로버트는 셀린느가 시키는 대로 하는 어수룩하고 순진한 남자죠. 시골 술집에서 셀린느의 제안으로 로버트는 그녀와 데킬라 마시기 게임을 합니다. 술 때문에 잠든 로버트는 다음 날 일어나서 셀린느에게 꿈 얘기를 합니다.

Robert   Then I had an incredible dream. This dream, I've had it before. You're definitely in it now.
Celine   I don't want to hear it.
Robert   We were on this game show called *Perfect Love*.
Celine   **Never heard of it.**
Robert   Well, it's just a dream.

로버트: 그리고 이상한 꿈을 꿨어. 전에도 꿨던 꿈이야. 이젠 너도 나와.
셀린느: 듣고 싶지 않아.
로버트: 우리가 〈완벽한 사랑〉이라는 게임쇼에 나왔어.
셀린느: 처음 들어봐.
로버트: 뭐, 그냥 꿈이니까.

맨 인 블랙 2 *Men in Black 2*

외계인을 감시하고 관리하는 '맨 인 블랙'의 요원 제이(윌 스미스)는 자신의 기억을 지우고 일반인으로 살아가던 요원 케이(토미 리 존스)의 기억을 되살려 다시 함께 일하려고 합니다. 그리고 마침내 케이의 기억이 돌아옵니다.

Jay   So you got your memory back.
Kay   Yeah.
Jay   What the hell is going on?
Kay   Don't know.
Jay   Okay. What is the Light of Zartha?
Kay   **Never heard of it.**
Jay   Cool.

제이: 이제 기억이 돌아왔군요.
케이: 그래.
제이: 도대체 무슨 일이죠?
케이: 몰라.
제이: 자르다의 빛은 뭐죠?
케이: 처음 들어봐.
제이: 좋아요.

unit 168 Yeah, I can see that.

그래, 그렇게 보이네. 그래, 그런 것 같네.

주변 정황을 보고 상대방의 말에 수긍이 갈 때는 I can see that.이라고 하는데요. "그렇게 보이네.", "그런 것 같네."란 뜻이에요. 주로 Yeah나 Yes와 함께 Yeah, I can see that. 이런 식으로 많이 말해요.

 웜 바디스 *Warm Bodies*

인간들을 습격한 좀비 R(니콜라스 홀트)은 살아남은 인간 줄리(테레사 팔머)를 자신의 거처인 폐 비행기 안으로 데려갑니다. 줄리는 돌아가려고 하지만 R은 밖이 위험하다며 더 있다가 가라고 하죠. 시간이 지나며 둘은 조금씩 친해집니다.

Julie	These are really cool records. How did you get all these?
R	I collect things.
Julie	**Yeah, I can see that.** You, my friend, are a hoarder.

줄리: 정말 좋은 레코드판들이네. 어떻게 다 구한 거야?
R: 나 물건들을 수집해.
줄리: 그래, 그렇게 보이네. 친구, 넌 쌓아두는 사람이구나.

 조디악 *Zodiac*

신문사에서 만평을 그리는 로버트 그레이스미스(제이크 질렌할)는 정체를 알 수 없는 살인마 조디악에 광적으로 빠져 그에 대해 조사하고 연구합니다. 자기 생활도 없이 조디악에 집착하던 로버트는 결국 회사도 그만두고 그에 관한 책까지 쓰려고 하죠. 로버트가 집에서 자료 더미 사이에서 뭔가를 하고 있을 때, 아내 멜라니가 찾아와서 용의자에 관한 서류를 건네줍니다.

Robert	Who's there?
Melanie	You didn't return my calls.
Robert	Oh, I've been kind of busy.
Melanie	**Yeah, I can see that.** How's the book coming? I tried to send you these.

로버트: 거기 누구야?
멜라니: 전화해도 답이 없길래.
로버트: 아, 좀 바빴어.
멜라니: 그래, 그런 것 같네. 책은 어떻게 되어가? 이거 전해주려고.

hoarder 모아두는/쌓아두는 사람
(hoard 수집하다, 비축하다)

unit 169 I can see it in your eyes.

네 눈을 보면 알아. 눈에 쓰여 있어.

상대방의 눈빛을 보고 그 사람의 생각이나 기분이 짐작 갈 때 "네 눈을 보면 알아."라고 하잖아요. 영어로는 I can see it in your eyes.라고 해요. I saw it in your eyes.라고 하면 "네 눈을 보고 알았어."란 말이 됩니다.

마법사의 제자 The Sorcerer's Apprentice

어둠의 마법사 맥심 호바스(알프리드 몰리나)가 그림홀드를 찾기 위해 데이브(제이 바루첼)를 협박하는 장면입니다.

Horvath Tell me, have you ever been in love?
Dave   I…
Horvath Yeah, you're in love right now. **I can see it in your eyes.** No, no, no, no. Don't deny it. I wonder what would happen if you lost her. Shut up. You'd be no better than the rest of us. Where is the Grimhold?
Dave   I don't know.
Horvath Oh, Dave, you really are the most dreadful liar.

호바스: 말해봐, 사랑에 빠져봤나?
데이브: 난…
호바스: 아, 지금 사랑하고 있군. 네 눈을 보면 알아. 아니, 아니. 부정하지 마. 네가 만약 그녀를 잃으면 어떻게 될까? 닥쳐. 넌 우리와 하나도 다르지 않을 거야. 그림홀드는 어디 있어?
데이브: 몰라.
호바스: 오, 데이브, 거짓말이 정말 형편없군.

매트릭스 The Matrix

현실 세계에서 뭔가 이상을 느낀 컴퓨터 프로그래머 니오(키아누 리브스)는 스미스 요원(휴고 위빙)에게 붙잡혀 이상한 일을 겪고, 마침내 모피우스(로렌스 피시번)를 만나게 됩니다.

Morpheus Welcome, Neo. As you no doubt have guessed… I am Morpheus.
Neo   It's an honor to meet you.
Morpheus No… the honor is mine. Please, come. Sit. I imagine… that right now you're feeling a bit like Alice… tumbling down the rabbit hole?
Neo   You could say that.
Morpheus **I can see it in your eyes.** You have the look of a man who accepts what he sees… because he's expecting to wake up. Ironically, this is not far from the truth.

모피우스: 잘왔네, 니오. 짐작했겠지만… 난 모피우스네.
니오: 만나서 영광입니다.
모피우스: 아니… 내가 영광이네. 자, 와서 앉게. 아마 지금 자네는… 토끼 구멍에 빠진 앨리스 같은 기분이겠지?
니오: 그런 것 같아요.
모피우스: 눈에 쓰여 있어. 자넨 보이는 것만 믿는 사람 같군… 곧 깨어날 걸 아니까. 얄궂게도 곧 그렇게 될 거야.

dreadful 지독한, 형편없는

It's written all over your face.

네 얼굴에 다 써있어.

"너 좋은 일 있구나." "어떻게 알았니?" "네 얼굴에 다 써있어." 이렇게 좋은 일이나 나쁜 일이 생기면 그 기분이 표정에서 다 드러나고, 우리는 그럴 때 "네 얼굴에 다 써있어."라고 하죠. 영어로도 똑같이 It's written all over your face. 또는 It's written on your face.라고 해요.

그는 당신에게 반하지 않았다 *He's Just Not That Into You*

코너(케빈 코넬리)가 애나(스칼렛 요한슨)에게 어디 가냐고 묻자 애나는 얼버무리며 일이 좀 있다고 하며 갑니다. 이를 옆에서 본 게이 커플, 스킵과 래리가 코너에게 한마디씩 합니다.

Skip	She's holding out on you, isn't she?
Conor	Not quite sure I get your meaning.
Larry	It's obvious she won't sleep with you. **It's written all over your puppy-dog face.**
Conor	It's killing me, literally. I'm dying.

스킵: 그녀가 당신한테 뭔가 숨기고 있죠?
코너: 무슨 말인지 모르겠네요.
래리: 그녀는 분명히 당신과 자지 않을 거예요. 당신의 그 불쌍한 강아지 표정에 다 써있어요.
코너: 실은 그것 때문에 죽겠어요.

스프링 브레이커스 *Spring Breakers*

여대생 네 명은 레스토랑을 턴 돈으로 봄방학 여행을 떠납니다. 이들은 플로리다에서 술과 마약 등 광란의 파티를 즐기다 경찰에 체포되죠. 이를 지켜본 마약 딜러 에일리언(제임스 프랭코)은 이들의 보석금을 대신 내주고 그들이 풀려나게 해줍니다. 그리고 그는 이들을 꾀어서 함께 어울리며 나쁜 짓을 즐깁니다. 셀레나 고메즈와 바네사 허진스 등 캐스팅을 보고 이 영화를 보긴 했지만 별로 재미는 없어요.-.-

Alien You girls are different from the rest. I knew you all were special from the moment I saw you. It's in your eyes. **It's written on your faces.** I wanna make you happy. I want us all to fall in love. Let's cause some trouble now. Live life to the fullest. Spring break, spring break forever.

에일리언: 너희들은 다른 애들과 달라. 처음 본 순간 너희들이 특별하다는 걸 알았지. 너희들 눈에서 보여. 너희들 얼굴에 써있어. 너희들을 행복하게 해주고 싶어. 우리 모두 사랑에 빠지길 바래. 우리 이제 일을 저질러 보자. 마음껏 인생을 누려라. 봄방학, 봄방학이여 영원하라.

> **hold out on sb** sb에게 뭔가를 숨기고 말하지 않다
> **puppy dog face** 강아지처럼 고개를 숙이고 위를 올려다보는 표정(=puppy face)

unit 171 You'll see.

보면 알아. 가보면 알아. 열어보면 알아.

"네가 어떻게 1등을 한다는 거야?" "보면 알아.", "우리 어디 가는 거야?" "가보면 알아.", "이거 뭐야?" "열어보면 알아." 이렇게 잠자코 지켜보거나 해보면 곧 알게 된다고 할 때 You'll see.라고 해요. 상황에 따라 "보면 알아.", "두고 봐.", "가보면 알아.", "열어보면 알아."란 의미가 됩니다.

scene 1   21 21

MIT 학생인 벤(짐 스터게스)이 밤늦게 혼자 도서관에서 공부하고 있는데, 같은 학교의 학생인 피셔가 다가와서는 뜬금없이 자기를 따라오라고 합니다.

Fisher	Boy genius. You have to follow me now.
Ben	Excuse me?
Fisher	You have to follow me now. Come on.
Ben	Where are we going?
Fisher	**You'll see.**

피셔: 천재 소년. 날 따라와.
벤: 뭐라고?
피셔: 따라오라고. 어서.
벤: 우리 어디 가는 거야?
피셔: 가보면 알아.

scene 2   내니 다이어리 *The Nanny Diaries*

대학 졸업식 후, 애니(스칼렛 요한슨)가 엄마 주디(도나 머피)와 함께 외식하는 장면입니다. 엄마가 준 졸업 선물을 애니가 뜯어보죠.

Annie	What is it?
Judy	**You'll see.**
Annie	Oh, wow. Thank you.
Judy	I know it's not much, but I wanted to buy you your first business suit.
Annie	Thanks. Thank you.
Judy	You can look back on this when you're a famous CFO.
Annie	Oh, Mom. Gosh, come on. It's one meeting at Goldman Sachs. It's highly competitive. I'm probably never gonna get the job.

애니: 이게 뭘까?
주디: 뜯어보면 알아.
애니: 오, 와우. 고마워요.
주디: 별거 아니지만, 네 첫 정장을 사 주고 싶었어.
애니: 고마워. 고마워요.
주디: 네가 유명한 CFO가 되었을 때 이 때를 되돌아볼 수 있잖니.
애니: 어머, 엄마, 맙소사, 그런 말 마세요. 골드만 삭스에서 면접 보는 것뿐이에요. 경쟁률도 높고, 합격 못할 가능성이 커요.

CFO 최고재무관리자(Chief Finance Officer)
look back on 과거를 되돌아보다

You wait and see.
두고 봐.

"시간이 흐르면 알게 될 거야.", "잠자코 지켜보면 미래에 알게 될 거야." 이 말들을 간단히 짧게 하면 "두고 봐."인데요. 이걸 영어로는 You wait and see.라고 해요. wait and see는 '어떻게 될지 잠자코 지켜보다' 란 뜻이어서 You wait and see.라고 하면 "두고 봐.", "있어봐.", "지켜봐."란 뜻이 된답니다.

헬프 *The Help*

흑인과 백인이 함께 차도 타지 않고, 함께 식사도 하지 않던 1960년대 미국, 스키터(엠마 스톤)의 엄마는 29년간 그 집의 가정부를 해온 흑인 콘스탄틴(시실리 타이슨)을 갑자기 자릅니다. 스키터(엠마 스톤)는 자신을 길러준 콘스탄틴을 말 한마디 없이 잘랐다고 엄마에게 엄청 화를 내죠. 스키터가 과거에 콘스탄틴이 자기에게 해준 말을 회상하는 장면입니다.

Constantine As for your mama, she didn't pick her life. It picked her. But you… you're gonna do something big with yours. **You wait and see.**

콘스탄틴: 너희 엄마는 자신의 인생을 선택하지 못하고 선택을 당했지. 하지만 넌… 특별한 인생을 살 거야. 두고 봐.

백 투 더 퓨쳐 *Back to the Future*

어떤결에 타임머신을 타고 1950년대로 간 마티(마이클 J. 폭스)는 공중전화를 쓰기 위해 식당으로 들어갑니다. 거기서 흑인 종업원인 골디 윌슨과 사장 루 카루더스가 하는 대화입니다.

Goldie Mayor! Now that's a good idea! I could run for mayor.
Lou A colored mayor. That'll be the day.
Goldie **You wait and see**, Mr. Caruthers. I will be mayor. I'll be the most powerful man in Hill Valley… and I'm gonna clean up this town.
Lou Good. You can start by sweeping the floor.
Goldie Mayor Goldie Wilson. I like the sound of that.

골디: 시장이라! 그것 참 멋진 생각이네! 내가 시장 선거에 나가는 거야.
루: 유색인 시장이라니. 말도 안 되는 소리.
골디: 두고 보세요, 카루더스 씨. 전 시장이 될 거예요. 힐 밸리에서 가장 힘있는 사람이 될 거예요… 그래서 이 동네를 깨끗하게 할 거예요.
루: 좋아. 바닥 쓰는 것부터 시작해.
골디: 골디 윌슨 시장이라. 듣기 좋은데.

That'll be the day. 말도 안 되는 소리. 잘도 그러겠다. 절대 그럴 리 없어.(상대방이 하는 말이 있을 수 없다고 생각할 때 쓰는 표현)
sweep 쓸다

빈칸에 어울리는 영어문장을 말하고 적어보세요.

1 Michael　Well, actually, I thought… that I'd run an idea by you, just to see if you're interested.
　Joey　I'm not.
　Michael　Well, _____ Now, you want Bianca, right? But the… she can't go out with you because her sister… this insane headcase, and no one will go out with her, right? 내 말 끝까지 들어봐.

2 Billy　Everybody, _____ You may not look like a winning team… but you are one. So… play like one tonight. 주목!(잘 들어봐!)

3 Ray　You promised me, no more street race. Listen to me. I almost lost you once. I'm not gonna let that happen again.
　Maggie　Dad, at least let me explain first.
　Ray　Okay, go ahead. _____ 잘 듣고 있으니까 말해봐.

4 1) 그런 말 많이 들어요. _____
　2) 그런 말 항상 들어요. _____
　3) 그런 말 가끔 들어요. _____

5 Robert　Then I had an incredible dream. This dream, I've had it before. You're definitely in it now.
　Celine　I don't want to hear it.
　Robert　We were on this game show called *Perfect Love*.
　Celine　_____ 처음 들어봐.
　Robert　Well, it's just a dream.

6 Robert　Who's there?
　Melanie　You didn't return my calls.
　Robert　Oh, I've been kind of busy.
　Melanie　_____ How's the book coming? I tried to send you these. 그래, 그런 것 같네.

7 Horvath   Tell me, have you ever been in love?
     Dave   I...
     Horvath   Yeah, you're in love right now. ▆▆▆▆▆▆▆▆▆▆ 네 눈을 보면 알아.
                 No, no, no, no. Don't deny it. I wonder what would happen if you lost her. Shut up. You'd be no better than the rest of us. Where is the Grimhold?
     Dave   I don't know.
     Horvath   Oh, Dave, you really are the most dreadful liar.

8 Alien   You girls are different from the rest. I knew you all were special from the moment I saw you. It's in your eyes. ▆▆▆▆▆▆▆▆▆▆
                 I wanna make you happy. I want us all to fall in love. Let's cause some trouble now. Live life to the fullest. spring break. Spring break forever.
                 너희들 얼굴에 써있어.

9 Fisher   Boy genius. You have to follow me now.
     Ben   Excuse me?
     Fisher   You have to follow me now. Come on.
     Ben   Where are we going?
     Fisher   ▆▆▆▆▆▆▆▆▆▆ 가보면 알아.

10 Constantine   As for your mama, she didn't pick her life. It picked her. But you... you're gonna do something big with yours. ▆▆▆▆▆▆▆▆▆▆
                                      두고 봐.

Answers

1 hear me out.   **2** listen up!   **3** I'm all ears.   **4** 1) I get[hear] that a lot.   2) I get[hear] that all the time.   **3)** I get[hear] that sometimes.   **5** Never heard of it.   **6** Yeah, I can see that.   **7** I can see it in your eyes.   **8** It's written on your faces.   **9** You'll see.   **10** You wait and see.

Chapter 17

걱정하지 마, 신경 쓰지 마, 오해하지 마

Quiz 내가 영어로 할 수 있는 말은?

1 걱정하지 마. _____ (sweat)

2 별일 아니야. 별거 아니야. _____ (deal)

3 별일 아닌데 괜찮아요. 서로 이상 없고 괜찮죠?
_____ (harm)

4 흔히 있는 일이야. _____ (happen)

5 신경 쓰지 마. 아무것도 아냐. 관두자. 아니야.
_____ (mind)

6 굳이 그럴 필요 없어. _____ (bother)

7 악의는 없어. 나쁜 뜻은 없어. 기분 나쁘게 듣지 마.
_____ (offense)

8 언짢게 생각하지 마. _____ (personally)

9 오해하지는 마. _____ (wrong)

10 그 말 취소해. _____ (take)

11 진심이 아니었어. 고의가 아니었어. _____ (mean)

12 그런 뜻으로 한 말이 아니야. _____ (mean)

Answers

1 Don't sweat it. 2 (It's) no big deal. 3 No harm, no foul. 4 It happens all the time. 5 Never mind.
6 Don't bother. 7 No offense. 8 Don't take it personally. 9 Don't get me wrong. 10 Take it back.
11 I didn't mean it. 12 I didn't mean it that way.

Don't sweat it.
걱정하지 마.

"걱정하지 마."를 영어로 하면 Don't worry.라는 거 누구나 아실 거예요. 근데 네이티브는 같은 의미로 Don't sweat it.도 많이 쓴답니다. sweat은 '땀', '땀 흘리다'란 뜻인데, 땀 흘리지 말란 말은 곧 "걱정하지 마."란 의미가 되죠. 덤으로 No sweat.와 No worries.는 No problem.처럼 "별거 아냐.", "문제 없어.", "천만에.", "괜찮아."란 뜻이에요.

 데스 레이스 *Death Race*

데스 레이스에 참가한 젠슨(제이슨 스타뎀)이 조수석에 앉는 여자 파트너 케이스와 인사하는 장면입니다.

Case	I'm Case.
Jensen	Frank.
Case	Funny, you don't sound like Frank. **Don't sweat it.** I know. I drove with Frank. I'll watch your back.
Jensen	Better than you watched his, I hope.

케이스: 난 케이스예요.
젠슨: 프랭크요.
케이스: 재밌네요, 프랭크 목소리 같지 않은데. 걱정 말아요. 프랭크와 함께 탔듯이 당신 뒤도 내가 맡을게요.
젠슨: 그때보다 더 잘하길 바래요.

 캐치 미 이프 유 캔 *Catch Me If You Can*

FBI수사관 칼(톰 행크스)이 사기꾼 프랭크(레오나르도 디카프리오)를 미국으로 이송하기 위해 프랑스 감옥에 와서 그와 대화하는 장면입니다. 근데 프랭크가 계속 기침을 하더니 급기야 쓰러지고, 놀란 칼은 교도관에게 빨리 의사를 부르라고 소리칩니다.

Carl	Get me a doctor in here! I need a doctor!
Guard	Yes.
Carl	Doctor! Now!
Carl	**Don't sweat it**, Frank. We're gonna get you right to a doctor. Frank, if you can hear me, don't worry. I'm gonna take you home in the morning. Home in the morning, Frank.

칼: 여기 의사 불러요! 의사 데려와요!
교도관: 네.
칼: 의사! 당장!
칼: 걱정 말아, 프랭크. 우리가 바로 의사한테 데려갈게. 프랭크, 내 말 들을 수 있으면 걱정하지 마. 내가 아침에 널 집으로 데려갈 거야. 아침에 집에 가는 거야, 프랭크.

It's no big deal.

별일 아니야. 별거 아니야.

"너 괜찮니? 많이 아프겠다." "별일 아냐. 그냥 살짝 삐었어.", "정말 고마워. 사과 잘 먹을게." "별거 아냐. 한 박스 샀더니 너무 많더라고." 이렇게 "별일 아니야.", "별거 아니야."라고 할 때는 It's no big deal.이나 그냥 No big deal.이라고 해요. 비슷한 표현로는 No problem.이 있습니다.

뷰 프롬 더 탑 View from the Top

승무원 시험에 합격해서 연수 중인 도나(기네스 펠트로)와 크리스틴은 모든 승무원들의 선망의 대상인 샐리 웨스턴의 집에 초대받습니다. 하지만 도나는 크리스틴이 샐리의 집에서 비누를 훔쳐왔다는 사실을 나중에 알게 되죠.

Donna	Where did you get these?
Christine	Oh, from Sally Weston's house. There's a whole bunch of them. Aren't they cool?
Donna	You stole them?
Christine	No, they're guest soap. We were guests. They were there for us.
Donna	Yeah, to use, you know? Not to take.
Christine	Come on! Everybody does it. **It's no big deal.**
Donna	Excuse me. Didn't you read chapter 7?

도나: 너 이거 어디서 난 거야?
크리스틴: 아, 샐리 웨스턴의 집에서. 거기 엄청 많더라고. 멋지지 않니?
도나: 그걸 훔친 거야?
크리스틴: 아냐, 그건 손님용 비누잖아. 우리는 손님이었고. 그러니 우리를 위해서 있는 거지.
도나: 그래, 쓰라고 있는 거지. 가져가라고 있는 게 아니야.
크리스틴: 좀! 다들 그러는데 뭐. 별일도 아니잖아.
도나: 너 승무원 교본 7장 안 읽어봤니?

예스맨 Yes Man

칼(짐 캐리)이 여자친구 앨리슨(주이 디샤넬)과 함께 헌 옷을 트럭으로 싣고 와서 빈민구조단체에 기부하자, 그곳의 신부님이 칼과 앨리슨에게 감사의 말을 합니다.

Priest	Thanks, guys. This is the single biggest donation that we've ever had.
Allison	You're welcome, but it was Carl that made it all happen.
Priest	You're a good man, Carl.
Carl	**No big deal.** I know a lot of people who are willing to give.

신부: 고마워요, 여러분. 한 번에 이렇게 큰 기부는 처음이에요.
앨리슨: 천만에요. 칼이 모두 한 일이에요.
신부: 정말 훌륭한 분이군요, 칼.
칼: 별일도 아닌데요 뭘. 기꺼이 기부할 사람들을 제가 많이 알거든요.

No harm, no foul.

별일 아닌데 괜찮아요, 서로 이상 없고 괜찮죠?

상대방이 잘못해서 나에게 실례를 했거나, 또는 양쪽의 잘못으로 서로에게 실례를 한 경우, 고의가 아니고 서로 별 피해가 없으면 No harm, no foul.이라고 말하는데요. 이걸 직역하면 "피해 없으니 문제 없다." 이지만, 보통 "별일 아닌데 괜찮아요.", "서로 이상 없고 괜찮죠?" 등의 의미로 사용합니다.

 프린세스 다이어리 2 *The Princess Diaries 2*

파티에서 서빙하던 웨이터가 공주 미아(앤 해서웨이)에게 부딪혀서 사과하는 장면입니다.

Mia	Oh, dear!
Waiter	Oh, Your Highness, pardon me, I am so sorry. It was only an accident.
Mia	It's fine, it's fine. **No harm, no foul**, no bruise.

미아: 어머!
웨이터: 오, 공주님, 용서하세요, 죄송합니다. 사고였어요.
미아: 괜찮아요. 별일 아닌데 괜찮아요, 다친 데도 없어요.

 브루스 올마이티 *Bruce Almighty*

방송국에서 짤린 리포터 브루스(짐 캐리)가 혼자서 특종을 취재하자 그의 상관 잭(필립 베이커 홀)이 브루스를 다시 찾습니다.

Jack	Bruce, why don't you sit down?
Bruce	Okay.
Jack	I'm going to be straight with you. We want you back, Bruce. But I want you to understand it was not my decision to let you go. When the big guy gives the order…
Bruce	**No harm, no foul**, Jack. I needed some time to reassess my goals and get in touch with my true self.
Jack	You did that in a day?
Bruce	Imagine what I could do with seven.

잭: 브루스, 좀 앉게나.
브루스: 네.
잭: 솔직히 말할게. 자네가 돌아오길 바라네, 브루스. 근데 자네를 내보낸 게 내 결정이 아니란 걸 알아줬으면 좋겠어. 위에서 지시가 내려오면 말이야…
브루스: 별것도 아닌데 괜찮아요, 잭. 저도 시간이 좀 필요했어요. 제 목표를 재검토하고 진정한 제 자신을 찾기 위해서요.
잭: 그걸 하루만에 한 거야?
브루스: 7일이 있으면 제가 뭘 할 수 있을지 상상해보세요.

bruise 명, 타박상
reassess 재평가하다

unit 176 It happens all the time.
흔히 있는 일이야.

상대방이 흔히 있는 별것 아닌 일로 걱정할 때는 It happens all the time.이라고 말하며 안심시키는 데요, "흔한 일이야.", "자주 있는 일이야.", "항상 있는 일이야."라는 뜻입니다. 당황하거나 염려하던 사람이 이 말을 들으면 조금은 안심이 되겠죠.

사고친 후에 *Knocked Up*

앨리슨(캐서린 헤이글)이 산부인과에서 애기 아빠 벤(세스 로건)과 싸운 후, 간호사에게 소란을 일으켜 미안하다고 하는 장면입니다.

Nurse	Are you ready?
Alison	I'm really sorry about all that. That was really inappropriate.
Nurse	Oh, no, that's okay. **It happens all the time here.** It's fine.
Alison	Oh, good, okay, I don't feel so stupid, then.
Nurse	No, no, not at all.

간호사: 준비되셨어요?
앨리슨: 소란 피워서 정말 죄송해요. 그러면 안 되는데.
간호사: 오, 아뇨, 괜찮아요. 여기선 흔한 일이에요. 괜찮아요.
앨리슨: 다행이네요. 그럼 안심하게 안 느껴도 되겠네요.
간호사: 네, 전혀 그렇지 않아요.

캐치 미 이프 유 캔 *Catch Me If You Can*

프랭크(레오나르도 디카프리오)는 항공기 조종사 행세를 하기로 결심하고, 제복을 구하기 위해 팬암 항공사에 전화를 겁니다. 그가 팬암 구매팀의 여직원과 통화하는 장면입니다.

Frank	I'm a copilot based out of San Francisco. I flew a flight into New York last night, but the problem is I'm headed out to Paris in three hours.
Staff	How can we help you?
Frank	I sent my uniform to be cleaned through the hotel and I guess they must have lost it.
Staff	They lost a uniform. **Happens all the time.** Go down to the *Well-Built* Uniform Company at 9th and Broadway. They're our uniform supplier. I'll tell Mr. Rosen you're coming.

프랭크: 전 샌프란시스코의 부조종사인데요. 어젯밤에 뉴욕으로 비행을 왔어요. 근데 제가 3시간 후에 파리로 가야 해서요.
직원: 뭘 도와드릴까요?
프랭크: 호텔에 제복을 세탁 맡겼는데, 분실된 것 같아요.
직원: 자주 잃어버리죠. 흔히 있는 일이에요. 브로드웨이 9번가의 '웰빌트' 유니폼 회사로 가세요. 우리 유니폼 공급업체에요. 로젠 씨한테 당신이 온다고 말해놓을게요.

inappropriate 부적절한, 부적합한

Never mind.

신경 쓰지 마. 아무것도 아냐. 관두자. 아니야.

Never mind.는 기본적으로 "신경 쓰지 마."란 뜻인데요. 내가 하던 말이 중요한 얘기가 아니어서 신경 쓰지 말라고 할 때, 길게 설명하기 번거로워 그냥 넘어가려고 할 때, 어떤 말을 하려다가 할 필요가 없게 되거나 필요 없을 것 같아서 그만둘 때 등 여러 상황에서 사용해요. 때에 따라 "신경 쓰지 마.", "아무것도 아냐.", "관두자.", "아니야." 등의 의미가 됩니다.

오즈 Oz the Great and Powerful

서커스 마술사인 오스카(제임스 프랭코)는 기구를 탔다가 회오리바람에 휩쓸려 신기한 나라 오즈에 도착합니다. 그곳에서 마녀 티오도라(밀라 쿠니스)를 만납니다. 근데 오스카의 상상과 달리 티오도라는 흉측하게 생기지도 않았고, 빗자루를 타고 다니지도 않죠.

Theodora	I… I, too, am a witch. I am Theodora the Good.
Oscar	You're not a witch.
Theodora	Of course I am.
Oscar	Where are all your warts? Where's your broom?
Theodora	What would I do with a broom?
Oscar	Fly.
Theodora	With a broom?
Oscar	**Never mind.**

티오도라: 저… 나도 마녀예요. 난 '좋은 마녀 티오도라'예요.
오스카: 마녀 아니잖아요.
티아도라: 마녀 맞아요.
오스카: 사마귀랑 빗자루는 어디 있어요?
티아도라: 빗자루로 뭐 하게요?
오스카: 날아야죠.
티아도라: 빗자루로요?
오스카: 신경 쓰지 마세요.

500일의 썸머 500 Days of Summer

연하장 제작 회사에서 일하는 톰(조셉 고든 레빗)이 같은 회사의 썸머(주이 디샤넬)와 헤어지고 난 뒤, 매사에 부정적이고 이상하게 행동하자 사장 밴스(클락 그레그)가 톰을 불러 얘기합니다.

Vance	Look, I don't mean to pry, but… does this have something to do with Summer leaving?
Tom	Who?
Vance	My assistant.
Tom	Your, um…
Vance	Tom, everyone knows. **Never mind.** The reason I'm asking is, lately your work performance has been… a little off.

밴스: 자네, 캐물으려는 건 아닌데… 썸머가 그만둔 것 때문에 그러는 거야?
톰: 누구요?
밴스: 내 비서.
톰: 사장님의…
밴스: 톰, 다들 알고 있어. 관두지. 내가 물은 이유는 최근에 자네 업무 성과가… 좀 좋지 않아서 그래.

wart 피부에 나는 사마귀
pry 캐묻다

Don't bother.
굳이 그럴 필요 없어.

"미안. 다음엔 꼭 약속 지킬게." "그럴 필요 없어. 우리 그만 만나.", "설거지는 내가 할게." "내버려 둬. 나중에 내가 할게." 이렇게 "그럴 필요 없어." 또는 "내버려 둬."라고 할 때는 Don't bother.라고 해요. 여기서 bother는 '애를 쓰다', '신경 쓰다'란 뜻이어서 Don't bother ~라고 하면 '애써 ~할 필요 없어', '굳이 ~ 안 해도 돼'란 뜻이 되죠. 그냥 Don't bother.라고 쓰기도 하고 다음처럼 쓸 수도 있어요. ex) Don't bother coming back.(돌아올 필요 없어.), Don't bother asking.(안 물어봐도 돼.)

마셰티 *Machete*

영화의 마지막 장면에 악당을 모두 물리친 마셰티(대니 트레조)가 오토바이를 타고 가는데, 경찰차가 따라와서 오토바이를 세웁니다. 마셰티는 경찰이 신분증을 보여달라고 하는 줄 알았는데, 차에서 내린 사람은 사타나(제시카 알바)였죠. 사타나가 마셰티를 위해 새로 만든 그의 신분증을 보여줍니다.

Machete　What, do you wanna see my ID?
Sartana　**Don't bother.** I've got something better. I called in a few favors. Look at this. Got you all the right papers. You can start over now, be a real person.
Machete　Why do I want to be a real person when I'm already a myth?
Sartana　Where will you go?
Machete　Everywhere.
Sartana　Then I'll ride with you.

마셰티: 왜, 신분증을 보자는 건가?
사타나: 그럴 필요 없어요. 나한테 더 좋은 게 있으니까. 전화해서 부탁 좀 했죠. 이거 봐요. 완벽한 신분증이에요. 당신도 이제 새출발 할 수 있어요, 사람답게 살아요.
마셰티: 뭐 하러 사람답게 살지? 난 이미 전설인데.
사타나: 어디로 갈 거예요?
마셰티: 어디든.
사타나: 그럼 나도 같이 갈게요.

디 아더스 *The Others*

가정부로 일하러 온 밀스 부인(피오눌라 플래너건)과 집주인 그레이스(니콜 키드먼)가 대화하는 장면입니다. 밀스 부인이 전에도 이 집에서 일한 적이 있다고 말하며 추천서를 보여주려고 합니다.

Mrs. Mills　Perhaps I'd best show you our references, Ma'am.
Grace　　　No, no, no. **Don't bother.** There's no need. So you say you know the house well?
Mrs. Mills　Like the back of my hand.

밀스 부인: 저희 추천서를 보여드리는 게 제일 좋겠네요, 사모님.
그레이스: 아뇨, 아뇨. 굳이 안 그래도 돼요. 그럴 필요 없어요. 그러니까 이 집에 대해 잘 아신다는 거네요?
밀스 부인: 손바닥처럼 잘 알죠.

myth 신화
reference 추천서

No offense.

악의는 없어. 나쁜 뜻은 없어. 기분 나쁘게 듣지 마.

내가 한 말이 상대방의 기분을 상하게 할 수도 있을 때, '악의를 가지고 한 말은 아니다'란 의미로 No offense.라고 해요. 우리말로는 "악의는 없어.", "나쁜 뜻은 없어.", "기분 나쁘게 듣지 마.", 란 말이에요. 이 말을 들은 상대방이 None taken.이라고 하면 "괜찮아.", "신경 안 써."란 뜻이고요. 그리고 No offense, but...이라며 말을 시작할 때도 많은데, 이건 "기분 상하게 하려는 건 아닌데..."라며, 말하기 전에 먼저 양해를 구하는 경우에요. 참고로 영국에선 offense를 offence라고 씁니다.

 예스맨 *Yes Man*

칼(짐 캐리)이 페르시안 신부 찾기 사이트에서 만난 파르누쉬와 친구 피터(브래들리 쿠퍼)와 함께 레스토랑에서 식사하는 장면입니다.

Carl	Anyway, I never would've met Allison if I hadn't said yes to the homeless guy.
Peter	You also wouldn't be on a blind date with a strange Iranian woman. **No offense**, Faranoush.
Faranoush	**None taken.**
Carl	I didn't realize I was dealing with a no man.

칼: 어쨌든 내가 그 노숙자에게 '예스'라고 말하지 않았으면 난 앨리슨을 만났지 못했을 거야.
피터: 이상한 이란 여자랑 소개팅하지도 않았을 테지.
나쁜 뜻은 없어요, 파르누쉬.
파르누쉬: 괜찮아요.
칼: 네가 이렇게 부정적인 사람인지는 몰랐네.

 드림업 *Bandslam*

학교 아이들과 함께 밴드를 하는 샬롯(앨리슨 마칼카)은 음악에 박식한 윌(갤란 코넬)의 소견을 듣기 위해 그에게 노래와 연주를 들려줍니다. 베이스를 연주한 버그(찰리 색스턴)가 자기는 어땠냐며 윌에게 물어봅니다.

Bug	Well, what about me, then?
Will	**No offense**, but it seems like you're trying way too hard to be Flea from the Red Hot Chilli Peppers.
Bug	I'm not.

버그: 그럼 나는 어때?
윌: 기분 나쁘게 하려는 건 아닌데, 너 레드 핫 칠리 페퍼스의 플리처럼 되고 너무 오버하는 것 같아.
버그: 그렇지 않아.

Don't take it personally.

언짢게 생각하지 마.

상대방에게 말이나 행동이 호의적이지 않았던 게 그를 싫어하거나 무시해서가 아니라 원래 성격이 그럴 때, 상대방에게 피해를 준 게 사적인 감정이 있어서가 아니라 비즈니스라서 어쩔 수 없이 그렇게 되었을 때 등 의도하지 않게 무엇이 상대방을 언짢게 했을 때는 "언짢게 생각하지 마."라는 뜻으로 Don't take it personally.라고 해요.

아이언맨 3 *Iron Man 3*

토니(로버트 다우니 주니어)는 13년 전 하룻밤을 함께 보냈던 여성인 과학자 마야가 집에 찾아오자 그녀를 알아보지 못합니다.

Tony	You're not the Mandarin, are you? Are you?
Maya	You don't remember. Why I am not surprised?
Tony	**Don't take it personally.** I don't remember what I had for breakfast.

토니: 당신이 만다린은 아니죠? 그렇죠?
마야: 기억 못하는군요. 왜 놀랍지도 않을까?
토니: 언짢게 생각하지 마세요. 난 아침에 뭘 먹었는지도 기억 못해요.

디어 존 *Dear John*

휴가나온 군인 존(채닝 테이텀)이 바다에 빠진 사바나(아만다 사이프리드)의 가방을 건져주면서 둘은 점점 가까워집니다. 존이 아버지와 둘이 산다고 하자 사바나는 존에 대해 더 알고 싶다며 그의 아버지를 만나고 싶어 하죠. 하지만 존은 아버지가 정상인이 아니어서 조금 머뭇거립니다.

Savannah	Did he raise you all by himself?
John	Yeah. Why do you wanna know so much about my dad?
Savannah	Just curious. Curious about where you come from. I wanna meet your dad. Tonight.
John	Look you're… You're not gonna get very much out of him. So, I don't know, just **don't take it personally**, okay?

사바나: 아버지 혼자서 널 키우셨어?
존: 응. 왜 우리 아빠에 대해 알고 싶은 거야?
사바나: 그냥 궁금해서. 네가 어디서 왔는지 궁금해. 네 아버지를 만나고 싶어. 오늘밤에.
존: 저기… 우리 아빠 만나도 별로 얻을 건 없을 거야. 그러니, 그냥 언짢게 생각하지 마, 알겠지?

Don't get me wrong.
오해하지는 마.

"오해하지는 마. 네 옷 정말 예뻐. 근데 여기선 너무 튀는 것 같지 않니?", "오해하지는 마. 나도 네 동생 좋아해. 근데 모델 하기엔 키가 좀 작지 않니?" 이렇게 내가 하려는 말에 상대방이 오해할 가능성이 있을 때는 그 말에 앞서 Don't get me wrong.이라고 해요. 특히 나의 말이 상대방이나 그와 가까운 사람을 비판하는 것처럼 들릴 가능성이 있을 때 많이 쓰죠.

크레이지 핸드 Idle Hands

고등학생 안톤(데본 사와)은 TV 시청과 마리화나 피우는 게 일과입니다. 안톤은 마리화나가 다 떨어지자 친구 집에 얻으러 갑니다. 안톤과 친구인 믹(세스 그린)과 프넙(엘든 헨슨)이 하는 대화입니다.

Mick	Anton, all you do is smoke pot and watch TV all day. **Don't get me wrong.** That's what life is all about. But don't you think you should have some ambition, like a goal?
Anton	Yeah. I mean, my dream life would be… to lie around all day in bed… and watch TV while some hot broad delivers me food and shit.
Pnub	Until your parents kick your oily ass out.
Anton	I haven't seen my parents in a couple of days.

믹: 안톤, 하루종일 네가 하는 거라곤 마리화나 피우고 TV 보는 거잖아. 오해하지는 마. 그게 다 인생이지 뭐. 근데 야망이나 목표 같은 게 있어야 한다고 생각하지 않아?
안톤: 그렇지. 그래도 내가 꿈꾸는 인생은… 종일 누워서… TV 보고, 섹시한 계집애가 음식을 갖다 주는 거야.
프넙: 그러다 네 부모님이 널 쫓아낼 거야.
안톤: 나 며칠 동안 부모님을 못 봤어.

마이 걸 My Girl

베다(안나 클럼스키)의 아버지 해리(댄 애크로이드)는 장의사로, 그가 낸 구인광고를 보고 메이크업 아티스트 쉘리(제이미 리 커티스)가 찾아옵니다. 근데 해리는 시신에 화장할 사람을 구하는데, 미니 원피스를 입은 젊은 아가씨가 찾아와서 조금 놀랍니다. 해리가 쉘리의 복장에 대해 물어보자 쉘리는 그냥 열심히 일하겠다고 말하네요.

Harry	Is this what you'd normally wear for work? **Don't get me wrong.** I like it very much, but…
Shelly	I promise I'll take good care of these people. They deserve it. They're dead. All they've got left is their looks.

해리: 이게 보통 일할 때 입는 복장인가요? 오해하지는 마세요. 저도 아주 좋아해요, 근데 좀…
쉘리: 약속해요. 제가 시체들을 예쁘게 화장할게요. 그럴만한 자격이 있어요. 죽은 사람들에게 남은 건 겉모습밖에 없으니까요.

pot 마리화나의 속어
broad 계집(여자를 낮춰 부르는 말)

unit 182 Take it back.

그 말 취소해.

take st back은 '다시 가져가다', '다시 갖다 놓다'란 뜻인데요. 상대방이 한 말에 대해 Take it back.이라고 하면 그건 "그 말 취소해."란 뜻이에요. 상대방이 내 심기를 건드리는 말 실수를 했을 때 사용하죠. 그리고 I take it back.이라고 하면 "그 말 취소할게."가 되고요. 이외에도 take st back은 산 물건을 교환이나 환불하러 다시 가게에 가져가거나, 주문한 음식에 문제가 있어서 다시 주방으로 가져가라고 할 때 등 여러 상황에서 쓸 수 있어요.

scene 1 드림업 *Bandslam*

방과 후, 걸어서 집에 가던 윌에게 친구 샬롯이 세상에서 가장 멋진 곳을 보여주겠다며 차에 태웁니다. 샬롯의 아버지는 병으로 누워 계신데 윌이 그걸 모르고 말실수를 합니다.

Charlotte	My dad used to bring me here.
Will	Is he dead?
Charlotte	No. **Take it back.**
Will	**I take it back.** Sorry. Just the way you were talking about him.
Charlotte	No, I'm sorry. It's just last summer he got sick, and I don't like putting stuff like that into the universe, you know?

샬롯: 우리 아빠가 여기에 날 데려오곤 했었어.
윌: 돌아가셨어?
샬롯: 아니야. 그 말 취소해.
윌: 취소할게. 미안해. 네가 말하는 게 그런 것 같아서.
샬롯: 아냐, 미안해. 아빠가 작년 여름부터 아프기 시작했어. 그리고 그런 이야기를 세상에 알리고 싶지 않아.

scene 2 업타운 걸스 *Uptown Girls*

꼬마 레이(다코타 패닝)와 유모 몰리(브리트니 머피)가 말싸움을 하다가 레이가 가운데 손가락을 들어서 몰리에게 보입니다. 화가 난 몰리는 레이의 손을 비틀며 취소하라고 하죠.

Molly	Don't you ever do that to me again!
Ray	You're hurting me!
Molly	You hurt me. **Take it back! Take it back!**
Ray	Fine, **I take it back.**

몰리: 다신 나한테 그러지 마!
레이: 아파!
몰리: 넌 내 마음을 아프게 했어. 취소해! 취소해!
레이: 좋아, 취소할게.

unit 183 I didn't mean it.

진심이 아니었어. 고의가 아니었어.

홧김에 한 말에 대해 "진심이 아니었어."라며 사과하거나, 자신의 실수에 대해 "고의가 아니었어."라며 사과하거나 변명할 때는 I didn't mean it.이라고 해요. 꼭 사과할 때가 아니더라도 자신의 말이 진심이 아니었다고 할 때 쓸 수 있어요. mean은 '뜻하다', '의도하다'란 뜻이어서 I didn't mean it.이라고 하면 "진심이 아니었어.", "고의가 아니었어."란 의미가 되고, 반대로 "나 진심이야."라고 할 때는 I mean it.이라고 합니다.

scene 1 | 브리짓 존스의 일기 *Bridget Jones's Diary*

브리짓(르네 젤위거)과 상사 다니엘(휴 그랜트)이 주말에 함께 여행을 한 후 다시 만나서 하는 대화입니다.

Bridget Oh… and you know last night when I said that I loved you?
Daniel   Mm-hmm.
Bridget **I didn't mean it.** I was being ironic.
Daniel   Oh, God, yeah, I know, I know.

브리짓: 어… 그리고 어젯밤에 내가 사랑한다고 한 말 있잖아요?
다니엘: 응.
브리짓: 진심이 아니었어요. 장난친 거예요.
다니엘: 아, 그래, 나도 알아.

scene 2 | 트레인스포팅 *Trainspotting*

술집에서 생맥주 여러 잔을 들고 걸어가던 베그비(로버트 칼라일)가 한 남자와 부딪쳐서 그와 시비가 붙습니다.

Begbie For fuck's sake!
Man   Sorry, mate. I'll buy you another one.
Begbie You ruined my fucking suit, you fucking idiot.
Man   I'm sorry. **I didn't mean it.**
Begbie Sorry's not gonna dry me off, you cunt!

베그비: 젠장!
남자: 미안해, 친구. 내가 새로 한 잔 살게.
베그비: 네가 내 양복을 망쳤어, 이 멍청한 자식.
남자: 미안해. 고의가 아니었어.
베그비: 사과한다고 옷이 마르지 않아, 이 멍청아!

ironic 반어적인, 비꼬는

I didn't mean it that way.
그런 뜻으로 한 말이 아니야.

내가 한 말을 상대방이 잘못 이해해서 언짢아하거나 오해할 때는 "그런 뜻으로 한 말이 아니야."라고 하잖아요. 이럴 때는 I didn't mean it that way. 또는 I didn't mean it like that.이라고 합니다.

 내 남자친구는 왕자님 *The Prince & Me*

대학생인 페이지(줄리아 스타일즈)는 덴마크에서 온 교환학생 에디(루크 아블리)를 추수감사절에 고향집으로 초대합니다. 페이지의 엄마 에이미(알버타 왓슨)가 에디를 마음에 들어 하며 둘이 잘 해보라고 하자, 페이지는 평범한 주부로 살 마음이 없다고 하죠. 그 말이 엄마처럼 살기 싫다는 것처럼 들리자, 페이지가 다시 그런 뜻으로 한 말이 아니라고 합니다.

Amy	Chemistry isn't just in a class, kiddo. And you guys have it.
Paige	Right. Then what happens? I fool myself into thinking he's Prince Charming? We get married and live happily ever after? Then all my hard work goes down the drain because I'm too busy shopping for groceries and picking my kids up at soccer.
Amy	Sweetie, it really wasn't as bad as all that.
Paige	**I didn't mean it that way.**
Amy	I know. But we're not talking about me. I made my choice. This is about you making the right choice for you.

에이미: 화학 작용이 수업시간에만 있는 건 아니야. 너희들 사이에도 있어.
페이지: 맞아요. 그럼 어떻게 되는데요? 그가 내 왕자님이라고 나 자신을 속이며, 둘이 결혼해서 평생 행복하게 사는 거예요? 그럼 내가 하던 힘든 일은 모두 수포로 돌아가겠네요. 장보고 축구 하는 데 애들 데리고 다니느라 바빠서 말이에요.
에이미: 얘야, 그게 그렇게 나쁜 일만은 아니란다.
페이지: 그런 뜻으로 한 말이 아니에요.(엄마의 인생을 폄하하려는 뜻으로 한 말이 아니에요.)
에이미: 나도 알아. 근데 지금 내 얘길 하는 게 아니잖니. 난 스스로 선택한 거야. 너도 자신을 위해 올바른 선택을 해야 한다는 거야.

나의 특별한 사랑 이야기 *Definitely, Maybe*

윌(라이언 레이놀즈)은 동료 에이프릴(라일라 피셔)이 싼 담배는 빨리 타서 더 많이 피게 되고 몸에 더 해롭다고 하자, 윌은 아니라고 합니다. 둘은 결국 동시에 담배를 펴서 먼저 다 타는 사람이 $20을 주기로 내기하죠. 내기에서 진 윌이 돈을 주려고 하자 에이프릴이 됐다고 합니다.

April	No, come on. The satisfaction of me being right and you being wrong is more than enough for me.
Will	Well, I never welsh on a bet, so I'll tell you what. I'll take you… I'll take you out for dinner, for a birthday dinner. What do you say?
April	Like a date?
Will	No, **I didn't mean it like that.** Like an "I feel sorry for you because it's your birthday and you have no plans" dinner.

에이프릴: 아니, 됐어요. 내가 옳았고 당신이 틀렸다는 만족감만으로 충분해요.
윌: 난 절대 약속을 저버리는 사람이 아니에요. 그럼 내가... 내가 저녁 살게요, 생일 저녁이요. 어때요?
에이프릴: 데이트 같은 거예요?
윌: 아뇨, 그런 뜻은 아니에요. '생일날 약속도 없다니 안 됐네요.'란 의미의 저녁이에요.

> **fool** 속이다
> **go down the drain** 헛수고가 되다, 수포로 돌아가다
> **welsh (on ~)** (~의 약속을) 어기다

빈칸에 어울리는 영어문장을 말하고 적어보세요.

1 Case   I'm Case.
   Jensen   Frank.
   Case   Funny, you don't sound like Frank. _____
          I know. I drove with Frank. I'll watch your back. 걱정 말아요.
   Jensen Better than you watched his, I hope.

2 Priest   Thanks, guys. This is the single biggest donation that we've ever had.
   Allison You're welcome, but it was Carl that made it all happen.
   Priest   You're a good man, Carl.
   Carl   _____ I know a lot of people who are willing to give. 별일도 아닌데요 뭘.

3 Mia   Oh, dear!
   Waiter   Oh, Your Highness, pardon me, I am so sorry. It was only an accident.
   Mia   It's fine, it's fine. _____, no bruise.
          별일 아닌데 괜찮아요.

4 Nurse   Are you ready?
   Alison   I'm really sorry about all that. That was really inappropriate.
   Nurse   Oh, no, that's okay. _____ It's fine.
          여기선 흔한 일이에요.
   Alison   Oh, good, okay, I don't feel so stupid, then.
   Nurse   No, no, not at all.

5 Theodora I... I, too, am a witch. I am Theodora the Good.
   Oscar   You're not a witch.
   Theodora Of course I am.
   Oscar   Where are all your warts? Where's your broom?
   Theodora What would I do with a broom?
   Oscar   Fly.
   Theodora With a broom?
   Oscar   _____ 신경 쓰지 마세요.

277

6 Mrs. Mills Perhaps I'd best show you our references, Ma'am.

　　Grace　　No, no, no. _____ There's no need. So you say

　　　　　　you know the house well? 굳이 안 그래도 돼요.

　Mrs. Mills Like the back of my hand.

7 Carl　　Anyway, I never would've met Allison if I hadn't said yes to the homeless

　　　　　　guy.

　　Peter　　You also wouldn't be on a blind date with a strange Iranian woman.

　　　　　　_____, Faranoush. 나쁜 뜻은 없어요.

　Faranoush　_____ 괜찮아요.

　　Carl　　I didn't realize I was dealing with a no man.

8 Tony　　You're not the Mandarin, are you? Are you?

　　Maya　　You don't remember. Why I am not surprised?

　　Tony　　_____ I don't remember what I had for

　　　　　　breakfast. 언짢게 생각하지 마세요.

9 Mick　　Anton, all you do is smoke pot and watch TV all day.

　　　　　　_____ That's what life is all about. But

　　　　　　don't you think you should have some ambition, like a goal? 오해하지는 마.

　　Anton　　Yeah. I mean, my dream life would be… to lie around all day in bed… and

　　　　　　watch TV while some hot broad delivers me food and shit.

10 Charlotte My dad used to bring me here.

　　Will　　Is he dead?

　Charlotte　No. _____ 그 말 취소해.

　　Will　　_____ Sorry. Just the way you were talking

　　　　　　about him. 취소할게.

　Charlotte　No, I'm sorry. It's just last summer he got sick, and I don't like putting stuff

　　　　　　like that into the universe, you know?

11 Bridget　Oh… and you know last night when I said that I loved you?

　　Daniel　Mm-hmm.

　　Bridget　_____ I was being ironic. 진심이 아니었어요.

　　Daniel　Oh, God, yeah, I know, I know.

12 Will　　Well, I never welsh on a bet, so I'll tell you what. I'll take you… I'll take you out for dinner, for a birthday dinner. What do you say?
　　　April　　Like a date?
　　　Will　　No, ▓▓▓▓▓▓▓▓▓▓▓▓▓▓▓ Like an "I feel sorry for you because it's your birthday and you have no plans" dinner. 그런 뜻으로 한 말은 아니에요.

Answers

1 Don't sweat it.　**2** (It's) no big deal.　**3** No harm, no foul　**4** It happens all the time here.　**5** Never mind.
6 Don't bother.　**7** 1) No offense　2) None taken.　**8** Don't take it personally.　**9** Don't get me wrong.
10 1) Take it back.　2) I take it back.　**11** I didn't mean it.　**12** I didn't mean it like that.[=I didn't mean it that way.]

Chapter 18

괴롭히지 마

Quiz 내가 영어로 할 수 있는 말은?

1 도대체 몇 번이나 말해야 돼. _____ (time)
2 바가지 좀 그만 긁어. 잔소리 좀 그만해. _____ (nag)
3 나한테 소리 지르지 마. _____ (yell)
4 나한테 이래라저래라 하지 마. _____ (do)
5 나한테 말대답하지 마. _____ (back)
6 동생 좀 괴롭히지 마. _____ (pick)
7 다시는 그러지 마! _____ (ever)
8 귀찮게 좀 하지 마. _____ (bother)
9 귀찮게 해서 죄송합니다. _____ (bother)

Answers

1 How many times do I have to tell you? 2 Stop nagging. 3 Don't yell at me. 4 Don't tell me what to do. 5 Don't talk back to me. 6 Don't pick on your little brother. 7 Don't ever do that again! 8 Stop bothering me. 9 I'm sorry to bother you.

unit 185 How many times do I have to tell you?
도대체 몇 번이나 말해야 돼?

아무리 얘기해도 상대방이 말귀를 못 알아듣거나, 시킨대로 하지 않을 때 "몇 번이나 말해야 돼?", "도대체 몇 번이나 말해야 알아들어?"라고 하잖아요. 그때 쓰는 표현이 How many times do I have to tell you?예요.

헐크 *Hulk*

과학자 데이빗(닉 놀테)을 쫓는 로스 장군은 그의 아들 브루스 배너(에릭 바나)를 찾아와 데이빗의 행방에 관해 물어봅니다.

Ross	So you're just not gonna tell me where he is, are you?
Bruce	**How many times do I have to tell you?** I'd like to help you, but I just don't know.
Ross	You know who I am. Right, Banner?
Bruce	You're Betty's father. You're a high-ranking general.

로스: 그래, 그가 어디 있는지 말하지 않을 거야?
브루스: 도대체 몇 번이나 말해야 되죠? 저도 돕고 싶지만, 저도 몰라요.
로스: 내가 누군지 알지, 배너?
브루스: 당신은 베티의 아버지고, 고위급 장성이죠.

오즈 *Oz the Great and Powerful*

서커스의 마술사인 오스카(제임스 프랭코)가 그의 새 보조인 메이(아비게일 스펜서)와 키스하려고 하는데, 조수 프랭크(잭 브라프)가 노크도 없이 갑자기 들어옵니다.

Frank	Professor.
Oscar	Frank! The sock is on the door. We're rehearsing. **How many times do I have to tell you to knock?**

프랭크: 선생님.
오스카: 프랭크! 문에 양말을 걸어놨잖아. 우리 연습 중이라고. 노크하라고 도대체 몇 번이나 말해야 돼?

Stop nagging.
바가지 좀 그만 긁어. 잔소리 좀 그만해.

nag은 이것 해라, 저것 해라 하며 '잔소리하다'란 뜻인데요. 아내가 남편에게 계속해서 잔소리하면 그건 바가지 긁는 게 되니까 '바가지 긁다'란 뜻도 됩니다. 그래서 Stop nagging.이라고 하면 "잔소리 좀 그만해.", "바가지 좀 그만 긁어."란 뜻이 되죠. 그리고 nagger는 '잔소리꾼'이란 뜻이에요. ex) I wish you'd stop nagging.(네가 바가지 좀 그만 긁었으면 좋겠어.), Stop nagging me.(나한테 잔소리 좀 그만해.), My mom's always nagging me to study.(우리 엄만 맨날 나한테 공부하라고 잔소리야.), I nagged him to do the housework.(그에게 집안일 좀 하라고 잔소리했어.)

브레이크업 *The Break-Up*

함께 사는 게리(빈스 본)와 브룩(제니퍼 애니스톤) 커플이 싸우는 장면입니다. 게리는 힘들게 일하고 와서 집에서 좀 쉬려고 하면 브룩이 잔소리만 한다고 화를 냅니다.

Gary	All I ask, Brooke, is that you show a little bit of appreciation. That I just get 20 minutes to relax when I come home, instead of being attacked with questions and nagged the whole damn time.
Brook	**You think that I nag you?**
Gary	That's all you do! **All you do is nag me!**

게리: 브룩, 내가 바라는 거라곤 네가 조금이나마 내게 감사한 마음을 보이는 거야. 내가 집에 와서 20분이라도 쉬려고 하면 넌 쉴 새 없는 질문에 바가지만 긁잖아.
브룩: 내가 바가지 긁는다고?
게리: 그게 네가 하는 거잖아! 넌 나한테 바가지만 긁어!

나쁜 녀석들 *Bad Boys*

유부남 형사인 마커스(마틴 로렌스)가 파트너인 형사 마이크(윌 스미스)에게 계속 연락했는데 어디 있었냐며 잔소리하는 장면입니다.

Marcus	You got a headache? Let me tell you what I did last night. I had to sleep on my couch. I wake up this morning. I got a Power Ranger stuck up my ass. And while we're discussing my ass, I damn near got it blown off. But guess what the good news is. I got a witness. Let me tell you about this witness. She likes to…
Mike	**You sound like a nagging wife.**
Marcus	**I'm a nagger! I'm nagging!** You see what happens when you go off without me? You get into shit.

마커스: 머리가 아프다고? 어젯밤에 내가 뭘 했는지 말해주지. 어젯밤에 소파에서 잤는데. 오늘 아침 일어나 보니 파워레인저가 내 엉덩이에 끼어 있었어. 그리고 엉덩이 얘기하는 이 순간에도 거기가 터질 것 같아. 하지만 좋은 소식은 내가 증인을 확보했다는 거야. 증인에 대해 말해줄게. 그녀는…
마이크: 너 꼭 바가지 긁는 마누라 같다.
마커스: 내가 잔소리꾼이라고! 내가 바가지 긁는다고! 나 없이 너 혼자 갔다가 어떻게 되는지 봤지? 너 혼쭐이 났잖아.

unit 187
Don't yell at me.
나한테 소리 지르지 마.

yell at sb는 'sb에게 소리 지르다'란 뜻이에요. 보통은 화가 나거나 흥분해서 소리를 지르고, 시끄러워서 잘 들리지 않는 곳이라 지를 때도 있죠. ex) Don't yell at me like that.(나한테 그렇게 소리 지르지 마.), Why are you yelling at me?(왜 나한테 소리 지르는 거야?), Sorry for yelling at you.(너한테 소리 질러서 미안해.), You don't have to yell. I can hear you.(소리 지르지 않아도 돼. 네 말 잘 들려.)

미스 리틀 선샤인 Little Miss Sunshine

꼬마 올리브(아비게일 브레스린)의 미인대회 출전을 위해 온가족이 작은 승합차를 타고 1박2일 여행길에 오릅니다. 우여곡절 끝에 이들은 접수 마감시간보다 조금 늦게 대회장에 도착하죠. 근데 야속한 심사위원 젠킨스가 몇 분 늦었다고 신청을 받아주지 않으려고 하자 올리브의 아버지 리차드(그렉 키니어)가 흥분하며 말합니다.

Jenkins   Everybody else was here before 3:00. I'd be giving unfair advantage.
Richard   No, no. We're not looking for an advantage. We just want her to compete. That's it.
Jenkins   **Don't yell at me**, sir. I didn't make you late. We've settled on the schedule for the show. We've turned off the computers, our lineup is final, I have a hair check to do. I'm sorry that you're late, but I can't help you.
Richard   Please. You don't know what we've been through.

젠킨스: 다른 사람들은 모두 3시 전에 여기 왔어요. 누구만 봐주면 불공평하죠.
리차드: 아니, 그게 아니에요. 특권을 바라는 게 아니에요. 우린 단지 애가 참가하길 바랄 뿐이에요. 그게 다예요.
젠킨스: 저한테 소리 지르지 마세요, 선생님. 저 때문에 늦은 게 아니잖아요. 대회 스케줄은 정해져 있어요. 컴퓨터도 껐고, 출전자도 확정됐습니다. 전 머리 손질도 해야 하고요. 늦은 건 유감이지만 제가 도와드릴 순 없네요.
리차드: 부탁합니다. 저희가 얼마나 힘들게 여기까지 왔는지 모를 거예요.

행오버 2 The Hangover Part II

아무 탈 없이 태국에서 결혼식을 치르고 싶었던 스투(에드 헬름스)는 결혼 전날, 친구 필(브래들리 쿠퍼)의 권유에 못 이겨 해변가에서 맥주를 한잔 합니다. 그런데 결국 이들은 술에 만취하여 다음 날 어딘지도 모르는 방에서 눈을 뜨게 되고 태국의 거리를 방황하죠. 화가 난 스투는 필 때문이라며 짜증을 냅니다.

Phil   All right, what do you wanna do, Stu?
Stu   I don't know.
Phil   Then **stop yelling at me like it's my fucking fault.**
Stu   It is your fault! All I wanted was a bachelor brunch.

필: 그래, 어쩌고 싶은 거야, 스투?
스투: 나도 몰라.
필: 그럼 내 잘못인 것처럼 나한테 소리 지르지 마.
스투: 네 잘못이지! 내가 원한 건 단지 총각파티 브런치였어.

Don't tell me what to do.

나한테 이래라저래라 하지 마.

상대방이 나에게 자꾸 이것 해라, 저것 해라 하며 자기 뜻대로 나를 움직이려고 하면 "나한테 이래라저래라 하지 마."라고 하잖아요. 이 말은 영어로 Don't tell me what to do.라고 해요. 생각보다 쉽죠? You can't tell me what to do.라고도 하고, Stop telling me what to do.라고도 할 수 있어요. 비슷한 표현으로는 boss sb around가 있는데요, 'sb에게 이래라저래라 시키다'란 뜻이에요. 그래서 Stop bossing me around.라고 하면 마찬가지로 "나한테 이래라저래라 하지 마."란 뜻이 되죠.

토이 스토리 Toy Story

카우보이 장난감 우디와 우주 비행사 장난감 버즈가 악동 시드의 집에서 탈출하는 장면입니다. 우디가 흥분해서 뛰어가는 바람에 하마터면 잠자고 있던 사나운 강아지를 깨울뻔하죠.

Buzz	Another stunt like that, cowboy, you're gonna get us killed.	버즈: 한 번만 더 그러면 우리 둘 다 죽게 될 거야.
Woody	**Don't tell me what to do.**	우디: 나한테 이래라저래라 하지 마.

루퍼 Looper

사라(에밀리 블런트)는 아들 시드(피어스 가뇽)가 킬러 조(조셉 고든 레빗)를 따르자 그를 가까이 하지 말라고 합니다. 하지만 시드는 말을 듣지 않고 떼를 쓰죠.

Cid	He's protecting us because you can't do it.	시드: 그는 우릴 보호하고 있어. 아줌마가 못하니까.
Sara	Okay. I told you to stay away from him, didn't I?	사라: 좋아. 그 사람한테 가까이 가지 말라고 내가 말했지?
Cid	I never did anything.	시드: 난 아무것도 안 했어.
Sara	Do you think I'm stupid?	사라: 내가 바본 줄 아니?
Cid	So?	시드: 그래서?
Sara	I told you already…	사라: 내가 이미 말했잖아…
Cid	So?	시드: 그래서?
Sara	You do what I tell you, Cid!	사라: 내가 말하는 대로 해, 시드!
Cid	**You can't tell me what to do.** 'Cause you're not my mom! You're not my mom! You're a liar! You're gonna get killed 'cause you won't stop lying!	시드: 나한테 이래라저래라 하지 마. 우리 엄마가 아니니까! 엄마 아니잖아! 거짓말쟁이! 거짓말 그만두지 않으면 죽게 될 거야!

unit 189 Don't talk back to me.
나한테 말대답하지 마.

talk back은 '대답하다', '말대답하다'란 뜻으로 Don't talk back.은 "말대답하지 마."란 말이에요. 그리고 Don't talk back to me.라고 하면 "나한테 말대답하지 마."란 말이 되죠.

로드 트립 Road Trip

무서운 아버지 얼(프레드 워드) 때문에 무슨 일이든 허락을 받고 하던 대학생 카일(DJ 퀼스)은 친구들의 성화에 못 이겨 아버지에게 말도 없이 그들과 함께 자동차 여행을 떠납니다. 아들이 납치당했다고 생각한 얼은 여행 중이던 아들을 찾아와 그를 데리고 가려고 합니다. 하지만 여행하며 여러 가지를 느낀 카일은 이제 순순히 아버지 말을 듣지 않으려고 하죠.

Kyle	Get off of me! I'm going back with these guys.
Earl	You shut your mouth and **don't talk back to me**.
Kyle	Why don't you shut up?
Earl	What the hell did you just say to me?
Kyle	I said, you shut up. All my life, you've been telling me to stand up for myself. Well, now I am. Leave me alone, you jerk!
Earl	You ungrateful…

카일: 이거 놔요! 난 얘들과 함께 갈 거예요.
얼: 입 닥치고 말대답하지 마.
카일: 아빠나 닥쳐요.
얼: 너 방금 나한테 뭐라고 했어?
카일: 아빠나 닥치라고요. 제 평생 아빠가 저한테 자기 주장을 하라고 했잖아요. 이제 하고 있어요. 날 내버려둬, 멍청아!
얼: 이런 배은망덕한…

알라딘 Aladdin

사악한 마법사 자파가 램프의 요정 지니에게 소원을 비는 장면입니다.

Jafar	I have decided to make my final wish. I wish for Princess Jasmine to fall desperately in love with me.
Genie	Master, there are a few addendas, some quid pro quos.
Jafar	**Don't talk back to me**, you big blue lout. You will do what I order you to do, slave.

자파: 내 마지막 소원을 결정했어. 자스민 공주가 날 열렬하게 사랑하도록 해줘.
지니: 주인님, 몇 가지 추가적 대안들이 있는데요.
자파: 나한테 말대답하지 마, 이 막돼먹은 녀석 같으니라고. 넌 내가 시키는 대로 하는 거야.

stand up for oneself 자립하다, 자기 주장을 하다
ungrateful 은혜를 모르는, 배은망덕한
addenda 추가할 것(addendum의 복수형)
quid pro quos 대용품, 상당물
lout 막돼먹은 놈, 시골뜨기

Don't pick on your little brother.

동생 좀 괴롭히지 마.

pick on sb는 'sb를 괴롭히다', 'sb를 못살게 굴다'란 뜻인데요. 형이나 오빠가 동생을 괴롭힐 때, 학교에서 껄렁한 애가 힘 없는 애를 괴롭힐 때, 직장상사가 부하직원에게 일부러 과한 업무를 주거나 괜한 트집을 잡으며 애를 먹일 때 등의 상황에서 쓸 수 있어요. 그리고 덩치 큰 녀석이 자기보다 약한 사람을 괴롭힐 때 정의로운 사람이 나타나서 하는 말이 있는데요, Why don't you pick on someone your own size?(네 덩치에 맞는 사람을 괴롭히고 그래?)예요. 이런 말 한마디 던지며 괴롭히던 사람을 제압하면 정말 멋지지 않을까요? ※ ※ ex) Those guys are picking on me.(쟤들이 날 괴롭혀.), Are you picking on my friend?(네가 내 친구를 괴롭히냐?), I told him to stop picking on you.(그에게 널 그만 괴롭히라고 말했어.)

비밀의 숲 테라비시아 *Bridge to Terabithia*

제스(조쉬 허처슨)는 자기 연습장에 누가 낙서해놓은 것을 보고 동생 메이벨(베일리 메디슨)을 꾸짖는데 이때 아빠 잭이 들어옵니다.

May Belle	Daddy!
Jack	**Is he picking on you?**
Jess	She was in my stuff.
Jack	What stuff?

메이벨: 아빠!
잭: 오빠가 널 괴롭히니?
제스: 쟤가 내 물건에 손댔어요.
잭: 무슨 물건?

킥애스 *Kick-Ass*

악당 두목 프랭크(마크 스트롱)가 총으로 힛걸(클로이 모레츠)을 쏘려고 하는 순간, 킥애스(애런 존슨)가 나타나 바주카포로 악당을 날려버립니다.

Kick-Ass	Hey, **why don't you pick on someone your own size?**
Kick-Ass	You okay?
Hit-Girl	Yeah.
Kick-Ass	Time to go home.

킥애스: 이봐, 네 덩치에 맞는 사람을 괴롭히지 그래?
킥애스: 너 괜찮니?
힛걸: 응.
킥애스: 집에 갈 시간이다.

Don't ever do that again!
다시는 그러지 마!

상대방에게 '~하지 마'라고 말할 때는 Don't go.나 Don't touch.처럼 동사 앞에 Don't가 오잖아요. 그런데 이것보다 더 강하게 '다시는 ~하지 마'라고 말할 때는 Don't ever ~라고 ever를 넣어서 말해주면 돼요. 여기서 ever는 '한 번이라도'란 뜻으로 직역하면 '한 번이라도 ~하지 마'이지만, 우리말로는 '다시는 ~하지 마'란 뜻입니다. ex) Don't ever talk to me like that.(다시는 나한테 그렇게 말하지 마.), Don't ever leave me again.(다시는 날 떠나지 마.), Don't ever touch this.(다시는 이거 손대지 마.)

프렌치 키스 French Kiss

케이트(멕 라이언)는 파리에 간 약혼자로부터 운명의 여자를 만났다는 전화를 받고 약혼자를 되찾기 위해 파리로 날아갑니다. 비행기 옆자리에 뤼크(케빈 클라인)라는 남자가 앉는데, 파리에 도착해서도 함께 다니게 되죠.

Kate	I come to Paris to get back the man that I love. Is that so hard to understand, even for a person such as yourself?
Luc	Okay, and meanwhile, his lover is…
Kate	**Don't ever use that word again.**
Luc	This bastard woman, she is feeling something else, maybe…
Kate	Once he saw me, myself, moi, everything would change. The spell would be broken.

케이트: 전 사랑하는 남자를 되찾기 위해 파리에 왔어요. 당신에게도 그게 그렇게 이해하기 어려워요?
뤼크: 좋아요, 근데 그 사람의 연인은…
케이트: 다시는 그 단어 쓰지 말아요.
뤼크: 이 막돼먹은 여자는 어쩌면 다르게 느낄지도 몰라요…
케이트: 그가 일단 나를 보기만 하면, 나를요, 모든 게 변할 거에요. 마법이 풀릴 거에요.

쥬만지 Jumanji

꼬마 앨런과 사라는 공사장에서 이상한 게임판을 발견하고 게임을 하는데, 갑자기 앨런이 게임판 속으로 빨려 들어갑니다. 26년 후, 꼬마 주디(커스틴 던스트)와 피터(브래들리 피어스)가 다시 이 게임을 하면서 앨런이 현실 세계로 돌아오게 됩니다. 앨런(로빈 윌리엄스)이 사라(보니 헌트)를 만나 대화하는 장면입니다.

Alan	Are you crazy? The man has a gun.
Sarah	**Don't ever call me crazy**, Alan. Ever. 'Cause everyone in this town has called me crazy ever since I told cops you were sucked into a board game.

앨런: 미쳤어? 그 사람은 총을 가지고 있었어.
사라: 다시는 나한테 미쳤다고 하지 마, 앨런. 다시는. 네가 보드게임 속으로 빨려 들어갔다고 내가 경찰들에게 말한 이래로, 동네사람들이 모두 나한테 미쳤다고 했어.

bastard 후레자식
spell 마법, 주문
suck 빨다, 빨아들이다

unit 192 Stop bothering me.

귀찮게 좀 하지 마.

여기서 bother는 '성가시게 하다'란 뜻으로 Stop bothering me.는 "귀찮게 좀 하지 마."란 말이에요. 공부하는데 동생이 계속 같이 놀아달라고 조르거나, 싫다는데 엄마가 자꾸 선보라고 할 때 등 이런 상황에서 쓸 수 있죠. '성가시게 하다'란 말은 상황에 따라 '귀찮게 하다', '방해하다', '괴롭히다', '힘들게 하다'란 의미가 되기도 합니다. 그리고 bug이란 단어가 '벌레'라는 명사로도 쓰이지만, 벌레처럼 '성가시게 하다'란 뜻도 있는데요. Stop bugging me.라고 하면 마찬가지로 "귀찮게 좀 하지 마."란 뜻이에요. ex) Am I bothering you?(내가 널 귀찮게 하니?), Is this guy bothering you?(이 남자가 당신을 귀찮게 하나요?), What's bothering you?(뭐 때문에 그러는 거야?), Stop bothering her.(그녀를 귀찮게 하지 마.)

 업 *Up*

말하는 개 더그가 사람보다 큰 새 케빈을 잡아가려고 하자, 꼬마 러셀이 그러지 못하게 하는 장면입니다.

Dug	Oh, please, oh, please, oh, please, be my prisoner.
Russell	Dug, **stop bothering Kevin!**
Dug	That man there says I can take the bird. And I love that man there like he is my master.
Carl	I'm not your master!

더그: 오, 제발, 오, 제발 나의 죄수가 되어줘.
러셀: 더그, 케빈을 귀찮게 하지 마!
더그: 저기 있는 분이 내가 새를 데려가도 된다고 했어. 난 저 분이 내 주인님처럼 좋아.
칼: 난 네 주인이 아니야!

 당신이 잠든 사이에 *While You Were Sleeping*

루시(산드라 블록)가 잭(빌 풀만)과 분위기 좋게 얘기하고 있는데, 루시를 좋아하는 조 주니어가 갑자기 끼어들어 훼방을 놓습니다.

Joe Jr.	Hey, Luce. **Is this guy bothering you?**
Lucy	No, no.
Joe Jr.	Are you sure? 'Cause it looks like he's leaning.
Jack	Thank you. See?
Joe Jr.	I'll be right over here if you need me.
Lucy	Okay, thank you very much.
Joe Jr.	I know karate.

조 주니어: 이봐요, 루시. 그 남자가 당신을 귀찮게 해요?
루시: 아니, 아니에요.
조 주니어: 정말요? 그 남자가 당신한테 기대는 것처럼 보여서요.
잭: 고맙소. 봤죠?
조 주니어: 나 바로 여기 있을 테니 필요하면 말해요.
루시: 네, 고마워요.
조 주니어: 나 가라데 할 줄 알아요.

lean 기대다, 기대서다

unit 193 I'm sorry to bother you.
귀찮게 해서 죄송합니다.

대화 중이거나 다른 일을 하고 있는 상대방에게 말을 걸 때, 그리고 남의 집에 찾아가서 얘기할 때는 I'm sorry to bother you.나 Sorry to bother you.라며 말을 꺼낼 때가 많아요. "귀찮게 해서 죄송합니다.", "끼어들어서 죄송합니다."란 뜻이죠. 비슷한 표현으로는 I'm sorry to disturb you.가 있어요. 그냥 Sorry to disturb you.라고도 하고요.

 렛미인 *Let Me In*

이웃에서 살인사건이 일어나자 경찰관이 조사를 하기 위해 오웬(코디 스맛맥피)의 집에 찾아옵니다.

Policeman	Hey there. Is your mom and dad home?
Owen	Yeah. Mom!
Mom	What? Oh.
Policeman	**Sorry to bother you**, ma'am.
Mom	What's this about?
Policeman	I'm afraid there's been an incident with one of your neighbors here in the complex. So we're just going around, talking to everybody to see if they know anything.

경찰: 얘야. 엄마 아빠 집에 계시니?
오웬: 네, 엄마!
엄마: 왜? 아.
경찰: 귀찮게 해서 죄송합니다, 부인.
엄마: 무슨 일이죠?
경찰: 이 건물에 사는 사람에게 사고가 있어서요. 그래서 돌아다니며 혹시 사람들이 아는 게 있는지 물어보고 있습니다.

 19곰 테드 *Ted*

공원에서 존(마크 월버그)과 테드가 벤치에 앉아 얘기하고 있는데, 테드의 스토커인 도니가 이들에게 다가와 말을 겁니다.

Donny	Excuse me. **I'm sorry to bother you** but my son and I couldn't help but admire your teddy bear.
John	Oh, thank you.
Ted	Thanks.
Donny	Yeah, I'm Donny, this is Robert. I have to say, I've been following you ever since I was a young boy and I remember seeing you on the Carson show. You were just wonderful.
Ted	Oh, yeah, that was a weird interview.

도니: 실례합니다. 귀찮게 해서 죄송하지만, 제 아들과 제가 당신 곰인형의 왕팬입니다.
존: 아, 감사합니다.
테드: 감사합니다.
도니: 네, 전 도니고, 여긴 로버트예요. 제가 어린 꼬맹이였을 때부터 따라다녔죠. 카슨 쇼에 나온 것도 기억해요. 정말 멋졌어요.
테드: 아, 네. 정말 이상한 인터뷰였어요.

admire 높이 평가하다, 찬미하다

빈칸에 어울리는 영어문장을 말하고 적어보세요.

1 Ross　So you're just not gonna tell me where he is, are you?
　　Bruce　_____ I'd like to help you, but I just don't know. 도대체 몇 번이나 말해야 되죠?
　　Ross　You know who I am. Right, Banner?
　　Bruce　You're Betty's father. You're a high-ranking general.

2 1) 바가지 좀 그만 긁어. _____
　　2) 네가 바가지 좀 그만 긁었으면 좋겠어. _____
　　3) 우리 엄만 맨날 나한테 공부하라고 잔소리야. _____
　　4) 그에게 집안일 좀 하라고 잔소리했어. _____

3 1) 나한테 그렇게 소리 지르지 마. _____
　　2) 왜 나한테 소리 지르는 거야? _____
　　3) 너한테 소리 질러서 미안해. _____
　　4) 소리 지르지 않아도 돼. 네 말 잘 들려. _____

4 Buzz　Another stunt like that, cowboy, you're gonna get us killed.
　　Woody　_____ 나한테 이래라저래라 하지 마.

5 Kyle　Get off of me! I'm going back with these guys.
　　Earl　You shut your mouth and _____
　　　　　　　　　　　　　나한테 말대답하지 마.

6 1) 동생 좀 괴롭히지 마. _____
　　2) 네 덩치에 맞는 사람을 괴롭히지 그래? _____
　　3) 쟤들이 날 괴롭혀. _____
　　4) 네가 내 친구를 괴롭히냐? _____
　　5) 그에게 널 그만 괴롭히라고 말했어. _____

7 1) 다시는 그러지 마.
   2) 다시는 나한테 그렇게 말하지 마.
   3) 다시는 날 떠나지 마.
   4) 다시는 이거 손대지 마.

8 1) 귀찮게 좀 하지 마.
   2) 내가 널 귀찮게 하니?
   3) 뭐 때문에 그러는 거야?
   4) 이 남자가 당신을 귀찮게 하나요?

9 Policeman Hey there. Is your mom and dad home?
   Owen   Yeah. Mom!
   Mom   What? Oh.
   Policeman _____, ma'am. 귀찮게 해서 죄송합니다.
   Mom   What's this about?
   Policeman I'm afraid there's been an incident with one of your neighbors here in the complex. So we're just going around, talking to everybody to see if they know anything.

Answers

1 How many times do I have to tell you? **2** 1) Stop nagging. 2) I wish you'd stop nagging. 3) My mom's always nagging me to study. 4) I nagged him to do the housework. **3** 1) Don't yell at me like that. 2) Why are you yelling at me? 3) Sorry for yelling at you. 4) You don't have to yell. I can hear you. **4** Don't tell me what to do. **5** don't talk back to me. **6** 1) Don't pick on your little brother. 2) Why don't you pick on someone your own size? 3) Those guys are picking on me. 4) Are you picking on my friend? 5) I told him to stop picking on you. **7** 1) Don't ever do that again. 2) Don't ever talk to me like that. 3) Don't ever leave me again. 4) Don't ever touch this. **8** 1) Stop bothering[bugging] me. 2) Am I bothering you? 3) What's bothering you? 4) Is this guy bothering you? **9** Sorry to bother you

Chapter 19

가다, 오다

Quiz 내가 영어로 할 수 있는 말은?

1 금방 돌아올게. _____ (right)
2 같이 가자. 이리 와봐. 따라와. _____ (come)
3 그냥 인사하려고 잠깐 들렀어. _____ (come)
4 여기서 나가자. 여기서 뜨자. _____ (get)
5 집까지 바래다 줄게.(걸어서) _____ (walk)
6 7시에 데리러 와. _____ (pick)
7 차 좀 태워줄래요? _____ (have)
8 차 태워줄까? _____ (need)
9 그녀가 나타나지 않았어. _____ (show)
10 그렇게 몰래 다가오지 마. _____ (sneak)
11 좀 더 있어. 가지 말고 여기 있어. _____ (stick)
12 우리 바람 좀 쐬자. _____ (air)

Answers

1 I'll be right back.   2 Come with me.   3 I just came by to say hi[hello].   4 Let's get out of here.
5 Let me walk you home.[=I'll walk you home.]   6 Pick me up at 7.   7 Can I have a ride?
8 Do you need a ride?   9 She didn't show up.   10 Don't sneak up on me like that.   11 Stick around.
12 Let's get some air.

unit 194 I'll be right back.

금방 돌아올게.

터미네이터의 유명한 명대사를 기억하시나요? I'll be back.(돌아올게.)이에요. 그런데 여기에 '금방'이란 뜻의 right를 넣어서 쓰는 경우가 아주 많아요. I'll be right ~라고 하면 '금방 ~로 갈게'란 뜻이에요. ex) I'll be right back.(금방 돌아올게.), I'll be right there.(금방 그리로 갈게.), I'll be right out.(금방 나갈게.), I'll be right up.(금방 올라갈게.) 그리고 I'll be right with you.라고 하면 곧 당신을 응대해 줄 테니 조금만 기다려달라는 뜻이 됩니다.

 화이트 하우스 다운 *White House Down*

케일(채닝 테이텀)은 대통령 경호원 면접을 보러 가는 김에 딸 에밀리(조이 킹)를 데리고 가서 백악관을 구경시켜줍니다. 근데 이날 백악관에서 테러가 일어나고 정부에서는 테러범에 의한 핵무기 사용을 막기 위해 백악관을 폭격하기로 하죠. 이때 인질로 잡혀있던 에밀리가 건물 밖으로 나와 깃발을 흔들어서 폭격을 막아냅니다.

Cale	Emily. Oh, baby, you okay? Oh, thank God. Thank God, baby.
Emily	Did you see my routine?
Cale	Yeah. I'm so proud of you. You were beautiful, baby. You saved us. You know that? Hey, stay with Mommy for a second, okay? **I'll be right back.**

케일: 에밀리. 너 괜찮니? 오, 맙소사. 무사해서 다행이다.
에밀리: 제가 신호 보내는 거 봤어요?
케일: 그래. 정말 자랑스럽다. 아주 멋졌어. 네가 우릴 구했다는 거 아니? 엄마랑 잠깐 같이 있어. 금방 돌아올게.

 신데렐라 스토리 *A Cinderella Story*

샘(힐러리 더프)이 브리아나(마델린 지마)와 함께 방에서 얘기하고 있는데, 계모 피오나(제니퍼 쿨리지)가 샘을 찾습니다.

Fiona	Sam? Can you come downstairs?
Sam	**I'll be right there.**
Fiona	Now!
Sam	**I'll be right back.**
Brianna	Hurry up.

피오나: 샘? 아래층에 좀 내려올래?
샘: 금방 그리로 갈게요.
피오나: 당장!
샘: 금방 돌아올게.
브리아나: 빨리 갔다 와.

Come with me.

같이 가자. 이리 와봐. 따라와.

'가다'라고 하면 보통 go를 떠올리지만 come도 '가다'란 의미로 사용될 때가 많아요. 특히 'sb와 함께 가다'란 뜻의 come with sb가 많이 쓰이죠. Come with me.라고 하면 "나랑 같이 가자."란 뜻으로, 때에 따라 "이리 와봐.", "따라 와." 등의 의미가 됩니다. 그리고 I'm coming with you.라고 하면 "나도 너랑 같이 갈래."란 말인데요. 특히 상대방이 묻지 않았더라도 내가 먼저 같이 간다고 말할 때 많이 사용해요. 또 상대방이 나를 부를 때 I'm coming.이라고 답하면 "갈게."란 뜻이에요.

내 남자친구는 왕자님 The Prince & Me

덴마크의 왕자 에디(루크 마블리)는 미국의 대학에 교환학생으로 와서 의사를 꿈꾸는 여대생인 페이지(줄리아 스타일즈)와 사랑에 빠집니다. 덴마크 왕위를 물려받게 된 에디가 페이지에게 청혼을 하려는 장면입니다.

Paige	Today has been the most incredible day of my life.
Eddie	**Come with me.** I have something important to tell you.
Paige	Yeah?
Eddie	The reason I had to come back… is because my father has decided to pass the crown to me.
Paige	So you're gonna be king!

페이지: 오늘은 내 인생에서 가장 믿기지 않는 날이었어.
에디: 이리 와봐. 중요한 할 얘기가 있어.
페이지: 뭔데?
에디: 내가 돌아와야 했던 이유는… 아버지가 나에게 왕위를 물려주기로 결정했기 때문이야.
페이지: 그럼 너 왕이 되는 거구나!

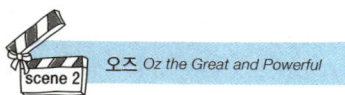

오즈 Oz the Great and Powerful

서커스 마술사인 오스카(제임스 프랭코)는 기구를 탔다가 회오리바람에 휩쓸려 신기한 나라 오즈에 도착합니다. 오스카는 길을 가다가, 마녀가 파괴한 마을에서 다리가 부러진 도자기 인형을 발견하고 본드로 다리를 붙여주죠. 오스카가 인형에게 에메랄드 시티로 가는 길을 알려주지만, 인형은 오스카를 따라가려고 떼를 쓰면서 그를 발로 찹니다.

China Girl   But, I wanna go with you.

Oscar   What? Aw… On a witch hunt? No, you're just a little girl.

China Girl   I'm not as delicate as I look!

Oscar   That didn't hurt.

China Girl   **I'm coming with you.**

Oscar   Listen, we have one rule in show business. Never work with kids or animals. And I'm already working with this thing.

도자기 소녀: 하지만, 전 당신과 함께 가고 싶어요.
오스카: 뭐? 아… 마녀 사냥하러? 안 돼, 넌 너무 작은 소녀인 걸.
도자기 소녀: 난 보기보다 약하지 않아요!
오스카: 하나도 안 아픈데.
도자기 소녀: 나도 같이 갈래요.
오스카: 들어봐, 우리 쇼 비즈니스에도 규칙이 있어. 절대 애나 동물과는 일하지 말라. 그리고 난 벌써 얘랑 같이 일하고 있잖아.

delicate 연약한, 깨지기 쉬운

I just came by to say hi.
그냥 인사하려고 잠깐 들렀어.

"저녁에 잠깐 들러.", "나 슈퍼에 잠깐 들러야 해." 이렇게 '잠깐 들르다'라고 할 때 가장 많이 쓰는 표현은 come by와 stop by예요. 이외에도 drop by와 swing by가 있습니다. ex) I came by to say hello. (인사하려고 잠깐 들렀어.), You should come by sometime.(가끔 들러.), Come by at 3.(3시에 들러.), Come by my office later.(나중에 내 사무실에 들러.), I'll come by tomorrow.(내일 들를게.), Why don't you just stop by?(그냥 잠깐 들르는 게 어때?), Can I stop by?(잠깐 들러도 돼?), Stop by anytime.(언제라도 들러.), I need to drop by the pharmacy.(나 약국에 잠깐 들러야 해.), I'm gonna swing by the book store.(나 서점에 잠깐 들를 거야.)

실버라이닝 플레이북 *Silver Linings Playbook*

심한 조울증으로 8개월간 병원에 있다가 나온 팻(브래들리 쿠퍼)은 자신의 전 직장인 고등학교를 찾아가서 교장선생님인 낸시를 보고 인사합니다. 낸시는 팻을 보자 기겁을 하고 도망갑니다.

Pat	Nance. It's my lucky day. Look at you working on a Sunday. How are you? Hey.
Nancy	What are you doing here?
Pat	**I just came by to say hi** and let you know I'm ready to come back to work.
Nancy	You shouldn't be here.
Pat	I'll work full-time, half-time. I'll work, I'll sub, I'll work history, whatever you want.

팻: 교장선생님, 오늘은 제가 운이 좋네요. 일요일에 일하시는 선생님을 뵙다니. 잘 지내세요?
낸시: 여기서 뭐 하는 거죠?
팻: 그냥 인사하려고 들렀어요. 복직할 준비가 됐다고 말하려고요.
낸시: 여기 오면 안 돼요.
팻: 종일이든, 반나절이든, 대체교사든, 역사수업이든 뭐든 할 수 있어요.

크레이지 핸드 *Idle Hand*

안톤(데본 사와)이 고양이를 찾으러 이웃에 사는 몰리(제시카 알바) 집에 갔다가 몰리와 즐거운 시간을 보냅니다. 몰리의 부모님이 집에 돌아오는 바람에 안톤이 허겁지겁 나가는 장면입니다.

Molly   Shit, my parents are home. We'll have to pick this up later, babysnakes. My parents might take offense to some dirty bloody boy banging their daughter.

Anton   Tomorrow. You want to see me again?

Molly   **Come by around 7.** The curfew's annihilated most of our options, but maybe **we can swing by the dance.**

Anton   I thought you said the streets weren't safe.

Molly   I'll protect you.

몰리: 젠장, 부모님이 오셨나봐. 이건 나중에 정리하자. 부모님이 딸과 자는 더러운 피투성이 남자애를 보면 화낼 거야.
안톤: 내일 다시 볼래?
몰리: 7시쯤 들러. 통금시간이 우리를 많이 제약하지만, 파티에는 들를 수 있을 거야.
안톤: 밖은 안전하지 않다더니.
몰리: 내가 널 보호해줄게.

take offense 성내다
curfew 통금시간
annihilate 전멸시키다, 완파하다

297

Let's get out of here.
여기서 나가자. 여기서 뜨자.

영화를 보다 보면 수도 없이 많이 들리는 문장이 있어요. 바로 "여기서 나가자.", "여기서 뜨자."란 의미의 Let's get out of here.예요. get out of here는 '이곳을 벗어나다'란 뜻으로 다음처럼 사용합니다. ex) We gotta get out of here.(우리 여기서 나가야 해.), Get out of here.(여기서 떠나.), You need to get out of here.(너 여기서 떠야 해.), Do you wanna get out of here?(여기서 나갈래?)

 걸리버 여행기 *Gulliver's Travels*

소인국에서 적군에게 항복하고 추방된 걸리버(잭 블랙)는 대인국에 도착합니다. 그런데 걸리버는 대인국의 한 꼬마 여자 아이에게 잡혀 인형옷이 입혀지고 인형의 집에 갇히죠. 어느 날, 소인국에서 친했던 호레이쇼(제이슨 세걸)가 걸리버를 찾아와 빨리 소인국으로 돌아가자고 합니다. 뉴욕에서 걸리버가 좋아했던 달시(아만다 피트)가 지금 소인국에 잡혀있다고 말이에요.

Horatio   Think about what you've done already. You saved the princess. You single-handedly defeated the entire Blefuscian armada. Didn't you? Come on. I'm your best friend. I wouldn't lie to you. You can do this. So, take off that dress and **let's get out of here!**
Gulliver   Am I really your best friend?
Horatio   You're kind of my only friend.
Gulliver   Sweet, man. You, too, for me.

호레이쇼: 네가 지금까지 한 일들을 생각해봐. 넌 공주도 구하고, 혼자서 블레푸션 함대도 물리쳤어. 안 그래? 난 너의 절친이야. 너한테 거짓말 안 해. 넌 할 수 있어. 그러니 그 드레스 벗어버리고 여기서 나가자!
걸리버: 내가 정말 네 절친이야?
호레이쇼: 넌 내 유일한 친구야.
걸리버: 고마워, 친구. 너도 나한테 그래.

 사고친 후에 *Knocked Up*

벤(세스 로건)과 앨리슨(캐서린 헤이글)이 클럽에서 만나 같이 춤추다가 함께 나가는 장면입니다.

Ben   **You wanna get out of here?**
Alison   Yeah, let's go. You wanna come back and hang out at my place?
Ben   Yes.
Alison   I'll show you my audition tape. It's really funny.
Ben   Okay, I'm really excited to watch that.
Alison   Let's go.

벤: 여기서 나갈래요?
앨리슨: 네, 가요. 우리 집에 가서 놀래요?
벤: 그러죠.
앨리슨: 제 오디션 테이프 보여 줄게요. 정말 재밌어요.
벤: 좋아요, 보면 정말 재밌겠네요.
앨리슨: 가요.

armada 함대

Let me walk you home.

집까지 바래다 줄게.(걸어서)

walk sb는 '(걸어서) sb를 바래다주다'란 뜻으로 Let me walk you home.이라고 하면 "집까지 바래다줄게."란 말이에요. 그리고 집에 찾아온 손님이 돌아갈 때 I'll walk you out.이라고 하면 "너 나가는 데까지 같이 갈게."란 뜻이 된답니다. ex) Let me walk you to the station.(역까지 바래다 줄게.), Let me walk you to your car.(차까지 바래다 줄게.), Thanks for walking me home.(집까지 바래다줘서 고마워.), Will you walk me home?(집까지 바래다 줄래?), Walk me to my apartment.(아파트까지 바래다 줘.), Walk me to my car.(차까지 바래다 줘.) 참고로 walk the dog은 '개를 산책시키다'란 뜻이에요. ex) Did you walk the dog?(개 산책시켰니?)

 어거스트 러쉬 *August Rush*

밴드의 싱어이자 기타리스트인 루이스(조나단 리스마이어스)와 첼리스트인 라일라(케리 러셀)는 서로에게 첫눈에 끌려 그날 밤을 함께 보내게 됩니다. 집에 가야 하는 라일라를 루이스가 바래다 준다는 걸 그녀가 거절하는 상황입니다.

Lyla   I have to go.
Louis **Let me walk you home.**
Lyla   No. My dad's waiting at the Sherry. I've never done this before. I'm in so much trouble.
Louis Hey, hey. Meet me here at 10 o'clock by the arch.

라일라: 나 가봐야 해요.
루이스: 집까지 바래다 줄게요.
라일라: 아뇨. 아빠가 쉐리 호텔에서 기다리고 있어요. 한 번도 이런 적이 없는데. 완전 큰일 났어요.
루이스: 저기, 저 기념문에서 10시에 만나요.

예술학교에서 무용을 전공하는 노라(제나 드완)는 공연 2주 전 파트너의 부상으로 연습상대를 찾습니다. 그러다 길거리 춤꾼인 타일러(채닝 테이텀)와 함께 연습하게 되고, 둘은 점점 가까워지죠. 타일러가 노라를 집까지 바래다주는 장면입니다.

Nora	My mom doesn't really get the whole dancing thing.
Tyler	What about your dad?
Nora	He died a couple years ago.
Tyler	I'm sorry.
Nora	No, it's okay. He was the one who always encouraged me, you know. Driving me to rehearsals, watching all my routines.
Tyler	Sounds like a cool dude.
Nora	**Thanks for walking me home.**
Tyler	All right. Later.

노라: 우리 엄마는 내가 무용하는 걸 이해 못해서.
타일러: 아버지는 어때?
노라: 아버지는 2년 전에 돌아가셨어.
타일러: 미안.
노라: 아냐, 괜찮아. 아버지는 항상 날 격려해주셨어. 연습실까지 태워주고 동작도 봐주고.
타일러: 멋진 분 같네.
노라: 집까지 바래다줘서 고마워.
타일러: 그래. 다음에 보자.

Pick me up at 7.

7시에 데리러 와.

pick sb up은 '(차를 몰고) sb를 데리러 가다'란 뜻이에요. 그래서 Pick me up at 7.이라고 하면 "7시에 데리러 와."란 말이 되고, I'll pick you up at 6.라고 하면 "6시에 데리러 갈게."란 말이 되죠. ex) Pick me up tomorrow.(내일 나 데리러 와.), Can you pick me up?(나 데리러 올 수 있어?), I'll pick you up in the morning.(아침에 데리러 갈게.), I'll pick you up in an hour.(한 시간 후에 데리러 갈게.), What time should I pick you up?(몇 시에 데리러 가면 돼?)

실버라이닝 플레이북 Silver Linings Playbook

팻(브래들리 쿠퍼)은 친구 로니(존 오티즈) 집에 식사하러 갔다가 얼마 전에 남편을 잃은 티파니(제니퍼 로렌스)를 만납니다. 어느 날 팻이 혼자 조깅을 하는데 갑자기 티파니가 나타나더니 함께 조깅을 하며 말을 겁니다.

Pat	How do you know when I run?
Tiffany	I wanted to clarify something. I just want us to be friends. Did you hear what I said? Why are you giving me such a hard time?
Pat	No, I'm not giving you a hard time.
Tiffany	I don't know how to act with you when you do this shit.
Pat	You wanna have dinner at this diner?
Tiffany	**Pick me up at 7:30.**

팻: 내가 언제 조깅하는지 어떻게 알았어요?
티파니: 분명히 하고 싶은 게 있어서요. 우리가 친구가 됐으면 좋겠어요. 내가 한 말 들었어요? 왜 이렇게 날 힘들게 하죠?
팻: 아니에요, 난 당신을 힘들게 하지 않아요.
티파니: 당신이 이럴 때 어떻게 해야 할지 모르겠어요.
팻: 이 식당에서 저녁 먹을래요?
티파니: 7시 반에 데리러 와요.

저스트 프렌드 Just Friends

크리스(라이언 레이놀즈)가 오랜만에 고향에 있는 바에 들렀다가 어릴 때 짝사랑한 친구인 제이미(에이미 스마트)가 거기서 일하고 있는 것을 발견합니다. 크리스는 그녀에게 다가가 인사하고 만날 약속을 잡죠.

Chris	Look, there is a chance that my flight might be delayed an extra day. What are you doing tomorrow?
Jamie	Um, nothing. Do you want to meet for lunch?
Chris	You mean like a day date?
Jamie	Yeah.
Chris	Great! **I'll pick you up at noon.**

크리스: 저기, 내 비행기가 하루 연장될 수도 있을 것 같은데. 너 내일 뭐 해?
제이미: 음, 아무것도 없어. 만나서 점심이라도 먹을래?
크리스: 낮에 하는 데이트처럼?
제이미: 응.
크리스: 좋아! 정오에 데리러 갈게.

---

clarify 명확하게 하다, 분명히 말하다
diner 식당
day date 낮에 하는 데이트

Can I have a ride?
차 좀 태워줄래요?

ride는 명사로 '타고 가기'란 뜻인데요. 상대방에게 나를 목적지까지 태워줄 수 있는지 물어볼 때는 Can I have a ride?라고 해요. 아는 사람이든지 모르는 사람이든지 상관없이 쓸 수 있어요. 같은 뜻으로 Can you give me a ride?나 Would you give me a ride?라고 해도 됩니다. 그리고 I need a ride.라고 하면 "나 차가(탈것이) 필요해."란 뜻입니다.

쥬만지 *Jumanji*

원숭이 때문에 차가 고랑에 빠진 노라(베베 뉴워스)가 지나가던 경찰차를 세워 태워달라고 하는 장면입니다.

Nora	Stop! Wait! Stop!
Carl	Is there a problem, ma'am?
Nora	Oh, **can I have a ride home?**
Carl	Where do you live?
Nora	Jefferson Street, the old Parrish place.
Carl	Do you have children? A boy and a girl?
Nora	Oh my God! What happened?
Carl	Get in. I'll explain it all on the way.

노라: 멈춰요! 잠깐만요! 멈춰요!
칼: 무슨 문제 있나요, 부인?
노라: 오, 집까지 태워주실 수 있나요?
칼: 어디 사시는 데요?
노라: 제퍼슨 가, 오래된 패리쉬 저택이에요.
칼: 애들이 있나요? 남자애랑 여자애?
노라: 세상에! 무슨 일 있나요?
칼: 타세요. 가면서 다 설명할게요.

8마일 *8 Mile*

차가 말썽을 부려서 출근을 못하고 있던 지미(에미넴)에게 친구 윙크(유진 버드)가 다가와서 말을 겁니다.

Jimmy	Why you up so early?
Wink	Up, man? I ain't even been to bed, dawg. I just came to talk to you…
Jimmy	Yo, I don't got time to talk right now. I'm late for work. **Can you give me a ride?**
Wink	My ma's got the car.

지미: 왜 이렇게 일찍 일어났어?
윙크: 일어났냐고? 나 잠을 아예 못 잤어. 너한테 할 말이 있어서 왔어.
지미: 야, 나 지금 얘기할 시간 없어. 출근 늦었어. 나 좀 태워줄래?
윙크: 엄마가 타고 갔는데.

dawg 친구(흑인들이 친구를 부를 때 쓰는 말로 비슷한 단어로는 bro가 있음)
ain't 구어체에서 am not, is not, are not, have not, has not, do not, does not, did not의 단축형으로 사용

Do you need a ride?
차 태워줄까?

상대방에게 "차 태워줄까?"라고 먼저 물어볼 때는 Do you need a ride?나 You need a ride?라고 해요. 같은 의미로 Can I give you a ride?라고 해도 되고요. 그리고 "내가 태워줄게."라고 할 때는 I'll give you a ride.나 I can give you ride.라고 하면 됩니다.

아메리칸 뷰티 *American Beauty*

레스터(케빈 스페이시)와 캐롤린(아네트 베닝)은 딸 제인(도라 버치)의 치어리딩을 보러 학교에 갑니다. 그런데 레스터는 딸의 친구인 안젤라(미나 수바리)의 공연 모습을 보고 넋을 잃죠. 시합이 끝나고 레스터가 제인과 안젤라에게 이제부터 뭐할 건지 물어봅니다.

Lester	So what are you girls doing now?
Jane	Dad.
Angela	We're going out for pizza.
Lester	Oh, really? **Do you need a ride? We can give you a ride.** I have a car. You want to come with us?
Angela	Thanks, but I have a car.
Lester	You have a car. Oh, that's great. That's great.

레스터: 너희들 이제 뭐할 거니?
제인: 아빠.
안젤라: 우리 피자 먹으러 갈 거예요.
레스터: 정말? 태워줄까? 너희들 태워줄게. 차 가지고 왔는데 우리랑 같이 갈래?
안젤라: 고맙지만 저 차 있어요.
레스터: 차 있구나. 오, 그래. 잘됐다.

플래닛 테러 *Planet Terror*

고고댄서인 체리(로즈 맥고완)가 고고클럽을 그만두고 식당에 왔다가 옛 친구 레이(프레디 로드리게즈)를 만납니다.

Wray	What name do you go by now… in case I want to catch one of your shows?
Cherry	Cherry. Cherry Darling.
Wray	Sounds like a stripper.
Cherry	No, it sounds like a go-go dancer. There's a difference.
Wray	Right. No, you'll always be Palomita to me.
Cherry	**I need a ride.** What do you say, El Wray?
Wray	**I'll give you a ride.**

레이: 지금은 무슨 이름을 써? 네 공연을 보러 갈 경우를 대비해서.
체리: 체리. 체리 달링.
레이: 스트리퍼 이름 같은데.
체리: 아니야, 고고댄서야. 전혀 다른 거야.
레이: 그렇군, 아니, 내게 넌 항상 작은 비둘기야.
체리: 나 차가 필요해. 어쩔 거야, 엘 레이?
체리: 내가 태워줄게.

palomita 작은 비둘기(스페인어)

She didn't show up.

그녀가 나타나지 않았어.

show up은 어떤 사람이 오기로 한 장소나 어떤 장소에 '나타나다'란 뜻인데요. 상황에 따라 '오다', '가다' 란 뜻이 되기도 합니다. 비슷한 표현으로는 turn up이 있어요. ex) She'll show up.(그녀는 올 거야.), He never showed up.(그는 끝내 오지 않았어.), I'm sorry to just show up like this.(이런 식으로 나타나서 미안해.), I thought you weren't gonna show up.(네가 안 올 줄 알았어.), I can't show up in this car.(이 차 타고 갈 수는 없어.)

 내겐 너무 아찔한 그녀 *The Girl Next Door*

고등학교 모범생인 매튜(에밀 허쉬)는 옆집에 잠시 온 다니엘(엘리샤 커스버트)을 보고 첫눈에 반하고 친해지지만, 그녀가 포르노 배우란 사실을 알고 충격을 받습니다. 매튜는 성인영화 컨벤션에 찾아가서 그녀를 위한 진심어린 말을 전하고 돌아옵니다. 다니엘이 매튜 때문에 일을 그만둔다고 하자, 화가 난 포르노 제작자 캘리(티모시 올리펀트)가 수업 중이던 매튜를 끌고 나와서 어디론가 데려갑니다.

Matthew Where are we going?
Kelly I thought you were cool, man. I tried to be your friend, and what do you do? You fuck me.
Matthew I didn't fuck you.
Kelly **She didn't show up on set** because of what you said. Now I'm out 30 grand. Guess who's paying me back.
Matthew What? I don't have 30 grand.

매튜: 어디 가는 거죠?
캘리: 난 네가 멋진 녀석이라고 생각했어. 네 친구가 되려고 했는데, 넌 뭘 한 거야? 넌 날 엿먹였어.
매튜: 그러지 않았어요.
캘리: 네가 한 말 때문에 그녀가 촬영장에 나타나지 않았어. 그래서 3만 달러를 날렸어. 누군가 나에게 갚아야겠지.
매튜: 뭐라고요? 저 3만 달러 없어요.

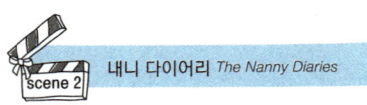

내니 다이어리 The Nanny Diaries

대학을 갓 졸업한 애니(스칼렛 요한슨)는 우연찮게 뉴욕의 부잣집 유모가 됩니다. 애니는 차마 유모 일을 한다고 말할 수 없어서 은행에 취업해서 뉴욕으로 간다고 엄마에게 거짓말하죠. 그녀가 집에서 출퇴근하면 안 되냐고 묻자 애니는 은행에서 숙소를 제공해준다고 둘러댑니다.

Judy	Can I come with you? I would feel a lot better if I could at least see where you were living.
Annie	Come on. The other trainees, you know, they went to fancy boarding schools and European exchange programs. **I show up with my mom** I'll just look like a big dork.
Judy	Guess that makes sense.

주디: 내가 같이 가면 안 되겠니? 네가 사는 곳을 보면 훨씬 마음이 편할 것 같아.
애니: 다른 수습직원들은 고급 기숙학교 생활도 해보고 유럽 교환학생도 했을 텐데, 내가 엄마랑 함께 나타나면 절 촌뜨기 취급할 거예요.
주디: 그건 그렇겠구나.

grand 천 달러
trainee 수습직원
dork 멍청이, 얼간이

Don't sneak up on me like that.

그렇게 몰래 다가오지 마.

sneak up (on sb/st)은 '(sb/st에) 슬그머니 다가가다'란 뜻이에요. 누가 소리도 없이 몰래 다가와서 놀라게 할 때 Don't sneak up on me.(슬그머니 다가오지 마.) 또는 Don't sneak up on me like that.(그렇게 몰래 다가오지 마.)이라고 하죠.

클릭 Click

집에서 여러 개의 리모컨으로 헷갈려 하던 마이클(아담 샌들러)은 밤에 갑자기 만능 리모컨을 사러 상점에 갑니다.

Michael	**Sorry to sneak up on you.** I just… You guys got a universal remote control back here?
Morty	Something stinks like stale French fries.
Michael	All right, that's probably me.
Morty	You know, fast food shortens your life.

마이클: 슬그머니 들어와서 미안해요. 여기 만능 리모컨 있나요?
모티: 오래된 감자튀김 냄새 같은 게 나는군요.
마이클: 아마 저한테서 나는 걸 거예요.
모티: 패스트푸드는 수명을 단축시키죠.

마이너리티 리포트 Minority Report

2054년 존(톰 크루즈)은 범죄를 미리 예측해서 방지하는 프리크라임 시스템의 팀장입니다. 그런데 이 시스템이 존을 살인자로 예견하면서 그는 한순간에 쫓기는 신세가 되죠. 존은 시스템을 발명한 사람으로부터 예견이 잘못될 수도 있다는 얘기를 듣고 마이너리티 리포트를 찾으러 가기로 합니다. 그는 먼저 자신의 신분을 숨기기 위해 눈 수술을 받으러 무허가 의사를 찾아갑니다. 의사가 말도 없이 존에게 마취제를 주사하자, 깜짝 놀란 존은 의사의 팔을 꺾으며 뭘 주사했냐고 묻습니다.

John	What was that? What was that?
Doctor	It's anesthesia. It's all gonna be downhill from…
John	**You sneak up on your patients like that?**
Doctor	You wouldn't break the hand of a violinist before the concert. Please, relax.

존: 그거 뭐야? 뭘 주사한 거야?
의사: 마취제야. 이제부터 편안해질 거야…
존: 넌 네 환자들에게 그렇게 슬쩍 다가가나?
의사: 공연 전에 바이올리니스트의 손을 부러뜨리려는 건 아니지? 좀, 진정해.

universal remote control 만능 리모컨
stale 오래된, 퀴퀴한 냄새가 나는
anesthesia 마취

Stick around.
좀 더 있어. 가지 말고 여기 있어.

stick around는 어떤 장소에서 딴 곳에 가지 않고 더 머무른다는 뜻인데요. 상황에 따라 "좀 더 있어.", "가지 말고 여기 있어." 등 여러 의미가 됩니다. ex) I'm gonna stick around here for a while. (나 여기 한동안 있을 거야.), Just stick around here.(딴데 가지 말고 여기 있어.), Why don't you stick around for a little bit?(좀 더 있는 게 어때?), Are we gonna stick around and catch the bouquet?(우리 좀 더 있다가 부케 받을 거야?)

 첫키스만 50번째 *50 First Dates*

수의사 헨리(아담 샌들러)는 식당에서 우연히 만난 루시(드류 배리모어)에게 반합니다. 근데 1년 전 교통사고로 단기기억상실증에 걸린 루시는 전날 일을 기억 못하고, 헨리를 볼 때마다 처음 보는 사람처럼 행동하죠. 루시의 아버지 말린은 처음에 헨리를 못마땅해했지만, 루시를 위하는 정성을 보고 마음이 조금씩 열리기 시작합니다.

Marlin	Lover-boy.
Henry	Yes, sir.
Marlin	You don't have to rush off. **Stick around.** You've earned yourself a couple beers.
Marlin	So what are your plans when you finish your boat?
Henry	Actually, I'm going on a trip in a little while to study undersea Pacific walrus behaviors.

말린: 작업맨.
헨리: 네.
말린: 급하게 갈 필요 없어. 좀 더 있다가. 맥주 한잔 줄게.
말린: 그래 보트 정비 끝나면 뭐할 건가?
헨리: 실은 태평양 바다코끼리의 행동을 연구하러 한동안 여행을 떠날 겁니다.

 인디아나 존스: 크리스탈 해골의 왕국 *Indiana Jones and the Kingdom of the Crystal Skull*

인디아나 존스(해리슨 포드)와 머트(샤이아 라보프) 그리고 세계 정복을 꿈꾸는 소련 특수부대 이리나(케이트 블란쳇) 일당은 페루 마야 문명 전설의 도시에서 크리스탈 해골을 발견하지만, 마지막에 도시는 무너지고 인디아나 존스 일행만 살아남습니다.

Mutt	What? We're just gonna sit here?
Jones	Night falls quick in the jungle, kid. You don't want to climb down the mountain in the dark.
Mutt	No? I can. Who's coming with me? Come on.
Jones	**Why don't you stick around**, Junior?

머트: 뭐야? 우리 그냥 여기 앉아있을 거예요?
존스: 정글에선 날이 금방 저물어. 밤엔 산을 내려가지 않는 게 좋아.
머트: 아니? 전 할 수 있어요. 저랑 같이 가실 분? 어서.
존스: 그냥 여기 있지 그래, 아들?

rush off 황급히 떠나다
walrus 바다코끼리

Let's get some air.

우리 바람 좀 쐬자.

실내에 있다가 잠시 밖에 바람 쐬러 나가는 것은 get some air라고 해요. 그래서 바람 좀 쐬고 싶을 때나 상대방에게 따로 할 말이 있을 때는 Let's get some air.라고 하죠. ex) I'm going to get some air.(나 바람 좀 쐬러 갈게.), You wanna get some air?(너 바람 좀 쐴래?), I need some air.(나 바람 좀 쐬야 겠다.)

 어메이징 스파이더맨 *The Amazing Spider-Man*

피터(앤드류 가필드)가 그웬(엠마 스톤)의 가족과 함께 식사를 하다가 경찰인 그웬의 아버지와 계속 언쟁을 벌이자 보다 못한 그웬이 피터에게 바람 쐬러 나가자고 합니다.

Gwen	**Let's get some air,** Peter.
Gwen	Dad, we need to talk.
Captain Stacy	Yes, we do.
Peter	Thank you for having me. I'm sorry if I insulted you. It was not my intention.
Captain Stacy	You're welcome.
Peter	Branzino was real good, Mrs. Stacy. Thank you.

그웬: 바람 좀 쐬자, 피터.
그웬: 아빠, 나중에 얘기해요.
스테이시: 그러자.
피터: 불러주셔서 감사합니다. 제가 무례했다면 죄송합니다. 그럴 의도는 아니었어요.
스테이시: 그래.
피터: 농어 요리 정말 맛있었어요, 아주머니. 고맙습니다.

 웨딩 크래셔 *Wedding Crashers*

대가족의 저녁식사 자리에서 식사를 마친 클레어(레이첼 맥아담스)가 바람 쐬러 나간다고 하자, 손님으로 참석했던 존 (오웬 윌슨)도 함께 가겠다고 합니다.

Claire	You know, um, **I think I'm gonna get some air.**
John	Oh, **I'll get some air** if you want some company.
Claire	Sure.
John	Let me just change my shoes.

클레어: 저기, 난 바람 좀 쐬러 갈게요.
존: 아, 괜찮으면 나도 같이 좀 쐴게요.
클레어: 그래요.
존: 신발 좀 갈아 신고 올게요.

> insult 무례하게 대하다, 모욕하다
> branzino 유럽식 농어 요리

빈칸에 어울리는 영어문장을 말하고 적어보세요.

1 1) 금방 돌아올게.
    2) 금방 그리로 갈게.
    3) 금방 나갈게.
    4) 금방 올라갈게.

2 1) 같이 가자. 이리 와봐. 따라와.
    2) 나도 같이 갈래.

3 1) 그냥 인사하려고 잠깐 들렀어.
    2) 가끔 들러.
    3) 그냥 잠깐 들르는 게 어때?
    4) 잠깐 들러도 돼?
    5) 언제라도 들러.

4 1) 여기서 나가자. 여기서 뜨자.
    2) 우리 여기서 나가야 해.
    3) 여기서 떠나.
    4) 여기서 나갈래?

5 1) 집까지 바래다 줄게.(걸어서)
    2) 너 나가는 데까지 같이 갈게.
    3) 집까지 바래다줘서 고마워.
    4) 나 집까지 바래다 줄래?
    5) 내 차까지 바래다 줘.

6 1) 7시에 데리러 와.
    2) 나 데리러 올 수 있어?
    3) 아침에 데리러 갈게.
    4) 몇 시에 데리러 가면 돼?

7 Nora　　Stop! Wait! Stop!
　Carl　　Is there a problem, ma'am?
　Nora　　Oh, ▓▓▓▓▓▓▓▓▓▓▓▓▓▓▓▓ 집까지 태워주실 수 있나요?
　Carl　　Where do you live?
　Nora　　Jefferson Street, the old Parrish place.

8 1) 차 태워줄까? ▓▓▓▓▓▓▓▓
　2) 내가 태워줄게. ▓▓▓▓▓▓▓▓

9 1) 그녀가 나타나지 않았어. ▓▓▓▓▓▓▓▓
　2) 그는 올 거야. ▓▓▓▓▓▓▓▓
　3) 이런 식으로 나타나서 미안해. ▓▓▓▓▓▓▓▓
　4) 네가 안 오는 줄 알았어. ▓▓▓▓▓▓▓▓
　5) 이 차 타고 갈 수는 없어. ▓▓▓▓▓▓▓▓

10 1) 그렇게 몰래 다가오지 마. ▓▓▓▓▓▓▓▓
　2) 슬그머니 다가와서 미안해. ▓▓▓▓▓▓▓▓

11 1) 딴데 가지 말고 그냥 여기 있어. ▓▓▓▓▓▓▓▓
　2) 나 여기 한동안 있을 거야. ▓▓▓▓▓▓▓▓
　3) 좀 더 있는 게 어때? ▓▓▓▓▓▓▓▓

12 1) 우리 바람 좀 쐬자. ▓▓▓▓▓▓▓▓
　2) 너 바람 좀 쐴래? ▓▓▓▓▓▓▓▓
　3) 나 바람 좀 쐬야겠다. ▓▓▓▓▓▓▓▓

Answers

1 1) I'll be right back.　2) I'll be right there.　3) I'll be right out.　4) I'll be right up.　**2** 1) Come with me.　2) I'm coming with you.　**3** 1) I just came by to say hi.　2) You should come by sometime.　3) Why don't you just come by?　4) Can I stop by?　5) Stop by anytime.　**4** 1) Let's get out of here.　2) We gotta get out of here.　3) Get out of here.　4) You wanna get out of here?　**5** 1) Let me walk you home.　2) I'll walk you out.　3) Thanks for walking me home.　4) Will you walk me home?　5) Walk me to my car.　**6** 1) Pick me up at 7.　2) Can you pick me up?　3) I'll pick you up in the morning.　4) What time should I pick you up?　**7** can I have a ride home?　**8** 1) Do you need a ride?[=Can I give you a ride?]　2) I'll give you a ride.[=I can give you a ride.]　**9** 1) She didn't show up.　2) He'll show up.　3) I'm sorry to just show up like this.　4) I thought you weren't gonna show up.　5) I can't show up in this car.　**10** 1) Don't sneak up on me like that.　2) Sorry to sneak up on you.　**11** 1) Just stick around here.　2) I'm gonna stick around here for a while.　3) Why don't you stick around for a little bit?　**12** 1) Let's get some air.　2) You wanna get some air?　3) I need some air.

Unit 206 ~ 405는 2권에서 계속됩니다.